社群电商运营

用户获取、内容营销与持续变现

青枫 / 著

人 民 邮 电 出 版 社

北 京

图书在版编目（CIP）数据

社群电商运营 ：用户获取、内容营销与持续变现 / 青枫著. -- 北京 ：人民邮电出版社，2019.6
ISBN 978-7-115-51185-0

Ⅰ. ①社… Ⅱ. ①青… Ⅲ. ①电子商务—商业经营 Ⅳ. ①F713.365.2

中国版本图书馆CIP数据核字(2019)第080453号

内 容 提 要

在社群商业模式下，用户被好的内容吸引，聚集成社群；社群发展壮大，可以促成更多交易，完成商业变现。其中，内容是媒体属性，用作流量入口；社群是关系属性，用来沉淀流量；商业是交易属性，实现流量价值。社群电商是移动互联网时代的一种商业趋势。

本书全面解析互联网社群电商。全书共10章：首先，介绍平台电商的运营思维、模式以及初期社群获取用户的关键点；其次，解析社群电商的基本模式、运作方法、营销方式，尤其对情景营销做了详细分析；再次，对微信、QQ、百度贴吧3大主流平台社群的具体运营方法进行了实战解析；最后，总结概述了社群时代的创业思维。本书集理论指导、实战方法、成功案例于一体，帮助社群运营者全面掌握社群电商。

全书逻辑结构清晰，案例丰富，适合社群电商领域从业者和移动互联网时代的营销管理人员等阅读学习及在实践中参考。

◆ 著　　　　青　枫
　责任编辑　马　霞
　责任印制　周昇亮

◆ 人民邮电出版社出版发行　　北京市丰台区成寿寺路 11 号
　邮编　100164　　电子邮件　315@ptpress.com.cn
　网址　http://www.ptpress.com.cn
　北京虎彩文化传播有限公司印刷

◆ 开本：700×1000　1/16
　印张：14.75　　　　　2019 年 6 月第 1 版
　字数：248 千字　　　　2024 年11月北京第 4 次印刷

定价：59.80 元

读者服务热线：(010)81055296　印装质量热线：(010)81055316
反盗版热线：(010)81055315
广告经营许可证：京东市监广登字 20170147 号

前言

社群电商——互联网商业的趋势

现在大多数社交平台都在直接或间接地开展电商业务，而大部分电商平台也都在不断加快各种社交化转型。在传统电商流量红利逐渐衰减的趋势下，社群流量有望成为电商下一个成长动力。

电商平台在社交化

早在 5 年前，淘宝就已经意识到社区化 / 社交化的重要性，不断进行各种各样社区化 / 社交化尝试，从淘宝论坛、“店铺后院”、淘宝微博版，再到微淘。尽管在社区化 / 社交化方面的尝试一再失败，依然没能减少淘宝向社区化 / 社交化转型的动力。在前些年，淘宝社区化 / 社交化一再失败后，更是通过收购方式控制了微博、UC、优酷等一系列社交和内容平台。

2016 年 3 月，淘宝团队在杭州召开 2016 年度卖家大会，再度明确了战略：社区化发展将是淘宝未来的三大方向之一。于是，我们看到淘系的所有平台又推出了各种各样社区化 / 社交化的板块。

社交平台在电商化

在淘宝不断向社区化转型的同时，微信、微博、QQ、百度、网易、豆瓣、优酷等众多社交平台、内容分发平台，其他各种拥有用户基础的平台，无一例外也都在以各种各样的形式与电商结合。腾讯在屡次进军电商业务失败后，改为直接入股京东、美团、美丽说等电商平台，然后直接把巨大的流量导给它们；百度在“有啊商城”失败后，直接投入 200 亿元来做百度糯米，期望在 O2O 领域对阿里实现反超；网易在网易商城荒废十多年后推出了网易考拉海购；豆瓣推出了豆瓣集市；连优酷这类缺乏社群属性的平台也与淘宝建立了合作……

在各大平台互相渗透的同时，我们还可以看到另一番更加火热的景象。无数之前附属于各类社交平台，有了社群却苦于商业变现难的内容创业者们，纷纷开设自己的微店、淘宝店、天猫店，通过销售内容或各种实物产品来实现变现；无数淘宝、天猫、京东的卖家，在电商平台的流量红利消失后，纷纷开始运营自己的社群，将那些本来可能买完就再也不会产生联系的客户引入社群并转化成用户，从而实现对客户价值的持续开发。

这一切都指向一个结果——社群电商是未来的趋势。

社群电商

不管是社群还是电商，都需要有获取更多用户和良好变现的能力。

原本两者分别操作时，社群能更好地解决聚人、引流、信任的问题，但难在变现手段匮乏；而电商天生即是为了变现而存在，但在电商流量红利消失后难于获取客户。

现在将社群运营与电商交易结合，通过运营社群来获取、运营、沉淀用户，并通过电商来做商业变现，既解决了聚人、引流、信任的问题，又解决了商业变现的问题，这就是社群电商。

正因为此，本书将带你先了解平台电商的运营模式，再学习社群电商的理论与实战技能。

目录

第1章 平台电商运营思维和模式 / 1

1.1 电商产品思维 / 3

1.1.1 只做精品 / 4

1.1.2 定位专注：小而美 / 4

1.1.3 做深度：产品丰富 / 5

1.1.4 主推款明确 / 7

1.1.5 提升用户体验 / 7

1.2 电商视觉呈现 / 7

1.2.1 产品详情页 / 8

1.2.2 店铺首页 / 10

1.3 电商流量运营 / 11

1.3.1 搜索流量 / 11

1.3.2 直通车流量 / 14

1.3.3 智钻流量 / 16

1.3.4 淘宝客流量 / 19

1.4 淘宝平台的社区化趋势 / 20

1.4.1 淘宝内容 / 21

1.4.2 手淘社区 / 21

第2章 社群初期用户获取的关键：玩转网络社交 / 23

2.1 培养自己的网络社交基因 / 24

2.1.1 打造自己的知识力 / 24

2.1.2 让自己变得有情怀 / 25

2.1.3 学会请教 / 27

2.2 学会利用网络社交获取好友 / 29

2.2.1 让自己的网络账号更有价值 / 29

2.2.2 学会点赞 / 31

2.2.3 玩转互动 / 32

2.2.4 转发分享 / 34
2.2.5 玩转文字、图片、视频 / 35
2.2.6 保持良好的心态 / 37
2.3 **社群电商核心前提：社群用户运营** / 38
2.3.1 了解用户 / 38
2.3.2 拾起信任 + 粉丝 + 互动 / 42
2.3.3 社群电商中互动的 3 个特点 / 45

第 3 章 **社群电商的基本模式：内容 + 社群 + 商业** / 48
3.1 **什么是社群电商** / 49
3.1.1 社群经济与社群电商 / 50
3.1.2 粉丝经济与社群电商 / 50
3.1.3 传统电商与社群电商 / 51
3.1.4 传统微商与社群电商 / 51
3.2 **社群电商的基本商业模式：内容 + 社群 + 商业** / 52
3.2.1 内容是媒体属性，用来做流量的入口 / 53
3.2.2 社群是关系属性，用来沉淀流量 / 54
3.2.3 商业是交易属性，用来变现流量价值 / 55
3.3 **社群电商操作的关键点** / 56
3.3.1 将社群好友升级为用户 / 56
3.3.2 重视产品质量 / 58
3.3.3 寻找意见领袖 / 60
3.3.4 玩出社群电商 / 62

第 4 章 **社群电商运作的基本方法** / 67
4.1 **社群电商的主要流量入口——自媒体** / 68
4.1.1 定位 / 69
4.1.2 打造你的产品 / 71
4.1.3 选择合适的自媒体传播平台 / 71
4.1.4 免费分享 / 72

4.1.5 吸引粉丝 / 72
4.1.6 文案策划 / 73
4.1.7 增强你的名气 / 73
4.1.8 独一无二 / 73
4.1.9 精益求精 / 74
4.2 **玩转社群铸就社群电商** / 74
4.2.1 社群初心 / 75
4.2.2 社群的“职业选手” / 75
4.2.3 社群主张 / 76
4.2.4 社群三步骤 / 76
4.2.5 社群愿景 / 79
4.3 **社群电商+C2B模式** / 81
4.4 **社群电商实践探索案例** / 82
4.4.1 产品型社群电商 / 82
4.4.2 学习型社群电商 / 85

第5章 **社群电商的营销方式** / 90
5.1 **社群电商营销定位** / 91
5.1.1 定目标消费者——忠实粉丝是最优质的目标消费者 / 91
5.1.2 找推广者——盯住有群的领头羊进行借力 / 93
5.1.3 定目标市场——放弃大众市场，走小众之路 / 94
5.2 **社群电商营销方式** / 97
5.2.1 给社群加点“情感” / 97
5.2.2 有效激发粉丝的分享热情 / 99
5.3 **做好内容** / 101
5.3.1 内容营销之内容生产 / 102
5.3.2 内容推广之推广渠道 / 113

第6章 **维护社群电商运营的基本手段：情景营销** / 120
6.1 **情景营销：刺激社群用户购买欲望的手段** / 121

6.1.1 情景营销的主要种类 / 121
6.1.2 情景营销的应用技巧 / 122
6.2 **社群电商中用户“三感”的交融** / 123
6.2.1 在社群电商中构建参与感 / 123
6.2.2 快捷创造参与感的步骤 / 124
6.2.3 尊重感引发粉丝拥护 / 125
6.2.4 产品与用户的连接 / 125
6.3 **APP 情景营销：移动社群电商时代的营销路程** / 126
6.3.1 APP + 社群电商的营销优势 / 126
6.3.2 APP+ 社群电商下的情景应用 / 127
6.3.3 【案例】繁星优选：名人聚集的社群电商消费情景模式 / 128
6.3.4 【案例】豆果美食：不一样的优质 / 129
6.3.5 【案例】QQ 美食：附近的生活社区 / 129
6.4 **二维码：开启移动互联网情景营销新时代** / 130
6.4.1 二维码：囊括移动互联网的情景 / 130
6.4.2 【案例】Joe：二维码下的免费券情景 / 131
6.4.3 【案例】礼物说：可说话可写的二维码礼物 / 132
6.4.4 【案例】星巴克：连接微信上的二维码 / 132
6.4.5 【案例】哈根达斯：创意十足的社群电商 / 133

第 7 章 **微信社群电商玩法** / 135
7.1 **微信的生态体系** / 136
7.1.1 内容的展示渠道 / 136
7.1.2 流量获取渠道 / 138
7.1.3 支付方式 / 139
7.1.4 产品的展现和交易渠道 / 139
7.1.5 第三方辅助应用软件或工具 / 140
7.2 **微信体系内容运营** / 141
7.2.1 内容的呈现方式 / 142

7.2.2 内容的产出技巧 / 142
7.2.3 内容的传播技巧 / 145
7.2.4 营销植入的技巧 / 145
7.3 **微信的社群运营步骤** / 146
7.3.1 微信社群搭建 / 146
7.3.2 微信社群定位 / 147
7.3.3 微信社群引流 / 151
7.3.4 社群用户的运营方法 / 152
7.3.5 社群用户活跃度的控制技巧 / 153
7.4 **微信社群的交易转化** / 154
7.4.1 选品 / 154
7.4.2 成交转化的方式 / 156
7.4.3 售后服务的作用 / 158

第 8 章 **QQ 社群电商玩法** / 160
8.1 **QQ 的生态体系** / 161
8.1.1 内容的展示渠道 / 163
8.1.2 流量获取渠道 / 165
8.1.3 支付方式 / 166
8.1.4 产品的展现和交易渠道 / 167
8.2 **QQ 体系内容运营** / 168
8.2.1 内容的呈现方式 / 168
8.2.2 内容的产出方式 / 168
8.2.3 内容的传播技巧 / 173
8.3 **QQ 的社群运营步骤** / 173
8.3.1 QQ 社群搭建 / 174
8.3.2 QQ 社群定位 / 176
8.3.3 QQ 社群推广引流 / 177
8.3.4 QQ 社群的营销及管理技巧 / 181
8.3.5 QQ 社群用户活跃度的管理技巧 / 183

第 9 章 百度贴吧社群电商玩法 / 185

9.1 百度贴吧的生态体系和营销价值 / 186

9.1.1 贴吧的诞生 / 187

9.1.2 企业官方吧 / 189

9.1.3 营销平台价值 = 顾客涉入度 × 社群容纳感 / 193

9.1.4 基于兴趣话题的聚合社群电商 / 194

9.1.5 企业进行社群电商营销的基石 / 194

9.1.6 从企业与“贴吧精英合作伙伴吧”合作来看社群电商的运营 / 195

9.2 百度贴吧的营销方法和推广方式 / 195

9.2.1 创建百度贴吧 / 195

9.2.2 了解吧主的主要职责与权力 / 196

9.2.3 正确定位贴吧 / 196

9.2.4 建立良好的吧务团队 / 196

9.2.5 监督考核管理团队 / 197

9.2.6 建设贴吧 / 198

9.2.7 推广方式 / 199

9.3 如何申请成为企业官方吧 / 200

9.3.1 如何申请企业官方吧吧主 / 200

9.3.2 百度贴吧小吧主如何进入吧务后台 / 201

9.4 如何利用百度贴吧进行推广 / 201

9.4.1 百度贴吧选吧技巧 / 201

9.4.2 百度贴吧发帖技巧 / 201

9.4.3 贴吧回帖技巧 / 203

第 10 章 社群时代的创业思维 / 205

10.1 免费经济 / 206

10.1.1 免费经济是盈利的开始 / 206

10.1.2 创业者如何经营免费经济模式 / 207

10.1.3 创业者要避开免费经济模式的误区 / 208
10.1.4 免费模式的 7 种盈利方法 / 209
10.2 **互联网金融** / 211
10.2.1 什么是互联网金融 / 211
10.2.2 互联网金融模式——众筹 / 213
10.3 **轻资产运营** / 218
10.3.1 轻资产运营模式 / 219
10.3.2 轻资产运营的重要条件 / 220
10.3.3 轻资产的运营 / 222

第1章

平台电商运营思维和模式

从2003年开始，以易趣、淘宝网为代表的网络零售平台相继出现，开启了电商时代。经过十几年，各类电商平台如雨后春笋般相继出现、发展和成熟，其中最主要的类型有开放电商平台、垂直电商平台、自建电商平台。同时，近几年随着移动互联网的异军突起，电商零售的玩法、概念、思路和工具也在不断更新，衍生出众多新的移动端电商入口，电商零售的模式得到了极大的发展和丰富。

无论电商零售的模式如何丰富，由于开放电商平台通过多年的发展已经积累了海量的商家资源，并且普遍拥有庞大的用户量和海量的用户消费行为数据，所以开放电商平台依然是目前传统企业或者个人开展网络零售类电子商务的主要选择。

不过我们也必须看到，由于开放电商平台的“开放性”，进入门槛低、开店非常容易，大量同质化的商家同时出现，店铺之间的竞争非常激烈。许多商家将广告引流和低价促销作为最主要的竞争手段，这又导致运营难度加大，优胜劣汰效应非常明显。

因此，现阶段如果想在平台商家的优胜劣汰中成为获胜者，就必须从产品定位、视觉呈现、流量获取等多方面同时入手，与同行有所区别，从而避免陷入价格竞争的泥潭。接下来，我们以最热门的电商平台——淘宝网为例，来解读什么样的运营思维才能在现在的竞争环境下继续胜出。

1.1 电商产品思维

在开放平台做电商零售，产品定位是根本，因为所有后续的营销运营工作都是围绕产品展开的。如果产品没有规划好，后续所有的运营工作都将会事倍功半，再强大的运营技能和推广技巧都会如泥牛入海，毫无用处。你的店铺到底在卖什么？这个问题必须清晰地表达出来，只有这样才更容易打动消费者，让你的店铺和产品不至于被众多同行的店铺和产品淹没。

我们以一家男装店铺为例。这家男装店铺定位为“阳光男孩”系列男装，全部产品和营销方案都是围绕“阳光男孩”这个标签做展示。首先，我们来看一下这家男装店铺的商业企划案。

1. 对“阳光男孩”这一定位的分析

（1）定义：阳光男孩，是指像煦日阳光那样能给人温暖感觉的男子。

（2）分类：超人型阳光男孩、闺蜜型阳光男孩、治愈系阳光男孩、运动型阳光男孩等。

（3）关键词：阳光、温暖、微笑。

（4）冲突点：不同于“娘娘腔”，不是“家居服”。

（5）观点：很多女性会对“阳光男孩”倾心向往。

2. 要做的事情

（1）明确展示对象：

产品诉求对象是“阳光男孩”，通过产品把女性心目中“阳光男孩”要穿的衣服、要选的品牌展示出来。

产品风格可以理解为阳光、健康、热情的中高端韩风。

（2）市场分析：

每一次女性偶像观的变化，都改变着男士的穿衣潮流，男士会有意无意地让自己更加贴近女性心目中的偶像，贴近女性的择偶观。每次全民偶像的变化都是一场时装界改革，也隐藏着巨大的商机。

（3）明确目标客户：

目标客户多数为“80 后”“90 后”，有男友或老公的拥有快节奏城市生活的女性。

（4）明确竞争对手：

AMH：韩风快时尚男装品牌。如果视觉表达不当，本店产品将直接与 AMH 竞争。

布先生：只做T恤的高档男装网络品牌，产品面向精英阶层，设计风格简单时尚，从产品定价与服务来讲，布先生为本店的竞争对手。

3. 产品分析

（1）产品定位：中高端韩风男装；上衣为主，裤子为辅。

（2）产品架构：

超人型阳光男孩：上班、商务可穿。（笔挺、有型、有领、桑蚕丝、丝光棉）

闺蜜型阳光男孩：有意思，穿着让人觉得有趣。（花哨、印花）

治愈系阳光男孩：清新，让人觉得减压。（色彩活泼）

运动型阳光男孩：运动、强壮。（Polo、紧身、弹性）

从上述以“阳光男孩”为定位的男装店的简单企划案中，可以得出什么样的启示呢?

1.1.1 只做精品

做精品就是真正将产品做到精细化、品质化，将品质做到无可挑剔，而不是以次充好。男装店铺一定要做品质好的男装。做衬衫，必须是品质好的衬衫；做外套，也必须是品质好的外套。这是匠心所在。消费者最怕的就是用同样的价钱买了市场上品质不好的产品。

1.1.2 定位专注：小而美

定位专注就是一个店铺只服务于一类人的某一领域高相关度的需求。

很多店铺一直缺乏流量，转化率低，原因在于消费者打开店铺发现什么产品都有，内衣、裤子、帽子、鞋子应有尽有，看上去像个杂货店。试问，你会放心在这样的店铺买东西吗？显然消费者不会愿意在这样的店铺下单。

定位专注有一个很贴切的词可以形容，那就是“小而美”。“小”不是市场小，而是指选择某个细分市场，满足某个小众群体认同的需求；“美”是细节之处让消费者感动，经营方式创新、有新意、追求极致，从产品、营销、服务等多维度为这类小众需求打造最佳客户体验。

从大规模、标准化到聚焦消费者，个性化、人性化的回归，满足碎片化的需求，众多“小而美”已经构成商业发展的根基，品牌新模式已经得到充分的发展。

“小而美”的店铺或者“小而美”的商品并不是纯粹在卖货，这些独具个性的商品和店铺的背后是人，是卖家和买家在情感上的交流和互动。

相比于大卖家和品牌商，“小而美”的店铺更容易创造一种互动的氛围。消费者和卖家的关系被简化为：买家—商品—卖家。买家有自己的精神需求，卖家卖自己的理念，商品作为核心纽带将两者联系起来。在这种关系中，买家和卖家之间不再仅仅是交易，更有可能成为有相同价值偏好与爱好的朋友。

所以，这家店的定位是做男装，店铺里不会出现个性夸张的另类男装，更不会出现女装或鞋子，而是为服务“阳光男孩”群体做出男装类目中的“小而美”，产品主要是中高端韩国风格的男士上衣和裤子。

1.1.3 做深度：产品丰富

如果要展现你的专业、专注，没有足够的产品深度是不行的。

试想一下，如果男装店铺只卖“阳光男孩”的衬衫，那“阳光男孩”要买裤子时只能去找其他的店铺；而在其他店里他看中了一条裤子，并且对那家店的一件衬衫也非常喜欢，这时结果会是什么？十之八九他会连衬衫都在别的店一起买了。

所以在明确专注于解决“阳光男孩”对衣着服饰的需求后，就要在这个领域发掘“阳光男孩”的各种强需求，尽量地做宽做深。比如：“阳光男孩”需要T恤、衬衫、休闲裤、外套等，这样既显得你很专业、专注，又将“阳光男孩”这类人群抓得更紧。基于上述分析，我们给出该店铺2018年春夏男装品类规划，见表1-1。

表 1-1 店铺 2018 年春夏男装品类规划

品类	定位	定价	比例	款式
男T恤短袖 60款	主力款	129	10%	6
		149	20%	12
	常规款	169	40%	24
		199	20%	12
	利润款	239	10%	6

续表

品类	定位	定价	比例	款式
男衬衫 短袖 30 款	主力款	129	10%	3
		149	20%	6
	常规款	169	40%	12
		199	20%	6
	利润款	239	10%	3
男衬衫 长袖 10 款	主力款	169	20%	2
		199	20%	2
	常规款	229	40%	4
		249	10%	1
	利润款	299	10%	1
男 T 恤 长袖 20 款	主力款	169	10%	2
		199	25%	5
	常规款	229	25%	5
		249	30%	6
	利润款	299	10%	2
休闲裤 短裤 30 款	主力款	129	10%	3
		149	20%	6
	常规款	169	30%	9
		199	30%	9
	利润款	239	10%	3
休闲裤 长裤 60 款	主力款	149	10%	6
		169	30%	18
	常规款	199	30%	18
		229	20%	12
	利润款	299	10%	6
外套夹克 薄款 30 款	主力款	199	10%	3
		229	20%	6
	常规款	259	40%	12
		299	20%	6
	利润款	399	10%	3

1.1.4 主推款明确

开放平台拥有巨大的流量可供分配，但相对于平台中更加庞大的商家和商品数来说，流量始终都是稀缺的。为了平衡各商家利益，也为了平台长期稳定，一个商家能分到的免费流量始终有限。在流量有限的情况下，基于平台的流量分配机制和消费者购买偏好，最优的策略就是将这些流量集中在某些主推款上。

那么主推款是指什么呢？就是商家根据市场的反馈和自己的营销倾向，平衡对消费者的“顺从”和“引导”之间的关系，让消费者的购买形成聚焦，进一步提升主推单品的权重和影响力，并努力让消费者通过购买形成传播。

1.1.5 提升用户体验

电商零售有很多优势，但消费者在收到货前不能看见实物，售前只能看到图片或与客服交流，因此体验感严重匮乏，商家必须利用一切可能的方法来提升用户体验。而消费者打开包裹的那一刻是得到满足的关键时刻，因而除了确保产品本身是精品外，包装设计尤为重要。

包装设计是产品设计的延伸，也是品牌设计的延伸。消费者打开包裹那一刻的心情和反应，以及对性价比的判断，会对后期的产品评价、退换货、传播推荐、忠诚度等产生实质性的影响。

所以包装本身也是营销途径之一。消费者打开包裹的那一刻可以说是消费过程完结的标志性时刻，也可以说是营销过程刚刚开始的时刻。好的开包体验可以直接让消费者记住品牌、传播品牌、忠诚于品牌。

1.2 电商视觉呈现

如何才能让品牌、店铺、产品显得更有价值感？

在线下实体渠道，通常的方式是选择高档品牌集中的地区或商场，花几十万、几百万元来装修一家店，营造出各种高贵奢华的环境，以此来衬托陈列在里面的产品，从而提升产品的价值感。

电商虽是线上交易，但价值烘托的逻辑与线下是相通的。在线上，品牌、产品、品质、服务等所有信息最终大多是由图片表达、呈现在消费者面前的，所以对电商来讲，产品、店铺的视觉呈现效果非常重要。

消费者对商家的所有判断都是用眼睛看到的作为依据，页面就是产品的第一营销渠道。店铺的整体视觉呈现必须遵从以下几个原则：

（1）要展现完整性；

（2）要展现专注度；

（3）要展现产品深度功能；

（4）要展现主推的方向；

（5）要展现品牌的文化和调性。

做好这些可以让消费者快速了解你的产品。不要耽误消费者太多的时间，不要让消费者过多地思考，让消费者只需要跟着详情页的营销思维浏览，直至自发购买。做好页面视觉呈现，不仅是为了店铺产品的视觉效果，更是给消费者传递信心。

1.2.1 产品详情页

产品详情页是消费者对产品的信息进行详细了解的一个很重要的渠道，因此对详情页的设计和优化也被称为电商运营中的重要基点之一。产品详情页是商家展示自己的舞台，也是与其他店铺竞争的主战场，基本上商家所有的能力展现都是在这个地方进行，风格、策略、营销都是在这里具体实施。

详情页的策划需要注意以下几点：

（1）详情页需要兼顾消费者的“理性层面”和“感性层面”，必须重点培养消费者对拥有产品以后能使生活品质有所提升的信任感，人的参与和环境的导入必不可少；

（2）详情页内容、信息必须完整、丰富，尽量把不同消费者的不同诉求点都表达出来；

（3）详情页整体色调建议保持统一，让页面显得具有统一感、逻辑感，看起来高端大气，细节要丰富；

（4）详情页需要表现产品的多个方面，所以其内在的逻辑顺序、排版结构需要预先设计好，不能乱放。

详情页的描述基本遵循以下原则：

（1）引起消费者的兴趣；

（2）激发消费者的潜在需求；

（3）使消费者从信任到信赖；

（4）替消费者做购买决定。

详情页的模块设计主要包括以下部分。

（1）实力展示模块：品牌介绍、相关资质、获得奖项、生产规模、销量亮点等。

（2）商品展示模块：色彩展示、款式展示、细节展示、卖点展示、搭配展示、包装展示、效果展示。

（3）吸引购买模块：卖点标签、情感打动、买家如潮好评、热销盛况。

（4）促销信息模块：热卖推荐海报、关联宝贝、促销活动、优惠搭配套餐。

（5）交易说明模块：购买流程、退换货流程、保修流程。

（6）CRM（customer relationship management，客户关系管理）模块：VIP 升级规则、VIP 导购规则。

详情页的内容排版设计需考虑以下部分。

（1）收藏、关注：收藏、关注店铺能享受店铺的福利（如红包、优惠券等）。

（2）焦点图：突出单品的卖点，吸引眼球，尽量在视觉效果上让消费者形成消费心理。

（3）推荐热销单品：3 ~ 4 个，必须是店铺热卖单品且性价比要高。

（4）产品详情、尺寸表：详细地对宝贝编号、产地、颜色、材质、做工、尺寸、洗涤建议进行介绍，让消费者在购买前心中有数，避免售后纠纷。

（5）模特图：通过真人模特效果图，全方位地展现出宝贝的每一面。

（6）实物平铺图：把宝贝的颜色种类展示出来，清晰地展现宝贝的每一方面，同时加上卖家对宝贝的具体推荐。

（7）场景图：将宝贝融入不同的场合，进一步解决消费者的疑虑和问题，将宝贝的美感全方位地展现。

（8）产品细节图：细节很重要，有越来越多的消费者执着于宝贝的细节方面，这也验证着卖家的责任感，更多的细节图对于店铺的诚信经营也是一种保证。

（9）同类型商品对比：为了挽留更多还在犹豫和纠结到底要不要购买这个宝贝的消费者，可以适当地将两个同类宝贝进行对比，突出自家产品的优势，切忌将对比商品的具体品牌信息透露出来。

（10）买家秀展示或者好评截图：将商品以及店铺的相关评价等展现在消

费者面前，用事实说话。

（11）搭配推荐：在详情页中宝贝介绍的末尾加上与宝贝相关的其他搭配，让消费者在熟悉所关注宝贝的同时对其他宝贝产生购买欲望。

（12）购物须知：通过购物须知，将店铺里关于宝贝交易的相关问题，包括退换货处理、运费承担等前提进行相关的解释和说明，让消费者在购物之前就了解好店铺的购物规则，最大化地避免不必要的购物纠纷。

（13）品牌文化简介：展示品牌或企业文化，让消费者觉得品牌质量可靠，这样容易得到认可。

1.2.2 店铺首页

通常产品详情页会得到绝大多数商家的重视，而对于店铺首页的设计，很多商家却不够重视。店铺首页是店铺最重要的门面，一般来说，消费者浏览完一款产品的详情页后，通常会进入店铺首页看看，也就是说，消费者通过详情页了解一款产品，通过首页了解一家店铺。

开放平台基本都有一个店铺首页，产品详情页能获取消费者对产品的认同，而店铺首页获取的是消费者对店铺的认同。只要这两个认同都获取了，成功交易的可能性将大大提高。首页设计需注意以下几点：

（1）主要包括页头导航、海报区域、产品自定义区域、产品分类区域等；

（2）需要有特色的主推单品的大海报，文案必须有调性；

（3）必须是当季热销单品推荐；

（4）色调要贯穿整个首页的各个角落，简单细致，尽量不要用白色底和边框设计；

（5）所有产品的首图风格设计尽量统一化；

（6）大小海报的风格、色调、字体、结构等需要统一设计；

（7）沟通工具可以在前后端各出现一次；

（8）收藏店铺可以在首页上端的店招或者导航条出现一次，也可以在首页最后出现一次；

（9）切记，不要花样太多、色调太多、文字太多，没有统一感就会显得杂乱无章，让整个页面看上去有形无神。

页面展示才是生命力。无论是详情页还是首页，不仅要美观，更重要的是要向消费者展示商家品牌的生命力，唤起消费者对品牌的信任。页面必须具备品质感、欣赏性，展示专业水准，内容表达流畅，逻辑思维清晰。

一般来说，比较成功的店铺首页具备以下几个特征：

（1）增加海报区域罗列的单品；

（2）增加自定义模块的单品呈现数量，并整齐地排列展示；

（3）首页第一张海报图要高端、大气、上档次；

（4）首页尤其是价格标签的文字字体务必清晰、整齐；

（5）首页需要选定一个主色调，贯穿整个首页的页面，奠定品牌基调；

（6）海报之间风格统一，首图之间风格统一，分割的海报之间风格统一。

首页设计的空间弹性虽然很大，基本每一个店铺都有不同风格和设计方案，但是其基础逻辑是相对固定的。开放平台电商零售本身具备一些感性的决定性因素，这些因素和品牌名称、品牌主色调、品牌文案、品牌代言人、产品外观、产品包装、店铺装修风格密切相关。首页设计的关键是如何把素材和页面结合起来，让店铺和产品融进页面呈现中，这就需要我们平时多积累多下功夫了。不要嫌麻烦，多花时间去试，就会有意想不到的效果。

1.3 电商流量运营

淘宝平台拥有巨大的用户基数和各种合作渠道，每天都有几亿的精准流量在各个入口以收费或免费形式通过各种机制分配给平台中的商家。所以，在淘宝平台开店的商家推广引流的方式、入口、流量结构多种多样，并且随着淘宝不断推出的平台策略而不断变化。在所有引流方式中最重要的有四种：搜索流量、直通车流量、钻石展位流量、淘宝客流量。

1.3.1 搜索流量

淘宝搜索流量，顾名思义，就是指从淘宝的搜索排名中获取流量。

当买家在淘宝搜索某个关键词或某类产品分类时，淘宝会把众多相关产品按照一定的规则排序展现给买家，展现排名越靠前的产品能够获得越多的流量。在搜索展现结果中大部分为免费展现位置，这些免费展现的部分称为自然搜索。另外有小部分是付费展现位置，这些付费展现位置即是直通车展现位置。自然搜索排名是整个淘宝平台最重要的免费流量入口。

每个商家都想方设法地让自己的宝贝能够出现在自然搜索的首页。因为自然搜索而来的流量无论是从转化率还是从精准度来讲，都明显优于其他渠道得来的流量，所以自然搜索流量的重要性毋庸置疑。

商家想要获得自然搜索流量，就要让宝贝排名靠前，增大宝贝进入消费者视线的概率，因此排名就显得尤为重要。

淘宝自然搜索有三大排序模式：综合排序、人气排序、销量排序。在淘宝网搜索框中输入一个关键词如“衬衫”后，淘宝后台的搜索引擎就会针对这个关键词对淘宝店铺中相关的宝贝进行排序，然后将排序结果展示到消费者的眼前。排名越靠前的产品就越有可能被消费者点击，而默认的排序模式就是综合排序。

1. 综合排序

在淘宝排序的三大模式中，综合排序是需要商家着重研究的一个。因为在全淘宝搜索流量中，90% 左右的流量默认的都是综合排序模式。

综合排序模式就是淘宝系统针对消费者输入的关键词，在后台通过强大的算法系统对各个权重进行计算后得出宝贝的排序，也就是说，影响宝贝综合排序的因素不止一项。

影响宝贝综合排名的因素主要是相关性、是否涉嫌作弊、综合评分、下架时间。

宝贝的相关性包括类目、属性和标题三个要点。店铺中发布的宝贝必须符合该宝贝的分类和属性，比如，如果将男装放在男鞋类目，男装就很难得到展现。宝贝属性是宝贝的材质、款式、风格等特点，消费者会通过某些属性词搜索相关的商品。如果发布的宝贝与这些属性不相符，就会影响消费者通过属性词搜索到该宝贝。发布宝贝的标题不正确，也会使得消费者很难搜索到店铺中的相关商品。

店铺中的宝贝是否涉嫌作弊，也是影响宝贝排名的一大因素。淘宝网是一个网络交易平台，网络交易的局限性导致很多不法商家投机取巧，利用网络的漏洞欺骗消费者。淘宝是坚决打击这种行为的。无论是商品邮费不符还是虚假交易等行为都属于作弊行为，有这样行为的宝贝的搜索排名肯定会受到影响。

综合评分也会影响宝贝的搜索排名。综合评分具体包括宝贝描述是否相符、商家的服务态度是否好、商家的发货速度是否够快等方面。综合评分的高低主要取决于消费者对商家评论的好坏。

影响宝贝综合排名的最后一个因素是宝贝的下架时间。下架时间是淘宝宝贝发布中对商家非常有利的一个设计，因为越是接近下架时间的宝贝，其所得的排名就越靠前，所以下架时间的设计可以让商家的众多宝贝都能得到平等的展现。

2. 人气排序

人气排序，顾名思义，就是根据宝贝的受欢迎程度而得到的排序。消费者进入淘宝网站，如果选择人气排序展现宝贝，淘宝后台就会自动计算宝贝的人气评分，再将排序结果展现到消费者眼前。由于大部分消费者都会通过关键词进行宝贝搜索，所以和综合排序一样，通过设置好宝贝的相关性来保证宝贝能与消费者搜索的关键词相匹配，也是提高宝贝人气排名的前提。

在设定好宝贝相关性的前提下，影响宝贝人气排序的主要因素包括销量、收藏量、好评率、流量、点击率等。除此之外，转化率、店铺信誉、橱窗推荐、下架时间等因素也会对宝贝人气排序有影响。

3. 销量排序

销量排序是按照宝贝的销量多少进行排序。不过这里所指的销量并非是宝贝销售了多少件，而是宝贝成功交易了多少人次。消费者输入关键词后，设置按销量排序，页面会显示已有多少人收货。一个消费者一次购买多件同样的宝贝，销量也只计 1 次。

对以上三种排序模式，我们还可以使用淘宝 SEO（search engine optimization，搜索引擎优化）技术优化淘宝自然搜索排名的规则，最大限度地让宝贝的搜索排名靠前，从而获得更多的免费流量。

淘宝 SEO 有三大基石：类目相关性、属性相关性和标题相关性。

所谓标题优化，就是通过对宝贝标题进行优化来提高标题的相关性和精准度，以获得更好的展现及更多的精准流量。而标题优化只是 SEO 中的一部分，优化好标题后，还要花大量时间去优化其他指标，所以做标题优化是淘宝 SEO 的重点之一，但不是全部。故“产品标题就是淘宝 SEO 的一切”这一说法并不正确。

淘宝 SEO 的核心是搜索排名，研究 SEO 的目的就是提高网店的搜索排名、增大交易额。实现搜索量增加的前提是商家要十分清楚影响搜索量的所有因素，才能在不违反淘宝规则的前提下对症下药，找出适合自己店铺的运营引流方法。

1.3.2 直通车流量

淘宝直通车的本质是客户精准营销工具，即把产品信息准确地呈现在需要该产品的顾客面前，而这个过程是通过搜索关键词来实现的。

因为是精准营销，所以直通车是淘宝中小商家最重要的付费引流工具。对于优质且有竞争力的产品，使用方法得当的话，直通车的投入产出比会非常不错；同时还可以利用直通车快速地提高产品权重，增加自然搜索流量。

直通车广告属于 CPC（cost per click，每次点击成本）广告，即按点击量付费式广告。直通车广告的收费公式如下：

直通车广告收费 = 点击量 × 关键词点击花费

关键词点击花费 = 下一名出价 × 下一名质量得分 / 关键词质量得分 + 0.01 元

从以上公式可以看出，关键词质量得分是非常关键的。

那么，质量得分是什么呢？质量得分是估算的一种相对值，分为计算机设备质量得分和移动设备质量得分两种。它是直通车搜索推广中，衡量关键词、宝贝推广信息和淘宝网用户搜索意向三者之间相关性的综合性指标，以 10 分制的形式来呈现，某关键词的质量得分值越高，说明推广的宝贝与搜索这个关键词的用户的需求匹配度越高，因此可以获得更理想的推广效果。质量得分的计算涉及许多因素，而其具体公式属于淘宝机密，从未公开。

但根据推断与大量的实践验证，相关性、推广创意点击率、推广流量转化效果对质量得分的影响都非常大，具体分析如下。

首先，淘宝作为平台方，必须确保买家在搜某个东西时看到的就是他想要的，所以推广的宝贝与关键词是否相关尤为重要，质量得分首先要考虑的必然是“相关性”。

其次，对于淘宝来说，一方面，直通车的广告位置和曝光资源有限，所以如果直通车广告点击率高，淘宝就能获得很大利润，否则就是对广告资源的浪费；另一方面，高点击率在一定程度上反映了买家的喜好。商家直通车推广创意越好，点击率越高，质量得分就越高，所以推广创意点击率在质量得分中的权重也非常高。

许多人发现了这个规律，很多卖家为了提高点击率而采用各种非正常手段，结果淘宝广告收入的确多了，但搜索呈现结果与买家搜索意愿的匹配度却变低了，这与淘宝的平台利益不符。高点击率虽然在一定程度上反映了买家的喜好，但太容易被人为干扰，所以转化率在质量得分中的权重也得到了提升。因为获得同样的推广流量时，最终买单的人越多，说明推广的宝贝与用户搜索意愿的匹配度越高。

直通车质量得分的计算中还可能涉及众多其他因素。同样，根据淘宝必须平衡广告收益与买家体验的需求的规则进行推理，我们可以判断宝贝评分、退换货率、投诉率等因素也可能会影响质量得分。

直通车关键词质量得分越高，就可以用相对更少的推广费用获得更多的精准流量，所以优化推广关键词的质量得分变得非常重要。

直通车如何优化关键词质量得分？

根据质量得分的影响因素，可从以下几个维度进行重点优化。

（1）创意质量：推广创意是展示推广产品的核心内容。

使用创意设备指定功能，上传适合对应设备的相对清晰的创意，更好地呈现产品，吸引买家点击。目前创意最多可以上传4张，因此要充分利用起来；还可以使用创意流量分配功能来进行不同创意的点击效果测试。

（2）相关性：相关性是体现卖家推广的关键词和推广宝贝匹配度的指标。

类目相关性，是指从多数买家的搜索购买行为习惯总结出大部分买家期望看到的宝贝所属的类目和属性，直通车会优先展示这些类目、属性下的宝贝。做类目相关性工作之前需要注意以下两点。

首先，检查发布的宝贝类目是否正确。很多卖家对自家宝贝的定位很模糊，容易将宝贝的类目发布错误，这会导致关键词的质量得分变得很低，所以首先要检查一下宝贝类目有没有发布错误。

其次，权衡关键词的相关性对宝贝的价值与贡献。比如推广一款圆领的上衣宝贝，该不该设置V领的关键词呢？

使用流量解析工具能够分析关键词和类目的流量情况。

关键词的相关性多使用系统推荐词。使用关键词推荐工具时，先按照市场数据如展现量、平均价、热度等进行排序，然后选择添加；也可以使用关键词推荐工具中的相关标签关键词来进行添加，目前标签有“热”“潜”“优”“扩”“想”“锦”等。

最相关的关键词可以参照宝贝标题属性设置多个。例如，推广一款刺绣的连衣裙，可以将“刺绣连衣裙”拆分成3个中心词，即“刺绣”“连衣裙”“刺绣连衣裙”，然后分别按照这 3 个中心词去添加一系列更精准的关键词（可以按照提供的 3 个排序按钮进行排序）。

（3）买家体验：从客服、宝贝详情页、关联营销、活动等各方面来提升点击转化。

1.3.3 智钻流量

2016 年 5 月，淘宝钻石展位新平台全面升级，更名为“智钻”的钻石展位后台操作界面有了许多新的变化，它的报表更加清晰，功能更加全面。智钻，顾名思义，就是钻石展位智能化投放，新的开端，新的征程，钻展进入智能化的新时代。升级成为智钻后的平台包括四大流量推广板块：展示广告、移动广告、视频广告、明星店铺。

1. 展示广告

钻石展位展示网络推广是以图片展示为基础，以精准定向为核心，面向全网精准流量实时竞价的展示推广平台。钻石展位展示网络推广支持按展示付费（cost per mille，CPM，即千人次成本）和按点击付费（CPC）的结算模式，为客户提供精准定向、创意策略、效果监测、数据分析、诊断优化等一站式全网推广投放解决方案，帮助客户实现更高效、更精准的全网数字营销。

展示广告推广板块的基础功能有：

第一，展示位置：包含淘宝网、天猫、新浪微博、网易、优酷土豆等几十家淘内淘外优质媒体的上百个大流量优质展位。

第二，创意形式：支持图片、Flash 等动态创意，也支持使用钻石展位提供的创意模板制作。

第三，收费方式：在支持按展示付费的基础上，增加按点击付费的结算模式。

第四，投放方式：选择资源位，设定定向人群，竞价投放，价高者得。

基于上述功能，展示广告推广板块具有如下产品优势：

第一，超大流量：覆盖全国 80% 以上的网购人群，淘内淘外共几十亿的海量流量供选择。

第二，精准定向：提供多种精准定向方式，锁定目标人群。

第三，出价灵活：支持按展示付费和按点击付费，流量更精准，成本更可控。

第四，一键推广：为日常销售、活动营销等不同场景定制个性化营销策略，提升效果。

第五，高效创意：千套模板多维推荐，轻松打造优质创意，系统智能地择优投放，测图测款全程托管。

第六，精准优化：报表界面升级，数据更加清晰明了，粒度诊断，量身打造优化方案。

2. 移动广告

移动广告是通过移动设备（手机、平板电脑等）访问 APP 或网页时显示的广告，形式包括图片、文字链、音频等。移动广告突破了电视、报纸等传统广告的覆盖范围，在受众人数上有了很大超越；并且移动广告可以根据用户的属性和访问环境，将广告直接推送至用户的移动设备上，传播更加精准。

移动广告推广板块的基础功能有：

第一，展示位置：在网络视频节目（电视剧、综艺等）播放前 / 后插播视频贴片。

第二，展示形式：视频格式展示，时长在 15 秒以内。

第三，定向支持：除钻石展位常规定向外，还可支持视频主题定向，筛选热门动漫、影视、演员相关视频节目，精准投放。

第四，创意形式：可自主上传视频，也可在创意实验室中制作视频贴片。

基于上述功能，移动广告推广板块具有如下产品优势：

第一，大流量：移动设备普及率日渐增高，流量增量远超 PC 端。

第二，高精准：移动设备一般为个人所有，根据个体用户浏览足迹统计出来的用户画像更加精准。

第三，多覆盖：移动设备的打开率极高，移动广告可以做到对用户的全天候覆盖，广告信息时效性高。

3. 视频广告

产品介绍是钻石展位为获取高端流量打造的品牌宣传类商业产品广告。广告主可以通过视频广告，在视频播放开始或结束时展现品牌宣传的视频，具有曝光环境好、广告展现力强等优势。配合钻石展位提供的视频主题定向，客户能够获取更精准的视频流量。

视频广告推广板块的基础功能有：

第一，展示位置：主要展现在国内主流视频网站，如PPS、爱奇艺、优酷等大型视频媒体。广告在视频开始前15秒进行展现，在视频播放暂停时浮出。

第二，展现形式：以视频格式进行广告内容的展示，展现形式更新颖。

第三，定向支持：针对视频网站提供视频的主题进行定向，比如根据目前热播剧的名称和主题进行定向。

第四，创意形式：支持FLV、MPEG等主流视频格式。

基于上述功能，视频广告推广板块具有如下产品优势：

第一，优质流量，曝光环境好：视频广告作为高曝光的优质展示广告，拥有如优酷、PPS、爱奇艺等主流媒体，能更好地发挥其品牌溢价，提升品牌价值。广告在重点视频网站的视频播放前15秒进行展现，占据了重要的推广位置。

第二，支持PC端、无线端投放：视频播放支持PC端和无线端的独立投放和设计创意，全面获取无线流量和PC流量，抢占无线流量入口。

第三，支持视频主题定向：提供视频主题定向，快速获取重要人群，比普通视频更精准。

4. 明星店铺

明星店铺是钻石展位的增值营销服务，按千次展现计费，仅向部分钻石展位用户开放。开通明星店铺服务之后，商家可以对推广信息设置关键词和出价。当有消费者在淘宝网宝贝搜索框中输入特定关键词时，店铺的推广信息将有机会在搜索结果页最上方的位置获得展现，进行品牌曝光的同时赢得转化。

明星店铺推广板块的基础功能有：

第一，展示位置：在淘宝电脑端、手淘APP以及UC浏览器搜索结果页面最上方的位置。

第二，展示形式：当搜索关键字匹配投放广告的关键词时，推广信息即可在搜索结果页最上方位置得到展示，确保获得流量的精确性。

第三，创意形式：提供多样化创意模板，PC模板和无线模板独立；模板可由图片和多条文案构成，以满足各类消费者的需求。

第四，收费方式：按CPM收费即千次展现的方式进行收费。

基于上述功能，明星店铺推广板块具有如下产品优势：

第一，黄金展位，高回报率：明星店铺作为搜索展示广告，能更好地发挥其品牌溢价和明星效应；其展示位置在搜索结果页最上方，占据了黄金的推广位置，使得投资回报更高。

第二，支持 PC 端、无线端多样化模板投放：明星店铺支持 PC 端和无线端的独立投放和设计创意，便于广告主专门为无线营销场景设计品牌创意；同时明星店铺投放计划支持地域和时段投放。

第三，支持展示搜索一站式购买：方便广告主完成展示和搜索广告的一站式购买，实现搜索到展现的提升以及从展现流量到搜索流量的转化。

第四，CPM 计费，公平竞价：支持 CPM 计费，更具公平性；开放实时报表数据监控，加强对推广效果的监控。

第五，数据沉淀，提升品牌形象：利用广告特定的多渠道引流与数据沉淀价值，强化用户品牌记忆与搜索习惯，完成从短期卖产品到长期卖品牌的目标转化。

1.3.4 淘宝客流量

淘宝客简称 CPS（cost per sales，即按出售付费），属于效果类营销推广。区别于淘宝直通车的按点击付费，淘宝客是以实际的交易完成（买家确认收货）作为计费依据的。淘宝客支持按单个商品或店铺的推广形式，卖家可以针对某个商品或者店铺设定推广佣金。佣金可以在一定范围内任意调整，较高的佣金设置将会得到更多的推广者的青睐。淘宝会在每个交易结束后，根据相应的佣金设置将具体佣金费用从交易额中扣除。

在淘宝客推广中，有淘宝联盟、卖家、淘宝客以及买家四个角色，其中每个角色都是不可缺失的。它们之间的关系如图 1-1 所示。

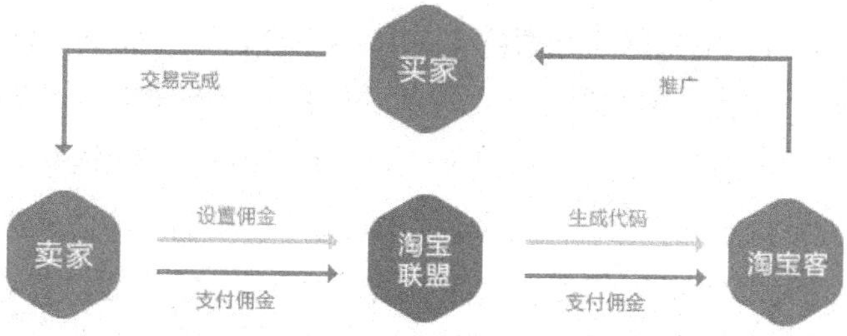

图书 1-1　淘宝客关系图

淘宝联盟是一个推广平台，帮助卖家推广产品和淘宝客赚取佣金，从每笔推广的交易中抽取相应的服务费用。

卖家是佣金支出者，他们提供自己需要推广的商品到淘宝联盟，并设置每卖出一个产品愿意支付的佣金。

淘宝客是佣金赚取者，他们挑选好淘宝联盟里卖家发布的产品并推广出去。当有买家通过淘宝客的推广链接完成交易后，淘宝客就能够赚到卖家所提供的佣金（其中一部分是淘宝联盟的服务费）。

对于卖家来说，在不亏损的情况下，可以尽量多给佣金。佣金点的设置没有一个科学合理的百分比，卖家需要根据自己产品的毛利率去衡量。一般来说，在前期卖家可以设置高佣金，而在后期如果店铺影响力增强了且转化率提高了，佣金就可以适当降低一点；但是如果发现佣金降低的行为打击了淘宝客的积极性，则卖家需要适度地往上调整佣金。

毫无疑问，淘宝客们喜欢能带来更多收益的产品。这类产品的特点有销量高、淘宝客推广量大、产品转化率好、佣金收益高（如果有额外奖励更好），以及消费者对产品的评价好。只有真正好的产品才能持续保持推广效益。

淘宝客的推广计划包括通用计划、活动计划、如意投计划、定向计划。

淘宝客佣金计划建立的目的是设立门槛，区分“真假淘宝客”。

1.4 淘宝平台的社区化趋势

了解了平台电商的运营思维与模式后，我们必须看到，即使这些运营思维和模式在现阶段仍然有效，但它们已经成为“传统”思维，因为电商平台已经变化了。

2015 年 11 月，淘宝网在北京公布 2016 年战略，其中最引人注目的是自品牌概念的提出。相比以前消费者听说过的那些在淘宝上诞生的淘品牌，淘宝方面在解释两者的区别时称，淘品牌诞生于 PC 时代，擅长低价推爆款，善于通过流量运营做促销；而自品牌即个人就是一个渠道、一个品牌。它诞生于移动端，以“90 后”卖家群体为主，他们更喜欢通过社区、社交方式运营用户和粉丝，提供个性化商品。

2016 年 3 月，淘宝网在杭州召开 2016 年度卖家大会，再度明确了新战略，即社区化发展将是淘宝未来的三大方向之一。

手机淘宝在社交化的布局上有两个部分最明显，即淘宝内容和手淘社区。

1.4.1 淘宝内容

手机淘宝召集自媒体人以佣金为利润，强调变现能力，提供优质内容就有丰厚回报，同时解决淘宝内部营销的局限性问题。

有一些淘宝达人分享购物体验的目的也是比较明确的，即用优质的内容做导购，以聚集用户，说服用户购买商品。

这些优质内容将在淘宝头条、有好货、红人圈、爱逛街、微淘等板块展现。

微淘是一个淘宝版的微博，是卖家与粉丝互动的地方，卖家在这里可以发帖子或上新品，粉丝可以发表评论。现在手机淘宝给了微淘一个一级入口，但这个板块一直没有太大的起色。很多商家已经把微淘当成了广告牌，互动的功能没有凸显出来。手机淘宝内容开放后，微淘会进一步成为内容创造者与粉丝、社群的互动基地。

淘宝头条作为承载生活消费信息的最佳平台，提供及时新鲜的淘宝活动和大事件信息，并具有消费引导和互动经验等功能。在最近淘宝举行的“内容写手全球招募”活动中，内容创作者“欧范小姐”在 7 天里向手机淘宝提供了上百条优质内容，获得了 13.6 万元的佣金。在“内容开放设计”发布现场，多名商家看上了“欧范小姐”的导购影响力，纷纷拍下她的内容合作权。

爱逛街、红人圈通过视频直播和图文的方式，传递一种时尚潮流的生活方式，吸引更多的人来围观模仿；有好货的目标则是打造有品位的生活和内容。

1.4.2 手淘社区

淘宝客户端的版本一直在更新。到 2015 年 10 月，卖家版的阿里旺旺已经变成了“千牛”，买家版阿里旺旺变成了“亲淘”，移动端的旺旺还是“旺信”，这些工具都是为了方便买家和卖家交流而设计的。在以往的买卖关系中，交易结束后就没有了下一步关系的发生，没有二次沟通，客户关系维护就无从谈起了。商家只能被动地等用户来；用户除了消费之外，产生不了其他价值，也获得不了商品以外的其他东西。

手淘社区的功能就在手淘客户端。打开手淘客户端，中间位置处的“问大家”

是一个一级入口，这足以看出淘宝对其的重视程度。进入“问大家”，便可以看到很多问答互动和购物分享。你可以根据自己的购物经验和生活经验回答其中的一些问题，也可以发布自己的问题和分享自己的购物体验。

淘宝的所有这些变化和布局都是为了适应社交化电商时代，实现社交化精准营销。这一切都指向一个结果——社群电商是未来的趋势。

因此，接下来我们将一起学习社群电商的理论与实战技能。

第2章

社群初期用户获取的关键：玩转网络社交

2010年以前，几乎没有人听说过社交媒体，而今天，微博、微信和QQ这样的社交平台拥有超过10亿的用户，其流量几乎占据整个互联网的1/4。社交工具和社交媒体已经变成现代人生活不可缺少的组成部分，人们依靠它们交流、交友、获取新闻、工作、做生意……

有人的地方就有商机。尽管我们不可能影响和操控社交媒体网络中的每一次互动，但可以利用社交媒体影响和改善用户对我们的认知；如果运用得当，社交媒体便可以帮我们建立对话，获取用户并开辟新市场。

那么如何才能玩转社交媒体从而获取更多的用户呢？这就需要我们提升自我素质，学习网络社交的方法与技巧。

2.1 培养自己的网络社交基因

有了蓬勃发展的社交平台，人与人之间产生连接变得相对容易；但如果想持续获得大量的关注和交互则并非易事，这就需要我们不断树立自己的网络形象，这里说的网络形象就是网络社交基因。那么该如何培养我们的网络社交基因呢？

2.1.1 打造自己的知识力

社交的天赋并不是每个人都有的，任何人想在社交过程中得到别人的认可都需要才华，需要在某一个领域有一定的绝活，有知识、有内涵才能吸引别人关注。一个人的才华、绝活、知识、内涵可以统称为“知识力”，所以，想要在社交活动中表现出彩，打造自己的知识力非常重要。

要打造自己的知识力，首先就要从个人知识管理入手。个人知识管理是一种全新的知识管理理念和方法，指把个人拥有的各种资料、随手可得的信息变成更具价值的知识，最终用到自己的工作、学习、生活和社交中去。通过对个人知识的管理，个人可以增加信息素养，完善自己的专业知识体系，提高自己在社交过程中的能力及竞争力。那么如何进行个人知识管理呢？我们可以从以下几方面着手。

1. 收集知识

在社交中产生的任何内容都不是凭空出来的，而是需要经过大量的搜集，这就是知识力的来源，所以我们平时要多看书，多学习，积累知识。

2. 储存知识

打造知识力，就要搜集很多资料，比如文字、视频、音频等。做好个人知识管理很重要的一步就是把搜集到的知识储存好，这样才能在要用时迅速地找到。

3. 加工知识

储存在电脑里的资料如果不进行加工，就只是资料，不是可以自由运用的知识。那要如何加工资料呢？我们可以把有用的文字和文章浓缩成观点，然后在浓缩观点的过程中，更深入地去理解这些知识。

4. 使用知识

对知识进行加工，不是为了显示自己学识渊博，而是为了使用这些知识去解决实际遇到的问题。例如，每天用学到的知识去写一篇文章。

5. 分享知识

把学习到的知识分享出去是有很多好处的，主要体现在两个方面：一是打造个人品牌，把自己知道的知识写成文章、做成视频分享出去，可以让更多的人知道你，形成个人品牌；二是提高学习效果，把别人教会是最好的学习方式。如果想让自己的社交如鱼得水，就不要害怕自己的知识被分享出去，而要主动地、大胆地分享出去。分享的知识越多，收获的粉丝也就越多。

2.1.2 让自己变得有情怀

知识力不够，拿什么去社交？“颜值”和“萌”也是两种力量，但如果这两样都不具备呢？那就展现你的情怀，靠人格魅力来社交。

比如在锤子手机刚上市的时候，锤子手机的官方宣称“一个有情怀的人做了一款有情怀的产品”。于是互联网上开始了各种讨论，既有正面评论也有负面评论，最后不但有很多“锤粉”买单，而且锤子手机在网络上也有了一大批粉丝。

也许有人认为这些人是不理智的，但事实并非如此。在互联网时代，每个人都有自己的主见、自己的看法，愿意为自己认为好的东西买单，这是互联网时代的价值观和消费观。我们一定不要认为自己比别人更聪明，也不要认为自己选择的就是对的，任何事情的发生一定有它的原因。

锤子手机的创始人罗永浩用什么吸引了如此多的粉丝？首先就是情怀，他是一个工匠，用匠人的精神做了一款有情怀的手机。另外，他在做手机之前做了非常多的铺垫。每一次铺垫都能引发一次更大的传播，引起人们的讨论，包括在 2015 年 8 月底发布坚果手机时，一句“漂亮得不像实力派”的宣传语引发了众多网友在各大网站的传播和模仿。

只有这些大佬和名人才能有情怀吗？事实上并不是这样的，情怀是怀着一个坚定的信念做出一件很好的事。任何人都可以怀着这种信念去做事、做产品，有梦想的人值得大家尊重；有坚定信念的人做出好的产品，都是值得大家尊重的。无论你身在哪一个行业，做什么样的产品，只要你确定了方向，借助互联网，就可以抒发你的情怀。

在前文我们已经讲到，社交网络让人与人之间的连接更容易，你能聚集人，也会被人聚集。社交网络用到最后，用的不是技巧，而是认真——只要你认真，且一直那么认真，就会吸引一群人来。比如微博上有很多做农产品的，虽然他们是“草根”，但他们能够在微博上把生意做得很好，在社交网络上不断形成自己的强关系。

这里还有很多有情怀的人的例子。做蜂蜜的，做了很多年，只为懂得生活的人提供，以后会坚持一直做下去，为大家提供天然、健康的蜂蜜；种植山药的，做好的山药，做专业的种植产地；做阳澄湖大闸蟹的，只提供原生态、原产地的大闸蟹，可以来实地观摩考察。

诸如此类，即使是一个普通的人，只要坚持一种情怀，认真提供好的产品，做用户知心的朋友，都可以在社交网络中形成自己的影响力。所以，情怀不只名人能有，普通人也能有。

但展现情怀千万不能操之过急，一定要做好铺垫。

想做一个有情怀的人必须忠于理想、面对现实。理想可以高调展示，但面对现实的时候，就要一步步来做，慢慢地，你在别人眼中就是一个靠谱的人、值得信任的人。

很多人只顾着喊口号："我要做第二个马云，要做行业里的第一，做最厉害的产品。"可面对市场激烈的竞争，这些人坚持不了几天就黯然消退了，最终消耗了自己的信誉。

而当我们坚守自己的情怀，坚定地一步步用行动来实现理想时，就一定会有人来围观，有鼓励你的，也有讽刺你的，还有唱反调的；但这些都不重要，重要的是有人来围观了，有人围观就会有人追随、拥护、买单。毕竟在这个嘈杂的世界里，坚持理想的人太少，坚持把一件事情做到极致的人更少，人们内心深处会非常敬佩这样有情怀的人。

最后，我们来描述一下网络时代有情怀的人的画像。他们是一群专注的人，拥有很专业的技能或团队，专心做某个产品，用几年时间将产品打造成精品；为了做出有格调的精品付出了很多，不追求让所有人接受，只追求让某一特定的人群极度认可，拒绝提供庸俗与低价产品。

2.1.3 学会请教

很多人认为自从有了互联网，人们的学习变得更方便，获取信息更容易。可在信息泛滥的今天，这种理论已经站不住脚了，如何及时精准地获取正确的信息才是最重要的。网络搜索已经被各大品牌的广告占据，搜出来的结果往往都不是你最想要的。如果去论坛上提问，或许会有很多人回答你，但是对不对就无从考证了。

而现在，你可以在微博、知乎、豆瓣等社交平台中找到任何一个行业的精英去请教，如果不确定哪一位有时间回答，那么可以同时向多位行业大咖请教。在这些平台上，大家一般不会拒绝一个爱学习的人，更何况此时也能展现自己的专业程度，让更多的人为自己竖大拇指，扩展自己的影响力。

寻求帮助也是网络社交基础里重要的一步。当然，这里说的帮助只限于学习请教，与钱和物无关，进一步请教的话可以增加资源对接方面的请教。这一方法让我们有更多的机会结交专业人士，拓展社交面。

请教别人的时候也要调整好心态，不要认为请教别人就能学会某一个行业的所有知识或掌握某一个行业的技巧。想做好一个行业、掌握一门技术，光请教是解决不了问题的；搜集网络上的零散信息，看一篇文章，都解决不了相关问题。只有接受系统的培训，或者去看一些专业类的书，才能掌握基本知识。有了基本了解再去请教专业的人，不仅可以增长知识、提高自己，还能结交更多专业人士。

在网络社交平台请教别人也需要有一定的技巧。

（1）不要去问别人一些很基础的问题。比如名词解释等，这些可以去百度百科里查；在社交网络上询问的问题，一定是在其他渠道不容易获取答案的问题。如果你的问题太基础，别人会觉得你的水平很低，同时也说明你不爱主动学习，交流起来也会很困难，那将很难在平台上建立人际关系。

（2）要问具体的问题，不要问大而广的问题。具体的问题是指在一个行业里某一个细节应该怎么去做，让对方能够用一句话解决的。因为用社交网络的人都是在碎片化的时间里用的，没有那么多时间和精力去长篇大论；更何况在最开始时大家还不是很熟，没有人有义务去帮你。

（3）参与到你想了解的话题中去。在网络社交平台，如果你想对一件事情有深入了解，就要去关注与这件事情相关的专业人士，在别人不断地评论、回答、提问、释疑的过程中，更深层次地去学习交流，了解自己想知道的事情。

一些行业大咖们发的帖子下面都有很多评论，在转发评论中公开提出一些相关问题，他们就会做一些相应的回答。这时候就有了互动，有了交流的第一步。在这里要提醒的是在和对方不熟的情况下，不要以私信的形式请教对方，这样会让对方很反感，因为对他并没有什么好处。在对方参与的一些网络话题中进行互动是最佳选择。

（4）选择好时机。古人做事讲究天时、地利、人和。在网络社交平台上，时机也非常重要，选择在适当的时机提出相关的问题，打通关系，让一切理所当然。尤其是当你请教的对象正在关注一些时事热点问题时，针对这些时事热点进行提问对于维护好你们之间的关系可以起到一定的帮助作用。

还有时间问题，仔细观察你要提问的对象一般是哪个时间段在社交平台逗留，则在这个时间段提问是最好的。

请教专业人士可使学习变得更为有效。另外，通过主动学习能让自己变得更强，社交网络的交流是双向的、有趣的。同时，你能够在自己关注的人那里得到很多资料和专业文章，尤其是一些最新的行业经验如营销技巧。网络上有很多人都是乐意分享的，他们也是最容易建立社交关系的一批人。

网络社交和日常生活中的社交是有所不同的。我们要不断学习网络社交的规则，同时不断提升自身的社交能力，并在不断的学习和反思中提高自己的社交形象，培养我们的网络社交基因。

2.2 学会利用网络社交获取好友

社交媒体是人们彼此用来分享意见、见解、经验和观点的工具平台，现阶段主要包括社交网站、微博、微信、QQ、博客、论坛等。社交媒体在互联网的沃土上蓬勃发展，爆发出令人眩目的能量，其传播的信息已成为人们浏览互联网的重要内容。社交媒体不仅制造了人们社交生活中争相讨论的一个又一个热门话题，也吸引了大批传统媒体争相跟进。

尤其在微信提出“连接一切”这个思路之后，“连接”已经成为互联网中被讨论最多的词汇之一。“连接点”引申自微信的概念，微信将自己称为一种生活方式。那么不同生活方式之间、不同产品之间、不同人群之间将会如何连接到一起呢？不管在任何时候、任何商业形态中，用户始终是我们的核心，那么该如何通过社交媒体获得好友，从而获取用户呢？

2.2.1 让自己的网络账号更有价值

网络社交的第一印象很重要。网络上的第一印象就是账号展示，让大家第一眼看到你的账号的时候就愿意主动关注你。

现在社交网络上很多人的账号第一眼看去就是一个广告机，微信昵称前面带个A，背景用一个产品广告海报，简介里一大堆的联系方式和业务介绍信息。试问谁会愿意添加这种账号并进行交流呢？第一印象破坏了，就不会有后续的营销机会。

让账号在感官上无可挑剔，就要下一些功夫。将账号和昵称、简介、头像、认证、会员、权威这 6 个方面做好，基本就可以达到让账号变得有可信度这一目的了。为了使自己的账号变得有价值，一要“修炼内功”，二要取得头衔、获得官方认可。接下来我们分析如何做好这 6 个方面。

1. 账号和昵称

混迹于社交平台需要有个账号和昵称。账号一般是在登录平台时使用的，也方便别人加你为好友。虽然现在很多时候用生成二维码的方式宣传，但为了满足那些搜索账号的人，我们还是要认真对待自己的账号。账号尽量不要用特殊符号或者大写字母混加小写字母，要么纯数字，要么纯字母，要么数字加字母，尽量简短连贯。

这里要重点关注昵称。一般而言，你的简介、头像可以经常更改，但昵称一定不要随便更改；因为如果改了的话，很多人就不知道你是谁了。

一般好的昵称的特点是独特、个性、调侃性强。但鉴于我们用社交平台不仅仅是为了玩，还有认识人、做交易的需求，所以不要太有个性。想不到好的昵称可以用真名，让人感受到你的真诚，比如很多行业专家的网名都是真名；或者可以在名字前加上行业词汇，让人一眼就能看出你是干什么的。

2. 简介

看简介是让别人深入了解你的第二步，别人在看过你的头像和昵称后，就要看看你是做什么的了。一般情况下，个人介绍或者简介就在昵称的下方，简介写得好不好决定着陌生人是否会关注你或通过你的好友请求。

其实简介很好写，不需要多少技巧，也不需要多少华丽辞藻，因为它本身的字数是有限的。一般情况下，以下三种类型的简介最容易让人接受：

第一，职位和公司，但仅限于知名公司的中、高级管理职位，比如某企业创始人、CEO、总监等；

第二，职业经历和获得的荣誉，比如8年电商实战操盘手、微商实战导师等；

第三，兴趣，比如运动爱好者等。

事实上，只要意思明确，简单说明自己是干什么的，有共同价值、共同兴趣的人就会向你靠拢。

3. 头像

头像是网络社交的一张脸，往往会暴露你的性格特征，给别人第一眼的直观印象。

一般而言，我们遵守以下几个规则选择头像就可以了：

第一，用自己的照片做头像，并且放大照片，让别人看清你，显得真实；

第二，展示个性的头像，比如严肃的人放中规中矩的，幽默乐观的人就放搞笑、开心的；

第三，一年最多换两次头像，春夏不要用秋冬的照片，秋冬不要用春夏的照片；

第四，最好不要放和别人的合影，会让人误解，与名人的合影也最好不要放，显得太虚荣。

4. 认证

账号认证是必需的。官方认可了你，一定是你达到了官方的标准，信息基本上不会有太大出入。认证了的账号给人的第一感觉就是这个人有可信度。认证一般都需要向官方提供一定的资料，比如工作证、名片、工作证明等。微信公众号认证需要提供营业执照、组织机构代码证、开户许可证等。通过认证，就意味着你的可信度很高，同时你还有很多特权。

5. 会员

用社交平台时可以缴费成为会员。会员有如下很多好处。

第一，有很多工具可以使用，比如微博的置顶功能、关注人数上限、拉黑人数上限等，QQ 的模板、等级以及 QQ 群人数上限等。

第二，有被优先搜索的特权。比如别人基于兴趣爱好、地区、行业等关键字进行搜索时，如果你是会员，那么官方会让你的账号和帖子排名靠前，这样更有利于帖子的传播，也有利于粉丝数的增加。

第三，在安全层面也会有更好的保护。很多人经常吐糟账号被盗，找不回来了，大部分都是因为他们不是会员；如果是会员，账号就不会轻易被盗。因为首先你自己付出了金钱就会有安全意识，设置很多安全防护；其次还有平台的保护。

6. 权威

权威在传统意义上就是行业认可度高的专业人士，比如某某专家、某某领头人；但在互联网上，权威有另一种表达方式，这里不说大佬级人物和明星们，只说普通大众，目前最具权威的就是一些知名自媒体，在微博上官方认可的微博电商专家、微电商达人，以及一些专业的排行榜、热门榜等。我们都要努力去做，达到了要求就要去申请，因为这是能给账号加分的事情。

2.2.2 学会点赞

“点赞”这个功能是目前的社交平台都具备的。点赞的本意就是夸奖、叫好。当看到好的帖子或认同别人的观点，想为其呐喊助威时，只要动动手指点赞一下。

这是一个非常好的功能。

既然有了点赞这个功能，平台就会对它有所考核，尤其是在搜索排序的过程中，点赞多的帖子会有加权，就能提高账号的活跃度。点赞是很方便的事，费心思最少。而且你能看到是谁给你点赞了，这个时候你就可以主动和他们互动，产生进一步的交流。

也有一部分人因为和你不熟悉，不便于评论转发你的帖子，所以为你点赞以示鼓励；当他们看到你的更多好帖子的时候，一定会有进一步的举动。点赞对于大多数人而言只是个敲门砖，看看你有什么反应，如果你回应了他们的点赞，那么你们的互动或许就因此开始了。

尤其在微信朋友圈里，点赞意味着活跃度。你在朋友圈是看不到阅读量的，你的朋友圈活跃度关键看点赞次数。有人为你点赞说明他看到了你的帖子，而且认真看完了，还为你喝彩了，那么这个朋友就是你应该关注的对象。每一个陌生人来到一个社交平台总有一个适应过程，由浅入深，最浅层次的就是点赞。看到有人为你点赞，你应该感到庆幸，这意味着有一个陌生人想和你交流，只是他暂时没有找到方法，最起码比那些一点也没有互动的粉丝要强得多。

所以，学习点赞是在社交网络去认识一个人的开始。在社交网络上想认识一个人，不妨在连续几周的时间里每天给他点几个赞，看看对方做何反应。如果有点赞回应，说明他也有扩展人际关系的需求；如果有评论回应，说明他的人际关系扩展需求很旺盛；如果没有回应，就可以断定他没有急切扩展人际关系之意；如果对方是个大咖，则可能是无时间理会，此时可以主动转发评论他的帖子去试探；如果对方不仅不回应，还质问为何不转发评论，那么你就可以结束和他的交流了。从每个人对点赞做出的反应可以看出他的社交性格，后续你就可以做出应对之策了。

2.2.3 玩转互动

社交平台的本质是通过交流互动，打通人与人之间的关系。互动就是主旋律，尤其对广大“草根”而言，你不主动和他人互动，就没有人理你。

在网络社交里，不要随便点评别人，尤其是在关系不熟的情况下；即使评论也是针对别人的帖子，不要私信联系。一些刚用微博的人就喜欢私信别人互粉，或私信别人转发评论自己的微博，这不是互动而是骚扰，很容易让对方拉黑你。

互动是用网络社交的核心。普通人如果没有互动就没有社交、没有粉丝，也没有信任。《参与感》一书中曾提到参与感的三三法则，其中就有设计互动方式，即互动要简单、有趣、真实、有所获，且互动的广度和深度都是要去设计安排的。互动要像做产品一样持续改进，且也是有一些技巧的，那么怎样才能更有效地互动呢？我们给出以下几点建议。

1. 学会倾听

网络上有这样一群人，连帖子里的内容都没看就乱评论，也不看博主的回复。所以一定要先学会倾听，学会看别人是怎么评论的。微博、微信上经常会看到一些专家为一些观点争执，一些人为一点利益相互攻击。各种事都会发生，没有经验的人很容易被套进去，所以不要人云亦云，要认真看完别人的观点、内容后再做评论。

2. 评语不要太严肃

互动评论内容的时候不要过于正式或官方，要口语化，有点小幽默更好。社交网络是用来娱乐的，太严肃没人愿意和你玩；娱乐性强有利于更多的人参与。

3. 寻找自己熟悉的领域

在自己熟悉的领域与人交流是最畅快的事，不需要太多的顾虑，也不需要去搜索答案，可以占据主导，因为一切都是自己熟悉的内容和词汇，持续互动还能扩大影响力，扩展人际关系。

4. 阶段性重点关注最活跃的人

一定不要讨厌“刷屏党”。他们很多时候都在转发评论别人的帖子，找到这些人并和他们互动，你的帖子就可能会被他们转发评论；而且这个群体是不可多得的第一批互动者，能给你带来活跃量。在每一个时间段都要去寻找这种类型的人，找到不同的人去互动，因为我们要不断扩大自己的影响力，扩展自己的人际关系。

5. 不断付出

在社交平台上，要想有所得就必须先付出时间、精力和财力。别对那些卖产品的人有意见，要和他们多互动，学习他们的经验；如果确认产品没问题、服务没问题、人品没问题，你还可以为对方背书。

只要品类不冲突，可以购买一些产品去支持对方，帮助对方晒单，并不断互动；当你推广产品的时候，就会有第一批支持者，即使对方不购买，也会主动替你传播。

6. 学会尊重

莫论人是非，不参与互黑。在网络上要懂得尊重每一个人的选择，因为那个人说不定就是你的下一位合作方。不要针锋相对地批评别人。在社交平台上，每一个人都可以发表自己的观点，如果你不认同可以给出方案、具体建议或论证，不要一味地挑刺、唱反调。

无论是线上还是线下，没有人愿意和不理智的人成为朋友，所以一定要尊重每一个人。实在看不下去你可以不再关注对方，没有必要进行无意义的争论。

7. 尝试与行业专家互动

尝试与行业专家互动，而不是与那些名人互动。因为行业专家很专业、务实，也很活跃，愿意和他人分享。其实很多大咖没有大家想象得那么难交流，只要你想同他们互动，一般他们都会与你沟通交流，帮你解决问题。

8. 有所准备的私信

私信互动是互动中的最高境界。一旦你发了私信，无论是什么内容，对方都会接收到，这也最能拉近人与人之间的感情。但一定要谨慎对待与陌生人之间的私信。对于不是很熟悉的人，尽量不要发私信询问一些比较低级的内容，也不要无意义地打招呼，一定要构思好要发送的信息内容。

2.2.4 转发分享

社交媒体的爆发力就在转发分享上。如果你转发分享帖子或者文章，你的粉丝就有机会看到；以此类推，如果每一个转发你帖子的人都帮忙传播了一次，而转发你帖子的人的粉丝也有机会转发，如此传播下去，就会形成强大的传播网，覆盖更多的人群。

我们通常讲的软文营销、病毒营销和爆发式传播都是在利用转发分享的力量做传播。所有营销的目的都是想让更多的人知道，即粉丝多少不重要，关键是看有多少人愿意替你传播。

无论是经营粉丝，还是玩圈子、自媒体，都是为了传播。有传播才有人买单。营销的效果本来就是概率问题，营销是不精准的，网络营销更是不精准的，相对精准也是概率问题。当然，传播力是绝对的，每一个在社交平台上存在的人，都是一个传播的节点。在社交媒体上转发分享有以下几点好处：

1. 重复告知加深记忆

心理学中有一个“七次定律”的概念，就是说人们要形成一个长期记忆，需要重复记忆 7 次，这个定律在社交网络中也是同样存在的，因此传播必须是多次、多个人、多个节点，重复是必需的，这样才能达到效果。维护好与粉丝的关系，粉丝就会连续分享，在网络上形成纵横交错的思维传播网，如此就会帮助用户形成深刻的印象。

2. 用传播扩展人际关系

一个人在社交平台上发了一个帖子或一篇文章，从本质来说，就是要引起他人的关注。其实他也在发出一种信号，即“帮我转发分享和传播”。无论是“草根”还是大咖，都有这种暗示，所以机会来了——你帮别人转发，他一定会看到，也会记住的，那么他关注你也是自然的事情。

事实上，很多用社交平台的人都持有这个想法。尤其是大咖，他们本来就不缺人替他传播，你来到这些社交平台能为他做的就是传播，这样才有机会得到他们的关注，有时他们也会帮你转发有质量的帖子。

玩圈子、玩互动，也别忘了转发分享。每个用社交平台的人都需要更多的人去帮自己传播，再去影响更多的人，互助是相互的，你付出了才会有所回报。

3. 全平台传播进行引爆

每一个社交平台都有分享的按钮。同时，很多门户网站、新媒体网站上也都有分享按钮，可以将网站的内容分享到微博、微信、人人网、QQ 空间等。随着分享的需求进一步呈现，这些按钮也是为了满足传播的需求而生的。

很多人在分享转发别人的帖子和产品的时候，怕会对自己的粉丝造成伤害，在此很确定地告诉你，不要在意这些，不要过多地考虑活跃度低的粉丝的感受。只要你转发的不是硬广告，而是很好的、有意思的内容，一般不会有人反感。你更应该在乎的是那些活跃的人，参与他们的讨论，并替他们传播，这样才能达到互助的目的。

2.2.5 玩转文字、图片、视频

在社交网络传播的过程中，用什么样的表现方式更吸引人，最容易引发人们的兴趣呢？

从视觉感官上来看，文字的展示效果弱于图片，而图片的效果又弱于视频。用社交网络的人都没有什么耐心看文字，配上图片后会在视觉上集中大家的注意力；如果能配上视频，让大家看到实际场景，更能引起人们的好奇。

视觉只是一方面的问题，另一方面就是内容、表达方式和如何搭配的问题。

下面我们将从文字、图片、视频3个层次分析这个问题。

1. 把玩文字

文字的表达是最常见的，也是最简单的，你可以在社交平台上发一句话、一个问题、一篇文章或一个帖子，但文字的把玩是最有难度的，如何在有限的字数内表达精彩的内容？加上在移动互联网时代，人们的时间都是碎片化的，无法在社交平台上花太多的时间去看长文章。所以文字一定要经过提炼，尽量用简短的文字表达核心含义，并且要口语化。社交平台上，越是口语化的东西越受欢迎，毕竟大家是在玩社交，不全是专业人士，因此要学会把专业化的知识转换成通俗易懂的内容，让别人一看就能懂。

如果没有达到一定水平，不要随便写长文章；写长文一定要深度解析你的主题，有独特的见解，不要人云亦云地写一些假大空的文章，不然会耗损你在网友心中的价值。

把玩文字是要花费很多心思的，需要在实践中不断总结；学习从其他文章中提炼出精辟的内容，把一些道理和技巧用自己的话表述出来。不断操练就会熟能生巧，多看一些心理学、哲学和社会行为学方面的书，把这些结合起来做融合提炼。

2. 设计图片

图片相比文字升级了一个层次，在视觉上的效果比单纯的文字好得多。不过需要明确的是：文字可以常有，图片不一定常有；有些内容单靠文字不一定说得清楚，加上图片效果就不一样了，能够及时清楚地达到传播的效果。

发帖的时候，可以采用“文字 + 图片”的形式。这很容易把控，只需要图片配合你发的文字内容就可以了，图片可以在百度、360等图库里获取，重点是图片一定要体现文字的中心思想。

还有一种形式就是发自拍照、产品工艺或生产流程图片，这要比简单配图难一点。因为文字描述部分是要配合图片的，所以一定要把图片里的重点说出来，并且只突出一个重点。

图片表达最难的就是文案，这个需要专业的人去攻坚，研究图文搭配。好的文案不仅能够引起共鸣，还能引发模仿或爆发式的传播。文案最基本的要求就是图文搭配要有冲击力，图片简约时尚，文字简洁、朗朗上口又带些诗意。

3. 视频

视频在视觉上的效果很直观真实，而劣势就是费流量。在没有Wi-Fi的时候，一般没有人愿意打开，尤其是在免费 Wi-Fi 还没有完全普及的当下。

社交平台上的视频是要有表现重点的，如搞笑的短视频能引发人们的兴趣，还有直播产品采摘、包装的过程，也有直播自己生活的视频；视频的重点一定要融合在整体的营销战略中，例如一些微电影将营销融入剧情或体验场景中，这也是微营销的一个重要方式。

2.2.6 保持良好的心态

“积极的心态是成功定律中的黄金法则。”这句话我们都不陌生。即使最简单的一项工作，比如倒垃圾，如果没有积极的心态，也有可能做不好，在途中撒得满地都是。

在社交媒体上获取用户也是这样，只有真的投入其中，愿意不断寻找用户，遇到问题总结经验，才能获取更多的用户。

那么，我们如何才能保持自己的积极心态呢？我们可以尝试从以下几点努力。

（1）养成好习惯，让行动说话。无论想到什么、学到了什么，必须通过实践验证这些是否有效，纸上谈兵是非常糟糕的习惯。

（2）永远看积极面，不看消极面。做任何事都不免会遇到挫折，但不要被挫折吓倒，或是做事瞻前顾后。要记得，往前走，就会越来越好；原地踏步，只能越来越糟。

（3）勇敢面对失败，咬牙坚持。不要逃避，世界上最伟大的那些人，谁没有失败过？看看你喜欢的明星，他们一步步走到今天，遇到了诸多挑战，但最终还是咬牙坚持了下来。所以，遇到问题要分析问题并找到解决之路，这是成功的关键。

（4）与正能量者同行，不与整日负能量的人为伍。情绪是可以传染的，如果你的身边都是积极进取的人，那么你也会焕发出激情，迎接人生的挑战。

更重要的是要有一颗归零的心态。无论过去你有怎样的成绩，在社交网络里面，你要把自己当成一名不折不扣的“菜鸟”，一切从零开始。

所以，你应该像一块海绵一样，不断吸收知识、充实自我，才能到达巅峰。过去的辉煌与成就，也许会助你一臂之力；但要记得选择了新的领域，就意味着一切都要重新开始。只有有了积极的心态，才有走向成功的可能。

2.3 社群电商核心前提：社群用户运营

做一个真正的社群电商，首先得建构某种“态度”，它会形成一个标签，身上有这个标签或者希望为自己贴上这个标签的人就是它的用户。这个设定决定了用户基础的大小，也决定了未来天花板的高低。

2.3.1 了解用户

在社群电商中，若想将运营做好，必须做好基础工作。企业在运营社群电商之前，只需从 3 个方面将社群用户摸透即可，其中包括用户需求、用户定位、用户画像，下面就来详细了解这 3 个方面的内容。

1. 剖析用户需求

对于企业来说，社群电商是促使企业与用户真正建立连接的既快速又经济的利器，更是企业进行口碑营销、收集用户需求、提高用户忠诚度、加快企业收益的有效手段。

企业若想通过社群电商来获取收益，首先要做的就是知道用户需求，这样才能为社群电商打下运营基础。因此，也可以认为社群电商是以人为基本组成要素的集合。

在工业时代，企业需要面对的传播目标永远都是用户；在营销时代，企业开始想办法将用户变成产品的粉丝；在社群电商时代，企业不仅要将用户变成粉丝，更要将粉丝聚集起来，形成某一方面的社群，比如关于品牌、产品、学习等。

对于社群电商来说，粉丝并不是那么重要，最重要的是将社群成员变成用户。在社群电商时代，只有正确分析用户需求，才能将所有的社群成员变为始终不离不弃的用户。

那么到底该如何知道用户的需求呢？其实考虑清楚以下两个问题，就能比较明晰地了解用户需求了。

第一，企业建立社群的原因，是提高品牌知名度，是销售产品，还是有其他的原因？

第二，用户聚集在一起想做什么，是交友，是学知识，还是有其他的需求？

一般来说，企业的需求大致有以下 5 点：

◆ 提升品牌整体知名度；

◆ 建立用户对品牌的认同感；

◆ 销售产品，找到忠实用户；

◆ 打造适于传播的优质内容；

◆ 挖掘产品的潜在竞争力，获取用户反馈。

用户聚集在一起的需求：

◆ 交友：多认识志同道合的朋友。

◆ 学习：学习知识和分享经验，实现自我价值。

◆ 心理：找到归属感以及满足感。

◆ 获取服务：获得与产品相关的后续服务。

◆ 宣传：打造品牌以及找到创业之路。

“三个爸爸”在2015年6月创建了一个名为“爸宝饭”的微信群，这个群以共同探讨社群运营之道为主，开辟了社群电商的道路，此社群电商在短时间内迅速扩大至300多人。

在运营“爸宝饭”之前，“三个爸爸”进行了一个简单的社群成员调研。在200多人中，只收到了50多份有效问卷，这就说明社群成员参与度不高；但从这50多份有效问卷中，可以看出用户的以下3点需求。

第一，一部分用户是因为对产品感兴趣，才愿意聚集在“爸宝饭”里。也就是说，很多用户之所以愿意在社群电商中逗留，是因为他们渴望在社群电商中获取产品服务，以及喜欢的产品。

第二，其中70%的人是为了学习社群运营策略而留下的，他们以学习为需求，长期驻扎在“爸宝饭”中。

第三，在“爸宝饭”中，分享信息的成员都是业界“佼佼者”，这些人对普通创业者有一定的吸引力和凝聚力。这里可以看出用户对于学习的需求和想要与“佼佼者”交流的需求。

2. 找准用户定位

社群电商用户的定位方式五花八门，有根据群体定位的，有根据用户定位的，有根据产品定位的，有根据内容定位的，有根据品牌定位的，有根据地域属性定位的……选择实在是太多了。企业可以从以下几方面多了解如今做得比较成功的电商社群的用户定位。

◆ 知识定位：吃货族、秋叶 PPT、罗辑思维、混沌研习社。

◆ 行业定位：实惠、春雨医生、十月妈咪。

◆ 产品定位：小米、美否网、BMW 俱乐部。

◆ 内容定位：世相、视觉志、彬彬有礼。

◆ 品牌定位：海底捞、乡里乡亲、花粉俱乐部。

◆ 地域定位：黄太吉、伏牛堂、叫个鸭子。

一般来说，社群电商具有一个普遍的生命周期规律：萌芽期→高速成长期→活跃互动期→互动缓冲期→衰亡期→沉寂期。每个阶段的时间长短受运营者所投入的时间、精力、正确度影响而有所不同。在社群电商的生命周期里，互动缓冲期是为了使社群电商减慢到达衰亡期的速度；而互动缓冲期时间的长短，依赖于社群电商搭建前是否进行了差异化定位。是否树立了社群电商的独特价值，决定了其是否拥有比较持久的吸引力；若吸引力比较持久，那么社群电商就会缓慢走向衰亡期，反之会加快衰亡期的形成。

对于社群电商来说，需要给自己的用户贴上一个差异化标签，这个标签可以是职业、兴趣、爱好、品牌等。就拿兴趣来说，兴趣是用户聚在一起的原因，也是成员间相互连接的基础。在社群电商中，用户之间可以实现一对一、一对多、多对多的对于兴趣的交流。一般来说，构成兴趣的要素比较多，大致可以分为以下 3 点：

◆ 相同的职业标签、社会标签，如老师、营销人员、创业者。

◆ 对某款产品或品牌的喜爱，比如“米粉”“果粉”等。

◆ 拥有共同的行为习惯，如逛街、玩游戏、喜欢喝茶等。

3. 绘出用户画像

所谓用户画像，是一种勾画目标用户、联系用户诉求与设计方向的有效工具。企业需要以最浅显和最贴近生活的话语将用户的属性、行为与期待连接起来。

详细来说，用户画像是抽象表达真实的用户行为，是一种用户行为特点模型。企业收集、分析用户的社会属性、生活习惯、消费习惯这三种主要信息之后，再全面地描述产品的目标用户特征，为企业运营社群电商提供用户信息，并指导企业在运营社群电商的过程中产生高价值的内容、高质量的服务。

用户画像的核心在于给用户贴标签，一个标签就代表着一个特点。企业可以通过用户标签来快速了解用户的需求、生活习惯，例如爱好、职业等。不同的标签通过结构化的数据体系整合，就可以组合出不同的用户画像。

这一核心需求不管是在产品类社群电商中，还是品牌类社群电商中都比较实用。下面就来分析产品类社群电商和品牌类社群电商的用户画像是如何构成的。

在做产品类社群电商的用户画像时，需要基于真实的虚拟人物。根据目标行为观点的差异化来区分用户的类型，并迅速组合在一起，得出一个标签化的画像。

用户画像可以是具体的一个人，也可以是多个人。一般来说，一个产品需要 4 ~ 8 种类型的用户画像才比较全面。

一般企业想要了解用户的需求时，需要考虑以下 5 个问题，来绘出用户的画像：

- 社群用户来自哪里？
- 社群用户的爱好以及职业属性是什么？
- 社群用户是否是品牌的忠实用户？
- 社群成员能够给品牌带来怎样的收益？
- 自己的品牌社群电商能给社群成员哪些他们需要的内容？

企业考虑好上面的 5 个问题后，就可以利用数据来构建用户画像。一般来说，社群电商需要 3 个方面的数据来构建用户画像，其中包括用户信息数据、产品意见数据、用户渠道数据。这 3 个方面的数据的详细介绍如下。

第一，用户信息数据。

一般来说，用户信息数据分为两类：动态信息数据和静态信息数据。

所谓的动态信息数据，是指用户会不断改变的行为信息。例如，用户喜欢做什么、搜索了哪些内容、翻看了哪条微博、发布了哪种情绪的说说等互联网用户行为的数据；而这些互联网用户行为的数据，将成为用户画像中喜好特征和消费特征的依据。

所谓的静态信息数据，是指用户相对稳定的信息，例如，用户属性、商业属性等方面的数据。而这些用户数据，将成为用户画像中自然特征和社群特征的依据。

社群电商可以通过用户信息数据中的 5 个依据，制造出一个用户画像的雏形。

第二，产品意见数据。

在品牌类社群电商中，产品意见数据需要从品牌产品或服务的实际使用者或直接受益者那里来收集，所以他们对于品牌产品的意见可以被视为社群电商对于品牌价值的另一种延伸。一般以产品属性为依据，来构建产品意见数据为主的用户画像。

第三，用户渠道数据。

社群电商想收集用户渠道数据，需要从以下两个方面出发。

消费渠道：用户的消费渠道数据可以为品牌在产品投放渠道时提供指导性意见。因此，消费渠道成为制造用户画像不可或缺的一部分。消费渠道包括淘宝、微店、官网、卖场、团购、实体店等。

信息渠道：企业可以通过相关渠道获取信息。同时，品牌社群电商可以根据用户获取信息的渠道，进行社群的投放或内容的收集。信息渠道包括微信、微博、论坛、贴吧、QQ、新闻等。

用户画像不能只画一次。因为随着互联网的快速发展，用户的喜好也会随之变化。用户有一个普遍的特点就是容易被新事物吸引、忘却旧事物。因此，社群电商最好是定期做一次用户画像。这样既能维护好社群与社群成员的感情，又便于社群电商做好相应的调整准备，提供给社群成员最新、最有价值以及他们最需要的内容。

2.3.2 拾起信任 + 粉丝 + 互动

随着时代的快速发展，企业开始进行各种各样的营销活动，相应的广告在人们的生活中也随处可见。无论是在电视上、互联网上，抑或是手机上，人们都能与广告打交道。这样的广告模式早就让人感到麻木、厌倦了，人们也越来越讨厌广告，不信任广告，拒绝广告，这让不少企业头痛不已，不知道如何才能将广告有效地安插在人们的眼前。

社群电商的出现，就像一棵救命稻草，让企业欢喜不已。因为社群电商让企业拾起了用户的信任进而将用户变为粉丝，让企业学会了将广告变为可分享的内容，使得企业能与用户形成良好互动，最后形成一个品牌社群电商。因此，运营一个社群电商，必须注重以下 3 点。

1. 用户信任不可或缺

随着时间的推移，消费者对广告可谓是嗤之以鼻，广告已经无法得到消费者的信任。于是，企业开始用创意来包装广告，让广告不像广告，把广告变成一个“隐藏”面，让消费者回味时才会恍然大悟：“原来这是个广告！”虽然已经知道了，可是它具有趣味性，甚至能勾起人们的购买欲望，但不一定会购买，因为他们还没有完全地信任。不相信就绝对不能产生购买行为，因此，用户的信任成为企业首先要解决的难题。

在互联网中，信任尤为重要。毕竟互联网本身就是虚拟的，其真实性是互联网用户很难辨认的。所以，人们在互联网中会保持比较高的警惕性，不轻易相信网上的流言蜚语。

可是随着互联网融入人们的生活中，人们对互联网的警惕性慢慢减弱。因为他们开始懂得分辨其中的是非，知道哪些是真的，哪些是假的，懂得该如何挑选东西进行购买。

例如，人们在淘宝购买衣服前会去看其他用户写下的评价，若评价没有问题，自己又喜欢，那么就会购买了。而评价这种东西，其实就是人们口耳相传的“口碑”。因此，不难理解，在互联网上，想要获取人们的信任，就必须先建立起“口碑”。

如今的社群电商是基于人们需求、喜爱的某样东西而聚集起来的，这样东西可以是品牌、产品、兴趣爱好等。因此社群电商只有让社群成员信任这个社群能带给他们所需要的东西，才会让社群活跃起来，并且促使社群成员主动向自己的朋友传播社群中好的内容，形成好的口碑，从而使得社群电商不断地壮大。

因此，一个社群电商的组成，必须依靠社群成员对社群的信任，才能让社群电商展开运营，所以用户的信任是不可或缺的。

社群电商只要获取了用户的信任，就能促使用户在社群电商中主动生产内容，主动参与社群电商中的活动，主动给社群电商提出意见。这对社群电商来说，益处多多。

2. 用内容让用户变成“粉丝”

社群电商的核心环节是人。对于企业而言，更关键的不是在社群电商中有很多人，而是要确定有多少“粉丝”。一个成功的社群电商，其“粉丝”占比需要达到 90% 以上，才能维持社群电商的运营。

需要注意的是，这里的“粉丝”不是指“盲目粉”，而是知道社群电商有哪些问题，不会因为这些问题离开社群，而会继续用下去，并将问题反馈给社群，给予社群一些意见，和社群共进退的一群人。

但是在形成这样的“粉丝”之前，必须能够吸引住社群用户，让社群用户离不开社群。这就需要内容作为跳板，才能将用户晋升为“粉丝”。在社群电商中，企业可以制造一些让社群用户喜欢的、有价值的消息内容。这样的内容可以让企业和世界各地的人们进行交流，拉近企业与用户之间的距离，这也是社群电商带给人们的好处。

内容是社群电商的关键部分之一，无论是文章、照片、视频还是建议等，都可以是企业或用户创作、共享的内容。一般来说，内容可以从以下4个方面入手：

第一，最新、最热门的信息；

第二，时下新鲜事件；

第三，对社群用户有利的活动；

第四，适当的促销信息。

社群电商突出的是个体，核心是用户生产的内容。因此，社群电商不单单提供内容给用户，它还可以让用户自由地在社群电商中创作内容；而企业还可以通过社群用户在社群中创作的内容来制造全新的、社群用户喜欢的内容。

用户创作出来的内容，能验证社群的概念：“当具有共同理念的人们通过社群长期交换信息、交流情感、参与讨论和分享经验，并形成某种程度的人际关系时，就建立了在线社群。”

用户不仅能在社群电商中获取自己想要的信息，还可以交到志同道合的好友，所以社群电商只要选择的内容是贴近用户需求的，就很容易长时间聚集一群人；而这一群人会因为社群电商所提供的内容，成为社群电商的“粉丝”。

在社群电商上，“粉丝”可以以娱乐、学习、参与、活跃、制造气氛或者放松的状态存在。企业若想在社群电商中与商业形成交集，就必须从“粉丝”下手，尽可能地将商业信息与“粉丝”感兴趣的内容融合在一起。只要赢得了“粉丝”的喜爱，他们就会主动帮企业传播信息。

企业在社群电商中，如果具有好的产品服务或者较多的行业积累，就会处于优势的位置，从而帮助社群电商中“粉丝”获得更多更大的价值。发布一些“粉丝”感兴趣的经验和知识，绝对会引起“粉丝”的注意。

社群电商中的人与内容是需要整合的。一般来说，内容来源于人，影响人并聚合人群；人创作内容、分享内容并利用内容；内容将人转化为“粉丝”。

3. 参与互动建立信任

在社群电商中，内容是关键部分之一，无论是文章、照片还是视频等，都是用户创造、共享的内容。社群电商中讨论最多的、对产品和服务的评论以及提出的建议更是一种重要的内容形式，它们可以直接应用到企业的商业中去，且这些评论会影响产品的研发、营销、最终的转化。

企业若想收集到社群用户对产品或服务、内容等的建议与评论，则需要将自己投身于用户，与用户打成一片，进行良好的互动。

在社群电商中，每一个人都是平等的，社交信任就是一切。如果企业缺少了信任，那么在社群电商中，企业投放的所有信息就都不会有大的影响。所以，企业建立好自己的社群电商圈是非常重要的。

企业在社群电商中需要学会以下两个用户运营技巧：

第一，企业需要进行对社群用户的聆听，这样可以了解用户在社群电商中的会话风格和行为模式；

第二，企业在社群电商中需要发布用户感兴趣的内容，可以将推广信息嵌入内容之中，并鼓励用户成为企业的传播者。

在 PC 端的社群电商中，每个人每天不仅在获取社会化信息，同时也在不断地告诉别人自己在做什么。而移动社群电商就不一样了，移动终端所带来的位置服务（location based service，LBS）、扫描二维码等功能与微博、微信等社交终端进行了融合，它可以将线上和线下的行为有效地结合在一起。例如，用户可以在社群电商用 LBS 定位，告诉其他社群成员自己在哪里，并邀请大家一起聚在其所在地。

总之，企业在社群电商中需要与用户多互动，才可能在海量的社交信息基础上建立强大的信任关系，构造出社群电商平台的整个生命周期。

2.3.3 社群电商中互动的 3 个特点

在社群电商中，运营用户的核心是用户的互动和参与。没有用户的互动，就建立不起用户的信任关系；缺乏了信任关系，就很难建立起社群电商。而建立了社群电商后，用户的互动更是社群电商中的关键内容。

下面就基于当前最流行的移动社交工具，研究社群电商中互动的 4 个特点。

1. 即时快速

在社群电商中，企业与用户的互动要求即时快速。所谓的即时快速，可以分解为 3 个方面：因情景而即时，因方向而交互，因社会而私密。

下面就来进一步了解这 3 个方面的内容。

第一，即时。

在社群电商中，所谓的即时，是指用户在当下，可以即时随地进行动作（如接收信息、搜索信息、互相交流等）。对于所有动作，企业都需要及时做出反应。

如今，用户需要享受即时随地、便利、快速获知信息的服务，并且是在充足的选择下进行。因此，企业需要在社群电商中提供即时程序。即时程序的流程是：接触—提供内容—互动—交易—互动。

第二，交互。

在社群电商中，交互并不是单纯的交流，而是让用户占据主导权，有方向的交互，有索引的交互，将交互内容变为一个社群用户的共振标签。

第三，私密。

社群电商应该是一个熟人社会往半熟人社会发展的方向。所谓的熟人社会就是知根知底的朋友之间的交流、一对一的交流，相对来说私密性比较强；半熟人社会，是陌生人之间的交流，可以是一对一、一对多或者多对多的，将私密变为共同分享的信息，将陌生人逐渐变为熟人。

企业需要在社群电商中，重视用户交互，实现群体的协作，鼓励越来越多的用户共同参与活动、交互信息。

即时、交互、私密，都是即时快速的基础。不管是哪个环节，企业都需要即时响应，让用户得到好的用户体验，才能让社群电商中的互动顺利进行。

2. 基于信任

在社群电商中，企业和用户互动的目的以及基础都是信任，即在信任的基础上进行互动，而互动的目的又是增强用户与企业之间的信任程度。所谓的信任可以分为 3 个方面：用户自组织的协作，互动中的用户许可，企业与用户的关系强度。

下面就来进一步了解这 3 个方面的内容。

第一，协作。

在社群电商中，协作是基于用户发起的，用户和企业平等参与、共同主导，实现一种创新的关系和对话。用户与企业可能在社群电商中共同修订图片、共同演示文档等，形成一个扁平化的群组，无组织架构，且即时协作。

在用户与企业共同协作的过程中，已经开启了 UGC（user generated content，用户原创内容）模式，让用户控制交易，从而形成即时交互营销。

在社群电商中，对企业而言，最关键的动作就是用户关系网络的口碑激发。如何设计口碑推荐动作并形成有效的信任传播，是一个很好的研究方向，它可以将关系强度转化为口碑推荐，并形成一个 NPS（net promoter score，净推荐值）的转化。

第二，许可。

在社群电商中，所谓的许可，就是让用户需要社群中所发的内容、产品等信息。一方面，激励或者吸引，即通过促销、优惠等方式吸引客户进行许可；另一方面，自发推荐，鼓励或设定条件激励用户自发地推荐。做到以上两点，可以吸引用户许可社群电商中所发生的事情。

第三，关系强度。

在社群电商中，企业与用户之间的关系强度可分为 6 种：无关系、潜在关系、初次接触的弱关系、有交易的强关系、持续保持并有口碑推荐的长关系、有客户流失或遗忘的情况而需要企业进一步激活的关系。

3. 良好服务

企业应用市场一共分为 5 个层次：感知层、通信层、平台层、应用层、服务层。虽然服务层是最末端的，但并不代表它不重要。在社群电商中，不管是企业应用市场的哪个层次都具有至关重要的地位，只是在互动环节中服务层占先导位置。

在应用市场的层次分布中，服务层的基础基本上可以分为通信、社交、交易、娱乐和协作。而在社群电商中就需要开放这些基础的 API（application programming interface，应用编程接口），根据用户需求、用户体验进一步开发更多、更丰富的增值服务。

第3章

社群电商的基本模式：内容 + 社群 + 商业

电商的永恒话题是流量，社群的永恒话题是变现。

传统电商平台是聚合型的流量中心，里面的入驻商家没有独立的流量来源（除了有号召力的品牌之外），需要靠平台提供的流量才能生存。虽然流量相对精准，但成本越来越高，已经到了无法承受的地步；再加上平台上泛滥的低价竞争，最后的结果是多数电商陷入卖货难、转化率低、利润更低的困境。

而社群电商模式的流量是来自内容运营和粉丝互动，所以流量可以积累，可循环利用，形成用户、产品和品牌之间的良性循环。其本质是把人的“IP”构建成一个产品，让电商不再是单纯的搜索、浏览买卖路径，而是话题传播、互动消费，卖的是关系和情怀，互动便成为了核心竞争点。

3.1 什么是社群电商

所谓的社群电商，就是通过互联网的双向传播属性，打通与消费者之间最短的距离，吸引一群人的关注并将他们聚集在一起；利用这些关注，再使用恰当的方法，吸引一个群体进入电商的模式，形成商业盈利。

即使将社群电商的定义讲述得再清楚，也会有不少人将社群电商与社群经济、粉丝经济、传统电商以及传统微商的定义混淆，下面就来了解一下这些定义之间的关系，从而了解社群电商的真正含义。

3.1.1 社群经济与社群电商

社群电商与社群经济之间的关系，绝对不只是维系社群而已。两者之间是一个归属的关系，社群电商是社群经济线上的一个落地表现。了解社群电商的定义之前，我们首先要弄清楚什么是社群经济。

用一句最简单的话来说，社群经济是以内容为中心，以服务为基础，以口碑为传播媒介的一种信任经济，古代的商业模式就是最早的社群经济。虽然社群经济在互联网上广受热议，但它绝非互联网的专属模式。社群经济是一种商业意识形态，可以用 4 个字简单概括，即“以信立商”。

社群经济用“以信立商”作为基准，实现与消费者以一种互帮互助、共同成长的形态生存在一个社群里；消费者因为被优质的内容所吸引，才聚集在一起形成了一个社群；社群发展壮大后，不断促成交易，完成社群经济的商业变现。因此，社群经济的商业模式可总结为：内容是媒体属性，用来做流量的入口；社群是关系属性，用来沉淀流量；商业是交易属性，用来变现流量价值。

社群电商是一种基于社群经济生态衍生的新型商业模式，以共同的兴趣、行业、价值观为导向形成内在强关系，以微信、微博、自媒体等移动载体为工具，将客户进行社群化改造，充分激活沉淀的客户，通过调动社群成员的活跃度和传播力，最终实现产品和服务变现的过程。

3.1.2 粉丝经济与社群电商

社群电商大体上包含了粉丝经济，但所包含的部分又不完全是粉丝经济。

粉丝经济是以情绪资本为核心，以粉丝社区为营销手段来增值情绪资本。粉丝经济是以粉丝为主体，由粉丝主导营销手段，从粉丝的情感利益出发，借助粉丝的喜爱，来达到为品牌和偶像增值情绪资本的目的。

社群电商是以社群成员为资本，以给社群成员提供高质量的内容为中心，充分调动社群成员的情绪，制造活跃场景，从而达到销售的目的。社群成员包括了产品使用客户，热爱品牌、产品的粉丝等。

社群电商与粉丝经济之间的区别是：

◆ 粉丝经济是打造一个明星，利用粉丝对明星的喜爱来做相关的衍生产品。粉丝经济没有复制的可能，因为明星是可遇而不可求的。

◆ 社群电商是打造一个社群群体，形成一个组织，这个组织可以做和社群定位最符合的事情。社群电商是可以复制的，但内容一定要优质化，不然产生不了社群成员对社群的强黏性。

社群电商与粉丝经济之间的关系是：

◆ 社群电商需要将成员由客户转变为粉丝，由粉丝转变为朋友，再由朋友升级成用户。

◆ 两者都需要与粉丝进行互动。

3.1.3 传统电商与社群电商

传统电商是指在互联网的开放网络环境下，基于浏览器或无线终端应用方式，买卖双方在线上进行各种商业活动，实现打破时间、地点的消费，如网上购物、商户之间的网上交易、在线电子支付以及各种商务活动、交易活动及其相关的综合服务活动的一种商业运营模式。传统电商包括 PC 电商和移动电商，常见的传统电商可划分为 B2B、B2C、C2C 等。

对于社群电商来说，没有传统电商中 B2B、B2C、C2C 的划分，但它可以是这三种的兼容存在。随着社群电商概念的日益火爆，尤其是“罗辑思维”等自媒体社群电商的走红，社群电商的概念有逐渐“走歪”的趋势。一些营销公司企图将社群电商描述为传统电商或移动电商的颠覆模式，正如当年微博、微信或微商概念出现的时候一样，企图通过一种新的商业概念的走红而从中牟取暴利。

事实上，社群电商绝不是一个新的颠覆性商业模式，而是传统电商里商业意识形态的觉醒，一次商业本质的回归以及更深层化的延伸。

从某种意义上来说，社群电商是一套客户管理体系，通过客户的社群化充分激活企业的沉淀客户。它抛弃了传统的客户管理方式，将每一个单独的客户通过社交网络工具进行了社群化改造，利用社会化媒体工具充分调动社群成员的活跃度和传播力。

可以说，社群电商的模型不仅适用于传统电商，也适用于移动电商。

3.1.4 传统微商与社群电商

自社群电商的概念出现后，许多人都将传统微商与社群电商的概念混淆在一起，认为社群电商就是微商，这个理解是不准确的，两者存在着很大的区别。

下面就从 3 个方面来阐述微商与社群电商之间的区别。

1. 出发点不同

传统微商与社群电商的出发点是不同的，传统微商是经营产品，而社群电商是经营用户群体。准确来说，传统微商的运营模式属于 B2C 的范畴，即先找产品代理，再加好友，将产品卖出去或找代理商，获取红利。而社群电商的运营模式属于 C2B 的范畴，即先经营用户群体，根据用户群体的需求提供产品或高质量内容，将产品卖出去，并维护与用户之间的黏度。

2. 思维不同

在社群电商思维中，重点是以零售为基础，侧重用户思维，只销售用户喜欢的产品；而传统微商思维中，重点是做代理，侧重产品思维。在传统微商中，有 100 万卖家、10 万买家，若其中有 10 个人在卖产品，那么就有 1 个人会买他们中的产品。而在社群电商中，买家和卖家的比例为 10：1 或 100：1，这意味着一个卖家能直接服务 10 ～ 100 名零售用户。

3. 经验阵地不同

以微信为例，传统微商一般驻扎在微信朋友圈中，而社群电商的主要驻扎地是微信群→公众号→朋友圈。社群电商先将用户拉到一个群中聚集起来，让用户之间产生交流相互熟悉，再利用微信公众号来做产品展示，让用户进一步了解产品信息，从而产生购买欲望，最后在朋友圈发布相应的有趣信息，为微信群吸引更多的用户。

3.2 社群电商的基本商业模式：内容 + 社群 + 商业

社群电商，简单来说是以优质的内容吸引粉丝关注，用社群思维运营用户，在建立信任感的基础上实现用户传播和商业转化的一种电商模式。

社群电商模式的 3 个关键要素是内容、社群、商业。

内容是媒体属性，用来做流量的入口；社群是关系属性，用来沉淀流量；商业是交易属性，用来变现流量价值。

在社群电商商业模式中，用户会因为他们感兴趣的产品、优质的服务、有趣的内容而聚集在一起形成社群，并且通过在社群中的体验来进行沉淀，以及根据自我价值观找到志同道合的朋友，有良好的参与感从而产生较为巩固的存留，最后有了建立在信任基础上的深度连接的用户，形成可以变现的流量。用交易来满足用户需求，便会水到渠成。下面详细介绍社群电商的基本商业模式。

3.2.1 内容是媒体属性，用来做流量的入口

在社群电商中，内容具有媒体属性。随着移动互联网的出现与发展，人与人之间的交流和协作不断地加强，同时也使得信息的产生和传播效率大幅度提高。如今，在人人都是媒体的一种社会化关系网络中，企业或者个人发布的内容即可为广告，优质的内容是非常容易产生传播效果的。

“目光所及之处，金钱必然追随”，对于企业来说，只要是关乎消费者的事情，都可以称为媒体。企业所有经营行为本身就是符号和媒体，从产品的研发、设计环节开始，到生产、包装、物流运输，再到渠道终端的陈列、销售环节、产品本身以及售后，每一个环节都可能产生优质的内容。如果我们能够善于运用，就可以让消费者和潜在用户自发地传播这些内容。而这些包含品牌信息的内容，就会成为最好的软性广告。它们在潜移默化影响更多消费者的同时，还能成为流量的入口，为品牌带来忠实粉丝和消费者。

很多企业为此开始进驻各个碎片化的社会化媒介渠道，管理者也纷纷上阵经营起自媒体。这是一件好事，但很多人误解了培养媒介属性，把媒介作为简单的信息发布渠道，却未深思“媒体也要产品化”——冰冷的广告灌输、自我夸夸其谈已不再有效。内容即产品，应该将内容本身视为一个需耐心打磨的产品及社群电商流量的入口。激发用户的参与感、构建强黏度的社群、获取口碑都是社群电商内容引流的关键。

内容是社群电商的关键部分之一，它不仅仅是一篇文章、一段视频、一张图片、一次活动等，任何可以为社群成员提供学习、欣赏和使用价值的载体都可以被称为内容。

而随着网速的加快，语音、直播、视频等内容通过一个具有极低门槛的传播方式被输出。况且现在社交媒体这么发达，自媒体也呈现爆发式增长。自媒体是媒体属性，可以承载和传播内容，如吴晓波依靠财经自媒体、杜子建依靠微博营销、宗宁（笔名“万能的大熊”）依靠公关领域自媒体等，都通过优质的内容输出形成了流量入口。

如果能充分利用产品、创始人、员工、活动等，一切都可以成为内容的载体。

为了便于在社交网络上传播，所有的内容都要变成文字、图片、视频、音频等形式，并最终输出为一段口口相传的小故事、一张图片、一篇文章、一条微博等，以便在各类媒体、社交平台、社群内快速地传播。

3.2.2 社群是关系属性，用来沉淀流量

在互联网还没有出现之前，由于受到空间限制，企业必须通过不断地扩展门店，去尽可能多地接触目标消费人群、推广产品、开展营销活动，这样做不仅耗时又费力而且成本高昂。

自从互联网出现之后，企业就解除了空间限制。对企业而言，又增加了一条无地域、时间限制的营销渠道，为企业产品销售提供了路径；对于消费者而言，可以足不出户进行购物。这种情况下消费者的选择范围可以无限大，于是导致了商业逻辑的更迭——商家由抢占空间资源转换为抢占消费者的时间资源。

时间资源是指用户的关注度。当用户大规模向互联网迁移时，企业必须将自己的精力转向互联网，建立线上线下共同营销的战略，并创建自己的粉丝社群，开展社群营销。

在社群电商中，社群是具有关系属性的。这里所说的社群是指将一群被商业产品满足需求的消费者聚集在一起，以共同的兴趣爱好、共同的价值观为基础组成的固定群体。即社群是由志同道合的消费者组成的，它具有去中心化、兴趣化，以及中心固定，边缘分散的特性。

做内容营销可以通过创造或分享媒体内容来获取和维持目标消费者的关注，也可以通过发布有价值、高度相关、持续性的内容吸引培养潜在消费者，通过与文化内容密切结合，采用设计、互动等差异化形式产生共鸣，形成流量入口，建立信任，达到产品或品牌（社群品牌或者个人 IP）受认同的目的。好的产品或内容如同一道锋刃，能够打开并满足用户的需求，但无法有效地沉淀粉丝用户。社群就成为沉淀价值的必需品，而基于社群的商业变现则是衍生盈利点的主流方向。

我们可以适时通过设计将粉丝用户引导进入社交平台，依靠社交平台沉淀社群关系，形成如微信群、QQ 群等社群，以及大到一个上万的粉丝群，和小到一个年轻妈妈的熟人圈代购群。

比如，吴晓波依靠视频、音频、微信公众号的内容，将粉丝沉淀在微博、微信上；杜子建依靠输出微博内容（还有在某电视招聘节目中的露脸），将粉丝沉淀在微博上；宗宁主要是靠微博和微信公众号输出内容，然后将粉丝沉淀在微博、微信上。

小米手机通过小米社区和线上线下活动，聚合了大量的手机"发烧友"群体。这个群体通过互联网给小米源源不断地提供建设性的建议，同时还在不断地帮助小米做口碑传播。小米根据他们的建议，不断对手机的研发进行改进和创新，使得小米手机更加贴近消费者的需求。基于之前的口碑影响，很多不是小米手机的消费者，都在期待新款小米手机的问世。这就是小米粉丝社群的力量。

3.2.3 商业是交易属性，用来变现流量价值

社群的背后不单是粉丝和兴趣，还承载了非常复杂的商业生态。究其根本原因，就是人社会化的必然性，即现在我们关注的社群生态是基于商业和产品的，以互联网为载体进行跨时间和地域的扩散。商业社群生态的根本价值，是实现并满足社群中不同层次的消费者的需求。

举一个比较容易理解的例子，我们以前居住只要有个房子就行了，但是竞争凸显下开发商想了一些妙招，例如卖房子之外送你就近读小学的名额，所在小区有各类商铺，有会所供你平时休闲娱乐，出远门有保姆帮你看房等，来增加你买房和住房的附加值。慢慢地形成了一种生态系统，一个生活和商业生态的闭环。

这样的生态模式逐渐发展完善，为消费者提供多维度的服务，就变成了一个完善的商业体系。当下十分热门的"智慧社区"，就是基于这样的商业逻辑。万科、龙湖、远洋等地产商和物业管理公司，都在利用互联网的玩法去改造传统物业，建立以住宅区居民为核心的商业生态，从而颠覆传统的物业管理商业模式，形成一种社群商业模式。社群商业是一个具有增量思维的"微生态"。

在社群电商中，商业是具有交易属性的。其根本就是基于商业和产品的社群生态，以互联网打破时间与空间的特点作为商业载体，实现产品或商业价值；其本质价值，是针对不同的社群成员，提供不同的价值满足，促使用户得到好的体验；其商业本质就是以用户为主导的 C2B（consumer to business，消费者到企业）商业模式。

所谓的C2B，是互联网经济时代下新的商业模式，也是电子商务模式的一种，即消费者到企业，这是用户需求驱动的产品生产模式。通常情况为消费者根据自身需求定制产品和价格，或主动参与产品设计、生产和定价，其中产品、价格等彰显消费者的个性化需求，生产企业进行定制化生产。

具体来说，我们通过内容吸引粉丝，提供了粉丝相关属性匹配度高的商品和服务来实现流量变现。关键点是提供的产品和服务要和受众的兴趣、关注点及人群属性有较高的匹配度。

在社群商业模式之下，内容如同一道锐利的刀锋，它能够研究和满足用户的基础需求，并将其切开一条入口，但它无法有效沉淀粉丝用户；社群就成了沉淀用户的必需品；而商业化变现则是衍生盈利点的有效方式。三者一环扣一环，形成融合的商业逻辑一体化。

未来的商业是基于人而非产品或内容，是基于社群而非制造及流通者。而社群商业本质的用户主导、数据驱动的C2B商业形态，才刚刚开始。

3.3 社群电商操作的关键点

随着社群电商的兴起，很多企业或者个人通过移动互联网成功实现了产品的营销和销售。同时也有很多人或者企业被社群电商的洪流所淹没。究其原因，就是社群电商运营的操作环节出现了较为严重的问题，那么怎么才能做好社群电商呢？以下几个操作的关键点务必要注意。

3.3.1 将社群好友升级为用户

社群电商是一次对沉淀用户的激活过程，让社群好友之间在社群中产生交集互动，在社群好友之间的高度互动当中增加消费者的黏性。在社群中，社群好友之间产生交流、产生共振点，这些共振点交流就产生了口碑传播。在口碑传播过程中，社群好友极容易产生大量的产品销售，这样社群好友就会升级成为用户。所以，社群电商可利用社群的交互性来改造社群好友，但在将社群好友升级成用户时需要从下面几个方面来思考：

第一，需要全面了解自身的价值以及能带给用户好处的核心点；

第二，需要全面了解用户选择自己的品牌与产品的理由；

第三，能刻画出自己的用户画像，从而分析出用户对产品产生兴趣的价值所在；

第四，在用户的兴趣、价值和产品或品牌的价值之间找到契合点，然后将相应的社群好友以及用户拉入社群中；

第五，需要充分关注社群好友之间的交流，找到他们的共振点，并利用共振点制造社群内容。

将社群好友升级成用户的具体操作分为以下几个步骤。

1. 分析社群好友的属性特征

俗话说："知己知彼，方能百战不殆。"我们要把社群好友发展为我们的第一批种子用户前，首先要了解他们有什么特征，比如性别、年龄段、消费层次，以及他们的关注点是什么等。举例来说，年轻妈妈族的年龄大部分集中在 25 ~ 30 岁之间，消费层级中偏低，关注点多为孩子的健康成长、食品的安全、产后的体形恢复等问题。我们只有了解了社群成员的属性特征，才能为后面的营销做准备。

2. 根据属性特征进行打标分组

分析完社群用户的属性特征，接下来为了方便后期有效管理和维护，我们要根据他们的属性特征进行相应的打标分组。仍然以年轻的妈妈族为例，她们除了是妈妈、关注育儿之外，还关注产后的体形恢复，所以我们还可以设置一个有关产后体形恢复的标签。也就是说，一个人因不同的属性特征，可以出现在多个标签组里。我们划分的标签组越详细，越便于后期的开发与维护。

3. 针对不同的标签组设置诱饵

不同的人有不同的特征和喜好，我们想要成功地将社群好友发展为用户，用固定不变的诱饵去吸引他们肯定是不行的。因为对于同一个诱饵，有的人喜欢而有的人不喜欢，所以我们要根据不同标签组成员的特征来设置精准的诱饵。

那么如何去设置精准的诱饵呢？我们可以从以下几点着手。

第一，挖掘他们的痛点和欲望。

比如体形肥胖的女性标签组，她们的痛点无非就是一个"胖"字，她们的欲望就是减掉赘肉，有一个苗条的身材。

第二，找到可以解决他们痛点或者满足其欲望的优质产品。

前面我们提到了体形肥胖女性标签组的痛点和欲望。如果我们能找到一款可以让她们减掉赘肉、变得苗条的减肥产品，这款产品就完全符合此标签组成员的需求，就会很容易地激发她们尝试或者购买的欲望。

第三，利用“三杯水策略”将他们升级为用户。

“第一杯水”是我们可以免费提供产品试用的机会。因为是免费，所以他们都会乐于去尝试。通过免费试用让他们体验到我们的产品足够优秀，他们的信任感就会增强，正常情况下，他们就会很容易地选择继续尝试。

“第二杯水”是将产品以半价的价格出售给他们。这个时候大部分的人会选择购买，因为在之前他们已经体验了产品，感受到了产品的价值，并且对我们的信任也增强了。

“第三杯水”是通过“第一杯水”和“第二杯水”，让他们一步一步地了解和接受我们。当他们对我们个人和产品建立了足够的信任，这个时候告诉他们我们有更好的产品和服务，需不需要尝试一下？

但是需要注意一下，社群电商绝对不只是将客户拉入社群中而已，若只是这般简单，和 QQ 群、微信群有何区别呢？它是一种以社群成员为中心，让企业对社群成员有一个全盘性了解，想办法找出企业和社群成员之间的共振点，从而使社群中的好友升级为用户的过程。

3.3.2 重视产品质量

近年来，电子商务产业发展十分迅速，网络交易成了家喻户晓的购物方式。“网购”一词仿佛成了人们茶余饭后的消遣话题。网络购物不仅省时、省力，而且不受时间、空间的限制，还可以获得大量的产品信息，足不出户即可购买到当地没有的商品，大大地增加了商品的流通效率，同时也降低了商品的流通成本。然而随着电商模式的发展，网络商铺日益增多，网络交易中的产品质量问题也逐渐凸显出来。三无产品、假冒伪劣产品、质量不合格产品，对电商的健康发展产生了非常大的不良影响，网购消费者经常受到质量问题困扰，有的甚至遭遇投诉无门的尴尬境遇。

一个质量好的产品，才是社群电商长远发展的根本。千万不能让劣质的商品伤害了我们历经千辛万苦才建立起来的社群，所以我们一定要重视商品质量，也就是说，我们要重视商品本身的使用价值。一个高质量的产品不仅信誉好，更能促进销售，这样的话，商家就可以获得更多的利润，从而提高企业的效益。

一个质量好的产品是成功连接客户的纽带，它有以下优势：

- 让陌生客户建立信任；
- 加强老客户的信任度；
- 提升产品回购率；
- 自主裂变的触发器。

对于一个高质量的产品，客户也乐于分享给其他人。更重要的是，通过客户分享吸引来的其他客户，因为信任的嫁接，会很快地对我们产生信任，这些人也是高转化人群。所以，产品质量不管在哪种营销手法上都是最重要的组成部分，社群电商必须要重视产品质量。

若产品质量没有把好关，那么社群电商还没有兴起就会死亡。

为什么产品质量一出问题就会引起社群电商的快速死亡呢？其实这并不难理解。因为在传统电商中，针对产品投诉是一对一接收的；而在社群电商中，企业会形成群体投诉，到时候就会面临一场比较大的公关危机，即使事后该企业不再涉及社群电商这个时代趋势，可是信誉已经受损，其他营销手法也不一定能给其再带来不错的利润。所以，在进行社群电商的运作时，需要做好两点准备：第一是危机公关能力，第二是产品服务和质量的升级。

社会是不断进步的，不可能有完美的产品、企业或服务，只会有不断进步的、改善的产品、企业或服务，因此只有相对好的服务、质量以及企业面对自己不完善部分的良好态度，才能让企业在社群电商乃至整个营销市场中占有一席之地。

那么该如何做才能防止企业在社群电商运营中挫败呢？只要做到以下几点，企业不仅能将产品质量提高，还能获得社群成员的拥护。

（1）做好危机公关方面的心理准备，避免到时候手忙脚乱，无从应对；

（2）清楚了解自己产品、服务的缺点；

（3）应多与社群成员交流，从交流中寻找提升产品质量以及服务的办法；

（4）应及时回应社群成员的投诉，以良好的态度来解决所存在的问题；

（5）需要以社群成员为中心，及时收集他们对产品的想法、需求以及创意，并根据收集的内容来改善产品与服务；

（6）最重要的是，千万不要用低劣质量的产品去欺骗社群成员，这样做不仅犯法，也会将辛苦建立的社群毁于一旦。

社群电商就是在社群经济核心“以信立商”的基础上，抛弃和整改过去的一些陋习，将诚信摆放在关键的位置，与社群成员成为知己好友，并在交流、活动过程中形成销售。所以，产品质量好是“以信立商”的基本前提。

3.3.3 寻找意见领袖

在社群电商中，意见领袖占据着非常重要的位置，是决定社群变为社群电商的重要角色。

那么什么是意见领袖呢？在传统意义上，意见领袖一般是社群中威望较高、在大众心里有一定影响力的人，并且知识丰富，思想主见性强，能比常人快一步获得信息，性格开朗，善于社交。

在社群电商中，一名默默无闻的社群成员，只要有不错的思维、大胆的创意，能分享自己的经验及知识，便能够获取社群成员的注意力，可以当上某个话题、活动等的意见领袖。

在社群电商中，往往都需要意见领袖的带领，才能引起群内活跃，让社群成员产生情感，使得社群成员愿意做产品的用户，并产生共鸣。

那么到底符合哪些条件才能当上意见领袖呢？其实只要符合两个方面即可，第一，既要立异又要求同；第二，要有自己的理想和价值。

选择合适的意见领袖可以将社群电商的运营带领到新的高度。有人曾说过，人这一生中可以做3件事：做学问，靠天分；做创新，靠机缘；做事业，靠勤奋。因此，在选择意见领袖时，需要看重以下几点：

（1）先看先天的资本是否比较足；

（2）再看后天是否具有比较好的机缘；

（3）最为重要的就是看是否勤奋。

在社群电商中，若是意见领袖不勤奋、不经常带动社群气氛，那么他再有资本、再能遇到机缘，也很难将社群电商运营起来，很难维系企业与社群成员之间的情感纽带。一个勤奋的意见领袖不仅能给企业带来盈利，还能给社群成员营造一个活跃交友、愿意分享经验、互相学习的环境。

那么在社群电商中，意见领袖到底具有哪些能力呢？我们总结得出以下 5 点。

1. 信息的加工

在社群电商中，意见领袖需要对自己接收到的新信息进行加工处理，并将这些信息整合在一起，以社群用户能理解的、所需要的形式传播出去，达到一种分享知识的效果。这样的信息才能获得社群用户的喜爱。

一般意见领袖可以通过生发引申、添枝加叶、客观复述、裁减回避等方式对获得的新信息进行加工处理。不同的意见领袖需要根据信息与自身的认知结构以及价值观念来选择信息加工处理的方法。

2. 信息的传播

虽然在社群电商中的每一个人都能进行信息的传播，但是并非每个人都能达到扩散的效果，而对于社群电商中的意见领袖来说就不一样了。

因为意见领袖传播的信息是经过加工的，并且他们了解社群成员需要什么、渴望什么、兴趣是什么、哪些是他们的共振点。所以，意见领袖所传播的信息，一定是结合了社群成员所需要的、所渴望的、所感兴趣的、所共振的信息。而社群成员看到感兴趣的信息会主动地扩散出去，成为主动传播者。

3. 对成员的引导

在社群电商中，具有不同威望的意见领袖发挥引导功能的情形也是不同的。威望程度中等的意见领袖，可以引导社群成员形成和谐的人际关系，营造健康、活跃的社群环境；威望程度比较高的意见领袖，可以引导社群成员解决信息传播中的一系列重要问题。

在社群电商中会有一部分毫无主见的社群成员，他们无法做出抉择，无法表明态度，甚至很少随波逐流。届时，意见领袖的出现，就能影响、引导他们。具体来说，就是影响他们说什么、看什么、做什么、想什么，引导他们怎么说、怎么看、怎么做、怎么想。

社群成员的社会地位越低、面临的信息越多、处理信息的能力越差，就越没有主见和自信心，也就越容易接受意见领袖的建议和参谋；他们甚至希望凡事都能有意见领袖帮他们出谋划策、权衡利弊、拿定主意。若是意见领袖能做到如此，他们的意见必然会传播下去，影响更多的社群成员，必然能为社群电商的运营做出不小的贡献。

4. 对传播者的协调

在一个社群电商中，必然不会只有一个意见领袖在做传播，也会有一些鱼龙混杂的人，借助社群传播属于他们的信息。如果传播者传播的信息与意见领袖或者社群成员所需要的信息一致，那么意见领袖会接受传播者的主张，并且还会协调操作，帮助传播者进行传播，成为推动大众传播的动力。

5. 对传播者的干扰

如果其他传播者在社群里传播的信息损害了意见领袖及其社群的利益，或其观点不能为社群成员所接受，意见领袖就会成为这种传播的阻碍者，干扰这些传播者的信息传播。

社群电商是基于人的需求行为而聚集一群人，并产生一定的销售从而形成一个闭环。可是意见领袖怎么才能使得社群电商产生闭环呢？首先要知道社群中的成员一般分为两种类型：一种是基于兴趣而存在的，另一种是基于传播而存在的。

意见领袖在了解社群成员的类型之后，就要具有以下 3 种心境。

第一，意见领袖需要知道成员的需求，站在社群成员的角度考虑问题，这样才能创造出有用的价值，更容易说服社群成员，引起他们的注意和购买欲望。

第二，意见领袖一定要弄清自己的角色定位，不要以一个管理者的姿态去面对社群成员；要知道意见领袖在社群电商中是一个服务社群成员的角色，绝对不是一个管理群体的姿态。

第三，时代变化无常，说不定社群电商很快就会被其他高效的营销方法替代。意见领袖不要给社群贴上任何标签定义，以便应对未知的变化。

3.3.4 玩出社群电商

社群电商不会像推崇其他营销模式一样，将推广、营销天天挂在嘴边，而是以“玩”的态度来运营社群电商，促成销售。

为什么要以“玩”的态度来运营社群电商呢？主要原因有以下 3 点：

（1）在“玩”的过程中能自动产生优质的内容；

（2）在“玩”的过程中能轻松解决流量问题；

（3）在“玩”的过程中方便解决品牌和产品问题。

“玩”社群电商的价值在于用最低的成本将一帮有价值的人聚集在一个社

群中，一起做大家喜欢的事情，讨论大家所感兴趣的内容。其中“玩”法的价值在于让参与者获取物质上或者精神上的利益。

这里所谓的“玩”并不是无所事事，随意与消费者玩耍，而是更深层次地形成一种社群电商运营模式。

一般来说，“玩”社群电商的模式可以分为以下 3 点。

◆ 在社群内发布优质的、能给社群用户带来好处的内容或者产品。比如“罗辑思维”每天给社群成员发送一条启发思维能力的60秒语音，推荐比较好的书籍。总之，企业可以在社群中进行经验分享、学习交流、提供优质产品等。

◆ “玩”是需要互动的，因此，在社群中一次良好有趣的互动可以激发社群成员保持激情，使得社群活跃起来，产生黏度。

◆ 通过前面的培养，让社群成员主动地分享好的产品，制造优质的内容。

那么运营社群电商需要怎样的玩法呢？社群电商可以从以下几方面着手。

1. 攒粉

做好社群电商，首先要有足够的粉丝量；其次要通过足够的社群黏性留住粉丝，也就是“保粉”；最后要通过有价值的信息和内容激活粉丝，以尽量减少“死粉”“僵尸粉”。只有这样，社群才具备进行商业转化的基础。当然，能够实现商业转化最根本的前提是必须有能够满足社群成员刚性需求的产品。粉丝数量的多寡并不能完全代表社群价值的高低，“有效粉”的占比才是体现社群品质和价值的关键。

我们平时在对社群进行维护时，一定要注意不发一些毫无价值的信息，否则可能会引起客户的反感而退出社群。很多人前期辛辛苦苦地吸引了一些粉丝，结果却因为发了不恰当的内容，把本来还对自己有好感的不少粉丝秒杀成了“僵尸粉”。诸如垃圾广告、自作聪明的广告、二手转载的文章或者内容、心灵鸡汤之类的内容，尤其在已经驾轻就熟地使用微信的人眼里，已经变得越来越没有价值了。

那么，如何才能做到“保粉”，不伤害辛苦积攒的粉丝呢？

社群应该注意避免发布以下 4 个方面的内容：

◆ 不发过时失效的内容；

◆ 不做不恰当的点赞，不恰当的点赞是削减友谊的“快刀”；

◆ 避免无注解的转发；

◆ 不发不具有辨识度的“火星语”。

同时，运营社群电商时，要记住以下5条“心经”：

◆ 内容坚持原创，让人看到你原创的诚意和痕迹；

◆ 保持真诚，让人感受到你不是在敷衍和应付差事；

◆ 发信息和评论要在3行以上，保证内容是有感而发；

◆ 发信息和评论的时候体现个人网格，以证明你是独家和原创；

◆ 转发信息时加上自己的看法、意见和理解。

2. 玩出黏性

做一个有黏性的社群，是每一个社群玩家的期望。无论是谁，建立社群之后，聚人容易，但是想要留住人就需要很多的技巧了；把粉丝拉到群里容易，能让粉丝保持对社群的持续关注则比较困难。那么，作为一个社群玩家，如何才能让你的社群具有更强的黏性，让人来了就不想走呢？

人都有一种趋众心理，在日常生活中的表现就是，当出现新鲜事、新奇事、好玩事、意外事的时候，很多人都喜欢围观。比如，商家组织活动、免费派发礼品，会引来围观……

引发围观，成为微信攒粉的手段；引发持续围观，则成为微信保粉的关键。接下来我们看一下引发粉丝围观的好内容的几个特点：

◆ 满足围观者的好奇心理；

◆ 中途不转换兴趣话题；

◆ 可以给粉丝提供有价值的实用内容；

◆ 有吸引眼球的表现形式，比如有吸引力的标题和图片。

有了好的内容，接下来，我们就要看选择什么样的时机发布这些内容，也就是要抓住微信用户集中登录的高峰期。

作为一个社交工具，不管是微信还是其他的，它们都有自己的运行规律。人们在使用微信的时候就会形成高峰期和低谷期——这种规律通过对大数据的统计就可以清楚地显示出来。对于做社群营销的人来说，如何把握和运用这个规律？总结来说，即得早高峰者得天下，得晚高峰者得人心。

3. 玩出格调

接下来我们看一下高格调内容的4个要素：

◆ 内容质量好上加好；

◆ 内容风格时尚炫酷；

◆ 内容切入时间的选择出乎意料；

◆ 内容传播力强。

内容有格调，但格调有高低。要检验内容的格调高低，还需要一个可操作的标准。点赞、回表情、转发、回评论、三行以上的评论、热火朝天的讨论，它们体现的是内容自下而上的格调层次。

4. 玩出热度

一个社群有没有热度，是能不能留住粉丝的关键。

在移动互联网时代，每一个用社群的群友都希望能够在社群内找到自己的价值观，这种价值观就来自周边群友对待其他人的态度，来自群友之间的互动关系。在当下，人们普遍对微信社群内的广告党和只抢红包不互动的行为持反感态度，因为这样的行为使社群温度低到了冰点。如果在一个社群里，无论是新成员入群的欢迎仪式，还是群里面的某个群友过生日的祝贺行动，抑或是就某个话题开展的讨论，参与度都很高，这就是社群温度高的体现。

那么，社群的温度感从何而来？当然是来自社群内的每一个成员。如果每个人都能在价值观一致的基础上，不虚伪、不做作，以真实的态度和诚意来对待每一个成员；同时，不管你平时多出色，都要尽量在群成员面前放低自己的姿态，这样就足以让一个社群保持足够高的温度。

5. 玩出亮度

一个有持续发展力的社群，不仅需要持续的活跃度来暖场，还需要各种有亮度的内容来支撑。所谓亮度，就是社群发布的任何一条内容都要有热点，都有大家感兴趣的共同关注点，能产生共鸣、有道德力。

有亮度的内容，必须是有道德的、能经受得住社会道德拷问的内容。使用以正能量为主的内容，以道德力为轴心，围绕大事件、热门事件及具有共鸣和共振的事件来进行内容的制作和传播，是提升内容亮度的一大技巧。

6. 玩出转化

对于一个有价值的商业社群，如何提高转化率是社群获得永续动力的关键；而要实现转化，则必须有相应可以满足大家需求的产品。但是，按照社群的运行规律，在社群内直接卖货是一条死路；而如果不卖货，社群的商业价值又如何才能体现呢？

我们来看某个做得比较成功的社群，它实现社群商业转化的经验是：在社群里卖货可以，但必须是建立在“消灭对手、占领心灵、围观、高格调事件”等基础之上的销售行为。具体来说，有以下 3 点经验：

首先，要在社群内尽最大可能地消灭对手。这里所谓的消灭，并非是要你直接将对手踢出局或是严格禁止对方在你的社群内卖货，而是要从认知上、从产品自身设立屏障，将对手的产品屏蔽在社群之外。

其次，要通过长期不断的舆论浸泡来形成社群氛围。要在与粉丝的互动中玩出感觉，只有这样才能建立你的品格基础和粉丝对你的人品认知，才能建立粉丝对你的好感，消除人们对产品的心理抗拒。

最后，要通过能激发围观效果的事件，来创造产品成交的氛围和理由。

事件营销是指企业在不损害公众利益的前提下，运用借势和造势的手法，有计划地策划、组织和利用具有新闻价值、社会影响以及名人效应的人物或事件，引起媒体、社会团体和消费者的兴趣与关注，以求提高企业或产品的知名度、美誉度，树立良好品牌形象，并最终促成产品或服务的销售的方式。

奥克斯在《空调制造成本白皮书》上，毫不含糊地一一列举了 1.5 匹冷暖型空调 1 880 元零售价的几大组成部分，分别是生产成本 1 378 元、销售费用 370 元、商家利润 80 元、厂家利润 52 元。话不讲透心不休的奥克斯，还将几大部分成本条分缕析地予以解密，使得奥克斯成了企业事件营销主动模式的典范。

第 4 章

社群电商运作的基本方法

社群电商模式的几个关键要素是内容、社群、商业。内容是媒体属性，用来做流量的入口；社群是关系属性，用来沉淀流量；商业是交易属性，用来变现流量价值。

所以，社群电商运作的具体操作方法可以总结为：第一，依靠专业的优质内容输出形成流量入口；第二，依靠社交平台沉淀社群关系；第三，提供和受众人群属性匹配度高的商品和服务实现流量变现。

举例来说，在自媒体圈里，吴晓波、杜子建、宗宁分别在财经、微博营销、公关领域的专业度得到大家认可。根据第3章介绍的社群电商模式，他们在对应的领域依靠自己的专业度与粉丝建立了足够的信任感。同时他们也依靠自己的自媒体输出内容，依靠社交媒体沉淀了中心化的社群关系。

这些粉丝都是为了学习他们三人在财经、微博营销、公关领域的优质内容而来，因而人群具有极高的属性重合度。所以他们三人输出培训产品，效果就会非常好，事实上他们也这么做了。上述做法就是正宗的社群电商的玩法。后来他们三人还出了书，也卖得非常好，因为书的内容和他们的粉丝属性的匹配度是很高的。

本章就讲述社群电商运作的基本方法。

4.1　社群电商的主要流量入口——自媒体

自媒体（We Media）又称“公民媒体”或“个人媒体”，是指私人化、平民化、普泛化、自主化的传播者，以现代化、电子化的手段，向不特定的大多数或者特定的单个人传递规范性及非规范性信息的新媒体的总称。

自媒体平台主要包括个人微博、个人日志、个人主页等，其中最有代表性的是 QQ 空间、新浪微博、微信朋友圈、微信公众号、人人网、百度贴吧、论坛 /BBS 等网络社区。

现在越来越多的人尝试运营自媒体，无论是微博还是微信，都在试图与消费者直接沟通。

自媒体依旧火爆，并且展现的形式也更加多样化。现在大多数人使用的是微信公众号，其他的还有视频类自媒体，如优酷投入 100 亿人民币推广的自频道计划；音频类自媒体，如喜马拉雅、荔枝 FM、蜻蜓 FM 等。

自媒体平台作为内容传播渠道，重要的是带来有价值的内容。自媒体通过内容吸引阅读人群和忠实粉丝的关注，成为社群电商的流量入口。下面讲述如何运营自媒体。

4.1.1 定位

在运营自媒体时，需要从自己、客户、痛点、渠道及运营几方面进行定位。

（1）定位自己：找到自己适合并精通的领域。

既然是自媒体，就需要对自己有一个准确的定位，那么如何定位呢？有以下两种情况。

第一，定位自己的兴趣点。

简单来说就是自己的爱好。这种兴趣点也很容易成为一个垂直领域。比如说，一个电竞爱好者就可以运作一个微信公众号，以喜欢电竞的人群作为粉丝群体，定位就是分享一些玩电竞的经验以及一些电竞项目比赛的点评，为电竞爱好者提供一个分享信息的平台。如果你真的非常喜欢电竞，你会不由自主地想去学一些这方面的内容，比如电竞技巧、电竞游戏升级操作技巧等。因此，要结合自身的情况，找到自己的兴趣点，按照自己喜欢的去定位自己。

第二，定位自己擅长的领域。

第一种是喜欢，第二种是擅长。一个人擅长的和喜欢的有可能并不是同一个领域。比如从事网站建设的，自然很擅长一些网站建设方面的工作；从事设计的，自然地会在设计方面比较专业。

我们可以对自己擅长的方向做一个定位。例如，做SEO方面的工作时，可以做一个关于SEO的自媒体，利用微博、微信公众号、专栏以及一些自媒体（比如今日头条、搜狐自媒体）等平台，来全力地打造自己。

所以说兴趣和擅长，并不是冲突的。

（2）定位客户：选择目标客户。

这一点是非常关键的，要清楚目标客户是哪类人群，最终是想服务谁，谁才是目标受众。一旦初步确定了客户群体，就可以根据他们的生活经历、性格和职业筛选出最精准的客户，而且最好把精准客户定位为有某个明显特征的人群。

（3）定位痛点：发现客户的问题。

确认了目标客户是哪些人后，要想办法了解他们有什么痛点，有哪些需求。必须研究客户，发现他们的需求，才能为他们提供解决问题的服务或产品。

发现目标客户的问题和需求的办法其实有很多，在这里分享一个挖掘客户需求的方式，这个方式包括4个简单的问题：

◆ 你今年的目标是什么？

◆ 你认为今年有什么东西能让你的成功指数翻倍？

◆ 生活中或职场上最让你失望的事是什么？

◆ 为了改善现况，你做了什么？哪些方法奏效了，哪些方法是无效的？

上述问题的答案有助于你了解客户的目标、需求、痛点、爱好等。总的来说，越了解客户需求，越容易找到有针对性的方法。此外，还可以通过以下几个方法去了解目标客户的痛点。

第一，通过百度知道，寻找目标客户经常提的问题，加以分析解决，了解目标客户的痛点。

第二，通过百度指数，分析目标客户的关注焦点，以及一些相关的问题。百度指数的相关分析功能有以下几个方面。

◆ 需求分布：将目标客户的需求由强到弱进行一个分析。

◆ 同时关心的问题分布：即目标客户在关心这个问题之外，还关心哪些其他的问题。通过这个功能，可以从多个角度去分析目标客户，更加全面地了解目标客户群体。

◆ 用户地域分布：帮助清楚了解最精准的客户分布在哪里。

◆ 人群属性：分析目标客户的年龄及性别。

第三，用阿里指数，可以更加清楚地分析目标客户的属性，包含喜爱度、消费层级、终端偏好占比等，让你对目标客户有一个更加清楚的认知。

（4）定位渠道。

在目标用户经常出现的地方，发布相应的行动和内容来吸引他们，让他们来关注你。比如文艺青年经常混迹于豆瓣论坛，你就可以在豆瓣的各个兴趣小组发相关的帖子，引起他们的关注；“95 后”和“00 后”经常活跃于 QQ 空间，可以在 QQ 空间里发表相关行业的专业知识吸引他们的注意力。

（5）定位运营。

采取目标客户能接受并且喜欢的方式来传播你的价值。更好的方式是能让受众也一起参与到运营中来，让目标客户有参与感，这样他们就更喜欢去传播。

4.1.2 打造你的产品

打造好你的产品，帮助目标客户解决需求问题。

通过思考适合自己的领域、精准了解客户的需求，并且使用工具进行详细分析，找到了目标客户的痛点后，就可以着手打造你的产品或服务。产品可以是实物的，也可以是虚拟的，你擅长什么就做什么，但是一定是能给目标客户带来价值的产品。

4.1.3 选择合适的自媒体传播平台

通过不同的自媒体平台，吸引更多的受众。

打造出了吸引精准目标受众的产品后，接下来就应该建立自媒体账户渠道，宣传自己的经验与心得。

随着互联网的快速发展，网络已经改变了我们生活、学习、工作的方式。我们需要在受众最多的地方，通过免费分享有价值的内容与产品，在为受众带去附加价值的同时，处理好和受众的关系。因此，使用自媒体的第一步就是给客户分享附加价值。

可以使用的自媒体工具有很多种，而且它们的优势各异。比如百度专栏、搜狐自媒体所发布的文章有很高的权重，很快就能够被各大搜索引擎收录，当别人搜索相关关键词时，这两个自媒体平台就可以吸引到更多的受众；而微信公众号拥有海量用户，营销效果超好，也是目前最热的自媒体传播平台；微博、QQ 空间等也是最常用的自媒体传播平台。当然，如果在你有足够实力的情况下，也可以自行开发自媒体平台，例如开发属于自己的 APP 或者个人网站等。

所有的自媒体传播平台都要合理地利用起来，因为它们可以增加你与受众之间的连接点，扩大你的影响力。

4.1.4 免费分享

通过自媒体渠道免费分享内容，吸引客户。

通过自媒体渠道免费分享优质内容，同时需要在发布的标题和文章中加入品牌关键词及和目前受众有关的关键词，当你的受众搜索相关关键词时，你所发布的内容就会展现在他们的面前，并且吸引你的客户。

有的人可能会觉得在网上免费发布有价值的信息，会泄露太多含金量高的信息，或者没有留下可以教给别人的东西。如果你心里这样想，说明你还没有懂得如何去包装价值，怎么经营生意。

现在是一个信息大爆炸的时代，客户的注意力有限，你往往只有一次机会证明自我价值，错过了这次机会，就可能永远地失去了这个客户。

4.1.5 吸引粉丝

通过各种方法去吸引你的精准粉丝，吸引粉丝可以分为 2 个简单的步骤：

- 我吸引粉丝；
- 粉丝吸引粉丝。

（1）打通自媒体渠道，通过微信个人号或 QQ 吸引受众，但用户有限。

（2）通过优质内容，吸引粉丝进行分享传播。

通过重复步骤（1）、（2），粉丝就会慢慢滚雪球式地增长，需强调的是，你必须坚持提供有价值的好内容。

当平台有了粉丝之后，就得考虑如何留住粉丝，也就是打造平台的价值。平台的价值主要体现在平台的功能和内容上。

适时通过活动以及底部信息，把核心用户拉到微信群或者 QQ 群，方便后期及时通知、发布各种活动，也能慢慢地培养用户的忠诚度。活动是必不可少的，但是活动主题需要慎重选择。比如，可以以各种节日为主题，鼓励用户留言投稿，即 UGC；情人节、圣诞节、国庆节等节日都可以做一些主题活动。

4.1.6 文案策划

许多自媒体新手写文章的时候，总是把文章写得很散，表达的意思很多，但对读者没有价值。对于这样的新手，下面有几个方法可供学习：

◆ 好的标题是成功的一半，标题必须要足够吸引人；

◆ 文章开头非常重要，要吸引眼球，需要做到分析痛点，描绘好处，可以学习“倒金字塔”式写作结构；

◆ 文章需要有一个框架逻辑结构，同时还要懂得文章排版中的留白处理；

◆ 要让越来越多的人阅读与转发你的文章，文章转发量越大，说明你的文章越受欢迎。这里有两招，即暗示用户转发和吸引用户转发。

4.1.7 增强你的名气

如何能让自己更有名呢？现在的明星为什么有名？除了自身的价值外还有一个共同点，就是有大量的相关报道使其经常出现在各大媒体上。

想让自己更有名，那就要别人不断地去采访你。你可以找其他自媒体来采访你，当然，你也可以采访别人。这样采访的人越多，你的名气就会越大，慢慢地，你就会吸引到报纸、电视台的注意，他们也会采访你；或者也可以通过一些公关方法让传统媒体采访你。

你还可以采取相互推荐的方式，但需要注意媒体的选择。

只有当你能够做好运营自媒体所需的前面 6 个方面时，才能寻找推广的合作伙伴。因为当你自身能力不够强大时，别人帮助推广你反倒是对你致命的打击。

4.1.8 独一无二

自媒体应该是独一无二的。如果你留心做到这一点，为你的客户提供独特的附加价值和信息，你就能获得客户的特别关注。无论是在生活中，还是在自媒体行业中，千篇一律或盲目模仿都不会得到青睐。越是与众不同，越能把自己的独特性呈现给喜欢你的人，你的影响力就会越大。

4.1.9 精益求精

当你做了自媒体后，你必须快速地去测试、持续迭代、不断优化，让你的自媒体内容比同行更加精益求精，只有这样做了，才能更加持久地在行业中脱颖而出。

4.2 玩转社群铸就社群电商

当自媒体成为一种商业，自媒体的商业变现和盈利能力自然成为关注的焦点。自媒体的盈利模式基本上只有两种：广告收费和对个人收费。自媒体作者拥有较弱的流量变现能力，比如同样的流量，新浪肯定能比自媒体作者变现更多。一旦广告收费确认，其自媒体属性很难建立防火墙，公信力又无法确认，所以经营很容易陷入困境中。如果向个人收费，自媒体作者需要提供差异性的内容，恐怕绝大多数自媒体作者都做不到这一点。

“罗辑思维”微信公众号和优酷视频吸引了 800 万粉丝的关注后，通过“霸王餐”“会来事”等活动将关注自媒体的粉丝导流到线下，逐渐构建起来强连接、强关系的群体，形成情感的连接和信任关系，进而发布会员招募以及销售书籍、月饼、柳桃等商品。2015 年实现 1 亿多元的销售额，同年 10 月估值 13.2 亿元。

“吴晓波频道”在全国 30 多个地方建立起书友会，这些书友会大多是用户自发建立起来的。书友会的组织者被称为班长，这些班长并非“吴晓波频道”的员工，但高度认同“吴晓波频道”的价值观。“吴晓波频道”通过这种层级，构建社群，运用社群，开始尝试售卖一些东西，包括吴酒、课程和旅游或游学产品。他们曾经卖过一个“与吴晓波一起游南极”的产品，售价 11 万元 / 人，目标 30 人，两周售罄。

自媒体的社群化和社群电商得到普遍的认同，比如小米产品社群的成功案例，以及“正和岛”“黑马会”等人际关系社群的成长壮大。构建社群成为很多人普遍关注并急迫想实现的首要任务。

在构建社群之前，必须搞清楚以下几个问题。

- ◆ 社会趋势。（从物以类聚到人以群分。）
- ◆ 为什么要做社群？（满足社会的某一特定需求，社群电商及社群影响。）

◆ 社群做什么？（我们的使命是什么？我们的社群主张是什么？我们追求的结果是什么？我们的用户是谁？我们的核心能力是什么？）

◆ 怎么做社群？（社群的目标、社群的工具、社群的价值呈现。）

◆ 颠覆式创新。（构建社群电商。）

那么如何玩转社群呢？

4.2.1　社群初心

社群即产品，社群的情感来自社群创始人。创始人的基因决定了社群的人文精神、性格特质和产品形态。玩转社群从“初心”开始。所以社群创始人一定要思考清楚：为什么要创建这个社群？具体来说，创始人要考虑下面几点：

◆ 创建社群个人的想法还是群体的意思？

◆ 为什么要创建社群？

◆ 了解社群的受众群体有哪些？

◆ 做营利还是非营利性社群？

◆ 做什么类型的社群电商？

4.2.2　社群的“职业选手”

社群绝对不是微信群、QQ 群，也不是人际关系圈子。我们要分社群电商的红利，就必须懂社群和社群电商的模式。成为奥运冠军的一定是专业选手、职业选手，我们要想成为社群电商领域的冠军，首先要成为社群的专业选手、职业选手。

社群不只是将人组织在一起，而是基于需求和爱好将用户聚合在一起，有稳定的群体结构和一致的群体意识；在社群中，成员有一致的行为规范、持续的互动关系；成员间分工协作，具有一致行动的能力。社群即某些边界线、地区或区域内发生作用的一切社会关系。所以，社群不仅是关于人的生意，更是人性的生意。

玩转社群需要我们的社群团队具备社群、社群电商和社群经济的专业知识及能力，最好有懂得社会学、心理学、传播学、营销学和工商管理的跨界人才。

4.2.3 社群主张

我们目前所关注的社群多数是基于互联网的社区和移动互联网的社群，而社群的真正内涵和外延绝不只此。社群的迅猛发展，表面看来是移动互联网发展的结果，但本质是社会发展的必然趋势。

社会是人与人合作的场所。社会决定个人，个人组成社群，是社群的一部分。任何人都不能脱离社群，个人的认同和属性是由他所在的社群决定的，个人是社会的产物。社群共同追求的不是社群成员所选择的一种关系，而是他们所发现的一种归属；这种归属不仅是社群成员认同的一种属性，而且是这种认同的一种构成要素。

自我认同的 3 个主要来源是社群、文化、种族。社群之所以对个人具有内在的重要性，是因为社群对形成个人的认同具有决定性的影响。个人的认同部分由其社群归属感构成。社群不仅是一种对其他人感情上的归属，也深深地融入了个人认同。个人的认同不单是一种抽象的观念，它体现为一系列特定的符号，如习俗、礼仪、价值、目的。每个社群都有自己的历史和传统，决定个人认同的这些历史和传统都代代相传。社群价值历史性传承的载体是一定的社群文化，所以文化理所当然地成为自我认同的主要来源之一。

社群是一个拥有共同的价值、规范和目标的实体，其中每个成员都把共同的目标当作自己的目标。社群不仅仅是一群人，也是一个整体，个人都是这个整体的成员，都拥有成员的资格。

生活在现实世界中的个人都是某个社群的成员。对于个人来说，最重要的和最基本的便是其成员资格。没有成员资格，就不能形成个人的自我认同；没有成员资格，所有个人的权利就无从谈起。

社群是一群人、一个整体，个人都是这个整体的成员，群体利益大于个人利益，集体权利优先于个人权利，社群倡导集体权利。社群是一个有机的整体，它不但具有共同的文化和传统，而且也具有统一的认同和情感。社群主张善、美德与公益。

4.2.4 社群三步骤

运作社群要遵从以下 3 个步骤。

1. 社群创建

第一，创建社群要有明确目的，要知道想做什么社群，表达什么内容，然后发起号召建立社群，只要牵住一个重要的点就能开始实行。

第二，核心价值观要清晰体现，这样建立的社群会比较容易运行，比如热爱骑行、旅游等。

第三，理念要得到大众认可。建立的社群首先要有自己的价值观，同时也有自己的理念、态度，将这些传播分享给大家，得到大多数人的认同，才能吸引大众到社群中来。

第四，产品要有创新性，能解决问题并达到极致。社群概念要创新，能帮助一些人解决他们的问题和需求，并能发挥到极致，这样的社群就是一个有价值的好社群。

第五，通过寻找相同爱好，进行价值输出、架构设计、人性运营和系统复制，构建完整的社群体系。

2. 社群运营

高效地运营一个社群就要增强互动性，策划高质量的活动，并搭建格局统一、框架完善的管理团队，制定一个长期有效的社群发展规划以及完善的群规，保持开放利他的心态，搭建平台，整合资源、优势进行推广，利用好粉丝经济，学会去中心化打造社群领袖，并始终坚持传达社群的核心价值观。细节方面，还需考虑以下几个问题：

◆ 连接点，人与人连接在一起，关注的共同点是什么？

◆ 连接物，因为什么而将人与人持续连接在一起？

◆ 连接方式，线上、线下分别用什么方式将人与人连接在一起？

◆ 连接频次，人与人连接在一起的频次、周期是多久？

◆ 连接闭环，参与到社群里的人获得了什么，进而连接到或影响有相同爱好的人？

3. 社群营销

社群营销是个人或群体通过群聚网友的网络服务，与目标用户群创造长期沟通管道的社会化过程。通过将有共同兴趣爱好的人聚集在一起，用产品或服务满足群体需求，将一个兴趣圈打造成为消费家园。

社群营销的载体不局限于微信，各种平台都可以。比如论坛、微博、QQ 群，甚至线下的社区，都可以做社群营销。

做社群营销的关键是有一个意见领袖，也就是某一领域的专家或者权威，这样比较容易树立信任感和传递价值。

社群营销可以提供实体的产品来满足社群成员的需求，也可以提供某种服务。各社群普遍提供的是服务，比如加入会员会得到某种服务，或者进某个群会得到某个专家提供的咨询服务等。

做社群营销关键要有好产品，即某种有卖点的产品，服务也是一种产品。

有了好的产品，接下来就要通过内容进行传播。在移动互联网时代，朋友圈的传播、朋友之间的口碑传播，都是一种链式传播。信任感较强，是一种强关系，比较容易扩散，能量巨大。社群营销所能聚集的人群，会通过熟人延伸到陌生群体，最后形成一个庞大的市场。

三维定律是用来定位社群电商营销的，是一个能让企业判断自己的社群电商是达到了“立体沟通”抑或“平面沟通”，还是停留在原点没有任何进展的标准。三个维度分别是内容、交流和引导，而原点就是品牌账户。

内容是所有社群电商营销的基础，其要点不外乎四个字：写、读、评、转。一个好的话题，需要让消费者“希望写、想要读、愿意评、用力转”。纵观目前的品牌企业，还是多以自我宣传为主，很少从真正意义上与消费者互动。固然，企业社群电商担负着企业营销的任务，但是怎样巧妙地糅合两者，是企业社群电商在经营上首先需要思考的问题。毕竟，找到目标人群只是社群营销的第一步；内容和互动，才是留下社群成员的关键。

一旦有了品牌账户，企业就开启了一扇门，消费者随时有权利进来在这个平台上发表任何言论。这时企业的回应方式极为重要。用具有诚意的态度交流，正面的言论能够得到正面的印证，负面的言论也可能有转机。此外，需要让消费者看见改变。鼓励消费者勇于建言，并且针对消费者的建言做出改进。不要虚晃一招或者闪躲，消费者不会口诛笔伐，或者不会长期地口诛笔伐，他们只会因为对品牌失去信任而离开。

消费者很少会特意上网搜索和询问一个企业的品牌专页或者官方微博是否上线。他们需要企业告诉他们有这样一个平台，以及为什么要用这个平台。适度的引导非常必要，尤其是需要在短期内看到效果的时候。不只是互联网，其他一切可以运用的媒体都需要引导这一步。好的产品需要做营销，好的平台亦然。

三维定律，只是检验社群电商营销的一个标准。要在每一个维度做出表现，整个工作团队必须不断思考“用户体验”这个极为重要的话题。

4.2.5 社群愿景

社群愿景是描绘社群期望成为什么样子的一幅图景，即最终想实现什么。因此，愿景清晰地描述了社群的理想状态，使社群的未来更加具体化；愿景指明了社群在未来想要前进的方向；愿景是一幅充满激情的巨大画面，帮助社群成员或运营团队意识到在社群中他们应该去做的事情。如果社群的愿景简单、积极并充满感情，人们就能够意识到他们将要做什么，但是一个好的愿景也会给人带来压力和挑战。

同时，愿景反映了社群的价值观和渴望。社群的愿景比较持久，而社群的使命则会根据不断变化的外部条件而变化。愿景的表述最好是相对简短和明确的，而且要容易记忆。

社群愿景包括两部分：核心信仰与未来前景。核心信仰包括核心价值观和核心使命。它用以规定社群的基本价值观和存在的原因，是企业长期不变的信条，如同是将社群成员聚合起来的黏合剂。核心信仰必须被社群成员共享，它的形成是社群自我认识的一个过程。核心价值观是一个社群最基本和持久的信仰，是社群内成员的共识。

最后，我们以优雅女性社群为例，具体展示下玩转一个社群的所有环节。

案例：优雅女性社群

1. 社群初心

通过学习，帮助 1 亿位平凡女性成长蜕变成为优雅女性。

2. 社群创建：

（1）寻找同好：寻找喜欢自我提升、追求优雅生活的女性。

（2）架构设计：

◆ 成员：18 ～ 55 岁，有学习观念的女性。

◆ 加入方式：筛选制，需要认同群文化，打赏红包及关注微信公众平台。

◆ 管理：对于违规人员进行小窗提醒、公开晒群规、私下警告、直接移除。

◆ 平台：微信群、第三方互联网平台。

◆ 模式：学习型社群，发展全国各地优秀的女性资源拥有者作为重要社群节点，从而连接更多的女性人群。

（3）价值输出：一个平凡女性想蜕变成为优雅女性，并不是件简单的事，但是该社群可以帮助其从形、礼、艺、智、品 5 个方面进行蜕变。每星期至少输出 1 次语音微课堂及 1 次视频微课堂，每个月在全国各城市有定期的线下课程（如优雅女性梦工场、7 天变优雅女性、职场杜拉拉等）。

（4）人性运营：

参与感：①定期的话题讨论、分享，领到红包回复统一口号；②群内成员可以通过拉票等方式，参加优雅女性社群组织的线下活动。

组织感：进行接龙传递方式。

仪式感：视觉统一，进群后群主发红包欢迎新人加入，并推送群规。参与活动获奖后，会颁发带有个人照片的特制的荣誉证书，以资鼓励。

归属感：一起参加线下活动，如“优雅女性梦工场”。

（5）系统复制：优雅女性社群的定位是女性典范学习型社群。既然是学习，首先必须把老师的课程内容做到精致；其次，优雅女性社群每次在建立新群的时候，会先从以往群中挑选 20 位活跃成员作为种子选手，以此为模板，在全国各大城市进行复制。

3. 社群运营

（1）连接点：学习加社交。

（2）连接物：首先要成为优雅女性俱乐部成员，然后才可以免费参加价值 3 980 元的线下课程“优雅女性梦工场”，表现特别出色的接着可以有资格参加“寻找东方优雅女性”的全国性活动，最终优胜者可以去英国进修、众筹出版书籍和拍摄微电影。

（3）连接频次：每天有心得分享，每周有“优雅女性学堂”线上学习，每月有“优雅女性梦工场”线下学习，每年有“寻找东方优雅女性”评选活动。

（4）连接方式：通过线上的方式将大家聚集在一起，不断输出价值，通过邀请制，以几何倍增的方式，扩大线上人数，选取相同价值观的人群，引流到线下，最终实现商业变现。

（5）连接闭环：平凡女性通过学习、成长、蜕变，达到以下目标：一是自我提升；二是可以加入成为事业合伙人、梦想合伙人或城市承办方；三是成为战略合作方。

4. 社群营销

（1）内容营销：优雅女性社群打造“形、礼、艺、智、品”5 个方面的内容，通过微信公众号、微博和视频媒体等吸引关注、吸引粉丝。

（2）活动营销：优雅女性社群通过月度主题沙龙、“优雅女性梦工场”以及年度“寻找东方优雅女性”等营销活动，吸引关注和粉丝，提高优雅女性社群势能、影响力和传播面。

（3）圈层营销：优雅女性社群通过与各种女性的圈层合作，进行社群与社群的互动、连接，形成社群生态系统。

（4）全媒体营销：优雅女性社群通过全媒体将文字、图片、视频、故事和活动营销出去，扩大影响面，吸引更广的关注面和更多的粉丝数。

5. 社群愿景

成为中国第一的女性典范学习型社群。

4.3 社群电商 + C2B 模式

社群电商运作的第 3 步是提供和受众人群属性匹配度高的商品和服务，实现流量变现。

在社群电商中，商业是具有交易属性的。其根本就是基于商业和产品的社群生态，基于互联网打破时间与空间的特点，作为商业载体，实现产品或商业价值；其本质价值是针对不同的社群成员，提供不同的价值满足，促使用户得到好的体验；其商业本质就是以用户为主导的 C2B 商业模式。

所谓的 C2B（consumer to business，消费者到企业），是互联网经济时代的新商业模式，也是电子商务模式的一种，即消费者对企业，这是用户需求驱动的产品生产模式。通常情况下，消费者根据自身需求定制产品和价格，或主动参与产品设计、生产和定价，产品、价格等彰显消费者的个性化需求，生产企业进行定制化生产。

在社群电商中，需要运用 C2B 模式，即消费者需求产生之后，再进行产品生产。

社群电商的经营不再是通过传统的售卖，而是基于互惠关系和用户驱动的

C2B模式，比如预售、团购、个性化定制、众筹等方式。

C2B模式的运营过程需要掌握3个关键点。

1. 线下寻找实体商家

社群运营者要将用户的需求与线下商家进行沟通。C2B模式所涉及的商品五花八门，沟通、协调、议价等对社群电商创业者而言，都是不小的挑战。如果商家不答应，买卖就难以实行，也会影响用户体验。

2. 线上集合用户需求

在短时间内将有同样需求的用户聚集在一起，需要一个大流量的平台，此时社群电商就要发挥作用了。

3. 选择商品的价格

在C2B模式中，价格对用户的权重远大于自由选择商品对用户的权重。因此，一些成本低的商品会是比较好的选择，比如母婴产品、旅游产品、书籍等，这些垂直领域可能会成为C2B模式的一个突破点。

社群电商 + C2B模式的核心是通过聚集大数量的用户群体形成一个强大的采购团队，形成一对多、多对多的局面，促使用户享受到以便宜的价格购买商品的利益。

相比传统电商平台而言，社群用户可以在C2B模式中获得更优惠的价格，而相比其他电商网站而言，社群用户则可以自主选择想要购买的商品。

这时候，社群电商实际收集的不是用户个性化需求，而是关心社群用户有没有这样的需求，有就先下单交钱。这样做既可以提前一步得到货款，又可以最大化降低库存，甚至还可以通过控制预售规模做饥饿营销。

4.4 社群电商实践探索案例

4.4.1 产品型社群电商

对于企业来说，需要在产品的功能、技术上保持领先，但比这更重要的是搭建以产品为基石的社群，也就是产品型社群电商，它被誉为互联网时代的生存方式。

在今天这个时代，产品本身难以赚钱，这种情况之下产品不是不重要了，而是更重要了，为什么呢？顾客在乎的是满意度，如果企业提供的服务超过了他们的期望，产品就会被这些人购买使用。

给产品插上什么样的翅膀才可以使之成为一种高维的文明呢？答案是社群。产品是入口，社群是商业模式。从基于物品的商业模式转为基于关系的商业模式，产品是 1，社群是 0；产品是基本，而社群能给企业带来前景；如果没有社群，整体等于 0。下面以小米为例来阐述产品型社群电商模式。

1. 小米是卖手机的还是做社群的？

小米是基于关系的社群，卖手机可能不赚钱，但可以凭借增值业务比如硬件的配件、品牌衍生品以及软件分发渠道赚钱。小米做手机的特点有三个：精品、微利、海量。

小米的运营成本是最低的，占销售额的 4.5%，所以小米并不仅仅是一个手机公司，它是在重构整个手机产业。手机是入口，用户是资产，小米最大的资产是小米社群。

2. 小米口碑营销的关键词——参与感

互联网思维的核心是口碑为王，口碑的本质是用户思维，就是让用户有参与感。

消费者选择商品的决策心理在这几十年发生了巨大的转变。用户购买一件商品，从最早的功能式消费，到后来的品牌式消费，再到近些年流行起来的体验式消费，小米发现并参与其中的是全新的“参与式消费”。

为了让用户有更深入的体验，小米一开始就让用户参与到产品的研发过程中，包括市场运营，满足了用户全新的消费心态。让用户参与，能满足年轻人“在场介入”的心理需求，使之散发“影响世界”的热情，在此之前，这多见于内容型 UGC（用户产生内容）模式的产品。

3. 小米如何构建参与感？

构建参与感，就是把做产品、做服务、做品牌、做销售的过程开放，让用户参与进来，建立一个可触碰、可拥有，和用户共同成长的品牌。小米有三个战略和三个战术，内部称为“参与感三三法则”。具体介绍如下。

第一，三个战略即做爆品，做粉丝，做自媒体。

“做爆品”是产品战略。产品规划某个阶段要有只做一个产品的魄力，要做就要做到这个品类的市场第一，产品线不聚焦难以形成规模效应，资源太分散会导致参与感难以展开。

“做粉丝”是用户战略。参与感能扩散的背后是信任，是弱用户关系向更高信任度的强用户关系进化。粉丝文化需要首先让员工成为产品、品牌的粉丝，其次要让用户获益。功能、信息共享是最初步的利益激励，所以我们常说“吐槽也是一种参与”。只有让企业和用户双方获益的参与感才可持续！

“做自媒体”是内容战略。互联网的去中心化已消灭了权威，也消灭了信息不对称。做自媒体是让企业自己成为互联网的信息节点，让信息流速更快，信息传播结构更加扁平化，内部组织结构也要配套扁平化。鼓励、引导每个员工、每个用户都成为“产品的代言人”。做内容运营建议遵循“有用、情感和互动”的原则，只发有用的信息，避免信息过载；每个信息都要有个性化的情感输出；要引导用户进一步参与互动，分享扩散。

第二，三个战术即开放参与节点，设计互动方式，扩散口碑事件。

“开放参与节点”是把做产品、做服务、做品牌、做销售的过程开放，筛选出使企业和用户双方获益的节点，双方获益的参与互动方可持续。开放的节点应该是基于功能需求的，越是刚需，参与的人越多。

“设计互动方式”是根据开放的节点进行相应互动设计，建议遵循“简单、获益、有趣和真实”的设计思路，互动方式要像做产品一样持续改进。2014 年春节爆发的“微信红包”活动就是极好的互动设计案例，大家可以抢红包获益，有趣而且很简单。

“扩散口碑事件”是先筛选出第一批产品的最大认同者，小范围发酵参与感，把基于互动产生的内容做成话题和可传播的事件，让口碑产生裂变，吸引十万人、百万人更多地参与。同时这也增加了已参与用户的成就感，让参与感形成螺旋扩散的风暴效应。

4. 小米的战略和商业模式

小米的商业模式借鉴自苹果，雷军先生先看透了苹果的商业模式，然后开始模仿，并指向非苹果和三星的用户。苹果对技术的理解和布局，以及技术与用户生活方式的结合是小米无法比拟的，但小米在构建用户关系上超越了苹果。

与苹果相比，小米现在缺的就是数字处理中心：计算机。这只是小米战略布局的次序而已。现阶段，小米业务的重心有两个：一是构建用户社区，这是根基所在。所以，小米花大力气发展小米网和同城会，从开始布局小米之家到云服务（尽管还很弱，但在发展中）。二是沿着用户的数字生活方式延伸终端设备及解决方案，并把产品线的短期延伸重点指向对传统厂商的替代。因为国内市场上的传统厂商缺少新思维，所以更容易取胜，例如电视或智能家居中的设备。当这两个业务的根基进一步稳健后，小米定会进入计算机领域，将目标对准联想，从而构建完整的数字生活方式解决方案，形成类似苹果的“十字模式”。

社群商业经营的基本法则是：首先建立核心的用户群体与一个与之匹配的发酵事物的社区，然后建立多重向外传播小米“福音”的社交自媒体，与外部用户交流互动，掌握其动态。小米的起源是什么？就是一批爱好刷机的、年轻的智能手机发烧友，这群人为在外人看来完全无聊的刷机行为而乐此不疲，在社区里活跃发展，最后雪球越滚越大，形成了今天互联网中最活跃的小米社区。

小米社群电商模式中 3 大关键要素具体体现如图 4-1 所示。

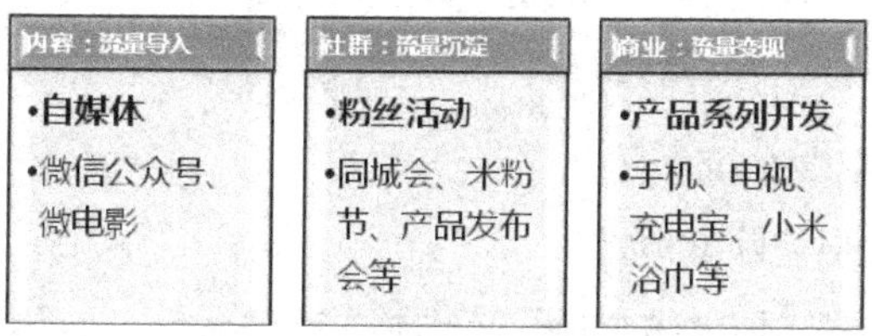

图 4-1 小米社群电商模式

◆ 内容：流量导入。入口是自媒体，形式是微信公众号、微电影。

◆ 社群：流量沉淀。大量的粉丝活动让社群成员迅速聚集，活动的形式有同城会、米粉节、产品发布会等。

◆ 商业：流量变现。产品型社群的一系列产品开发满足社群成员的需求，产品包括手机、米兔、盒子、电视、充电宝等。

4.4.2 学习型社群电商

学习型社群电商是一个不断创新、进步的组织。在其中，大家得以不断突破自己，创造成绩，培养全新、前瞻而开阔的思考方式，全力实现共同的抱负，学习共处。

通过学习，重新创造自我；通过学习，能够做到以前未能做到的事情，重新认识这个世界及我们跟它的关系，扩展创造未来的能量。

在互联网时代，学习型组织以学习为纽带聚集一帮人，形成一个学习社群。“罗辑思维”就是其中的典型代表，下面我们以它为例，具体阐述学习型社群的运营。

1.“罗辑思维”是什么？

“罗辑思维”是目前影响力较大的互联网知识社群，它有APP、微信公众订阅号、知识类脱口秀视频及音频、会员体系、微商城、百度贴吧、微信群等具体互动形式，主要服务于“80后”“90后”中有“爱智求真”强烈需求的群体。

“罗辑思维”是一场互联网社群试验，罗振宇把自己视为“手艺人”，为大家读书，做大家的书童，集结一群勇于创新的小伙伴，一起用全新的思维方式重新发现世界。微信公众订阅号“罗辑思维”的语音内容，每天早上6点半左右发出，365天全年无休；视频节目每期50分钟，每周四在优酷网播出，全年48期。“罗辑思维”的口号是“有种、有趣、有料”，倡导独立、理性的思考，推崇自由主义与互联网思维，凝聚爱智求真、积极上进、自由阳光、人格健全的年轻人，是国内微信营销的典范。

2.“罗辑思维”是如何做的？

第一，用死磕自己唤醒尊重。

“罗辑思维”视频上线的时候，它的微信、微博同时开始运营。罗振宇每天早上6点起床，录一段60秒的音频，在6点半左右发在微信公众号上，雷打不动。为了让这段话不多不少卡在60秒，他在前一天晚上需要练习好几遍，很多人无法理解为何非要60秒，但在罗振宇看来，60秒代表一种仪式感，代表对用户的尊重。通过死磕和自虐，他获得用户发自内心的尊重与信任。

电视台在录节目时，通常会有提词器，但“罗辑思维”决不这么做。罗振宇要采用纯脱口秀的方式进行讲述，让节目充满强烈的对话感，出现错误就立即从头重录。每期不到一小时的节目，都要花8～10小时才能录制完成。

其他的媒体人6点半都起不来，那就死磕，做你们做不到的一件事。罗振宇成功把这个时间点经营成他的个人标签，用户哪怕不去听他发送的语音内容，也会佩服他的坚持。在海量的公众订阅号里，人们更容易记住他。

第二，用情感共鸣黏住用户。

2013年3月，“罗辑思维”视频上线4个月，微信公众号里的粉丝数累计过万。在某天清晨的一次会议上，罗振宇提议要开始运营用户，以聚餐等形式搞线下活动。

第一次做线下活动时，“罗辑思维”设置了2个特殊环节，第一个是爱的抱抱，鼓励人们表达自己的真实情感，结果演讲结束后一群年轻人冲上台去拥抱罗振字；第二个是两个箱子，一个名为“打赏箱”，另一个叫“吐槽箱”，如果对活动满意可以进行不限金额的打赏，如果不满意可以写下意见以助改进。

在日常的运营中，“罗辑思维”的创始人团队长期坚持亲自在微博、微信及客服系统中面向用户回复意见、解决客服问题、与用户进行直接互动。

为什么罗振宇能够感动这些用户呢？因为他给年轻人打造了一个平等分享、创造的平台，跟用户之间建立了真实的连接。

第三，坚定社群电商方向。

罗振宇坚持自己的做法，即“罗辑思维”一开始就是冲着电商的方向去的。但他没打算靠视频广告来挣钱，微信、微博里活跃着的用户才是他所看中的。人以群分，能够接受“罗辑思维”价值观的人大都热衷于争论和表达意见，这点从优酷上的评论数就可以看出来。

他没有把这些用户转化为他的个人粉丝，而是建立社群。社群是近两年来突然兴起的名词，想要从社群中实现电商化的并非只有罗振宇一人，如中欧商学院、正和岛玩的也是社群，通过一群人的聚集，让人与人之间产生连接，嫁接资源，产生商机。

2013 年，“罗辑思维”发起两次“史上最无理”的会员招募，分别在 5 小时与 24 小时内入账 160 万元和 800 万元。

2014 年 6 月，在 90 分钟内，“罗辑思维”售出了 8 000 套单价 499 元的图书礼包。

2014 年 7 月 18 日，“罗辑思维”真爱特供开售，死磕月饼 100 天，总销量达 40 038 盒，其中“罗辑思维”微信商城售出 23 214 盒。

2014 年 10 月 15 日，柳桃在“罗辑思维”上开售；10 月 16 日，10 000 盒柳桃在 5 个小时内销售一空，“柳传志卖柳桃”在“罗辑思维”微信公众号上累计点击超过 500 万次。

2016 年，“罗辑思维”有 66 000 名付费会员（铁杆会员 16 000 人，亲情会员 50 000 人，铁杆 1 500 元 / 人，亲情 300 元 / 人，总计 4 000 万元会费收入）。“罗辑思维”也是微信生态中最大的电商之一，通过微商城销售书籍、月饼、柳桃等商品，一年累计收入过亿元。

“罗辑思维”推出罗振宇 2016 个人脱口秀跨年演讲，4 万元一张 VIP 票听 20 年，客单价 4 万元及 36 000 元的听众资格 7 小时卖完，即 99 × 4 万元 =396 万元，300 × 36 000 元 =1 080 万元，7 小时销售 VIP 席位 1 500 万元。普通创业者席位 3 000 元 / 人，还有赞助费，加起来收入近 4 000 万元。

第四，用人格思维凝结社群。

在互联网时代，连接的成本迅速降低，每个人都可以成为一个具有高连接力的节点，价值将越来越快地回归到个人。在很多创新领域，魅力人格都将战胜庞大的传统组织，工业社会用物来连接大家，互联网社会要用人来连接大家，创新就必须要从物化的、外在的东西，重新回到人的层面进行思考。因此，“罗辑思维”一直强调“U 盘化生存”，即“自带信息，不带系统，随时插拔，自由协作”。未来大家可以用自己的人格、禀赋为自己创造价值，市场将进入万物有灵的时代。

为了更好地经营管理社群，与会员相关的事宜还被赋予了特殊的称号，比如“罗利”是“罗辑思维”的会员福利，“罗丝福”是指“罗辑思维”的粉丝福利，“会来事”是会员来信有事的简称。“罗辑思维”的视频节目形式一直保持不变。微信公众账号却玩出了诸多花样。微信订阅户可以投稿，推送每天的微信文章；可以通过“会来事”栏目向“罗辑思维”求助，如征婚、找工作、环游全国……无论多离谱的想法，只要好玩，发起者都会收到来自群中其他人的一两百封参与邮件。

罗振宇在社群里就相当于导游手里的那面小旗，把人聚集在一起；小旗就是提醒大家我们都是一类人，但是风景是在小旗外边的。

第五，用势能思维建立品牌。

罗振宇将传统的品牌建设与势能思维分别比喻为“塔”与“浪”。他认为工业社会一直在造塔。品牌就是塔，因为地基坚实，不会改变，只要有钱有时间，就能造出塔来；在移动互联网时代，我们只能造浪，因为水无常形，会急剧变化，我们只能像造浪机一样，不断掀起新的浪潮。基业长青是工业时代的妄念，移动互联网时代不会再有长久的商业势能，势能只会呈现出“浪”的特征。所以势能本质上就是被连接的可能性，“势能思维”就是造浪的能力，这种能力的培养需要跨界协作。

第六，用社群力量拓展边界。

“罗辑思维”与其他自媒体、互联网产品最大的差异在于除了数百万用户，“罗辑思维”还建立了一个由数万人组成的付费会员群体。这个群体成为“罗辑思维”不断扩展事业边界的核心力量。而他们每年只开放一次招募会员，明确宣布“罗辑思维”会员群体的最终上限。在每次会员招募时，“罗辑思维”

都不承诺任何的会员物质回报权益。会员更多的是秉持“供养社群”与“价值认同”的理念来支付会员费，“罗辑思维”的会员群体是一个以价值观为基础的创业和知识社群。

“罗辑思维”社群电商模式中 3 大关键要素的体现如图 4-2 所示。

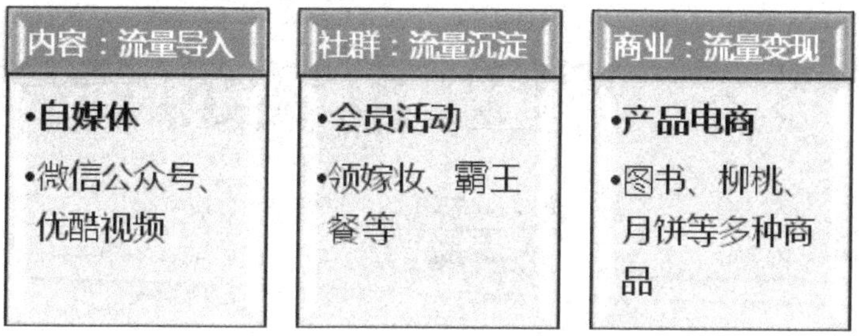

图 4-2　罗辑思维社群电商模式

做一个真正的社群电商，首先得建构某种“态度”，它会形成一个标签，身上有这个标签或者希望为自己贴上这个标签的人就是它的用户。这个设定决定了用户基础的大小，也决定了未来天花板的高低。

第5章

社群电商的营销方式

05

社群电商的营销不是硬广告，而是要有社群文化，并让这种文化有传播力。忠实粉丝、意见领袖、情感营销、小众市场、鼓励分享，这些带有营销属性的社群文化，才是审核社群电商营销的有效策略，才能让社群发挥应有的价值，带来最好的营销效果。

5.1 社群电商营销定位

5.1.1 定目标消费者——忠实粉丝是最优质的目标消费者

社群电商需要普通粉丝，但更需要忠实粉丝。因为普通粉丝没有忠实粉丝那么高的黏性，也没有那么高的忠诚度。普通粉丝一旦发现自己加入的社群有缺点或是社群的服务让自己不满意，便会马上离开。

同时，普通粉丝很容易受到外界舆论的影响。一旦舆论说社群不好，他们就会跟风批评甚至离开。但是忠实粉丝不同，他们的形成是因为对社群已经有了情感，即使社群出现了什么重大变故也会接受，不但不会离开，还会尽全力去帮助社群进行改正。

每当社群有重要活动需要推广时，忠实粉丝都会第一时间为其进行传播。这一点在娱乐圈体现得最为明显，忠实粉丝对于自己的偶像从来都是无理由甚至无节制地喜欢，不管好的、坏的都全面接受。偶像有作品时，他们会主动帮助宣传，在微博上刷话题，在电视、视频上反复收看来提高收视率、点击率；有活动都会到场支持。还有些忠实粉丝会为偶像刷正面话题，以减少别人对自己偶像负面新闻的关注度。

从明星粉丝的身上，我们就可以看到忠实粉丝的强大效应。做社群电商运营时，最需要的也是忠实粉丝，因为忠实粉丝是最优质的目标消费者。

1. 抓住忠实粉丝的特点做营销

无论是在社群电商外做营销，还是在社群电商中做营销，都要抓住忠实粉丝的特点。忠实粉丝是最优质的消费者，这一点是毋庸置疑的，不过前提是能准确把握住忠实粉丝的特点，抓住他们的需求，给他们最想要的东西。只有符合这种特性的社群电商，才能让粉丝更加喜爱，更加忠心。同时企业才能通过社群、粉丝达到他们预想的销量。社群应该先了解粉丝的特性，例如社群粉丝中哪个年龄段的居多，是男性较多还是女性较多，他们比较偏爱哪一种风格的产品等，再根据这些特性来做营销方案。

粉丝电影是近几年迅速蹿红的一个电影类型。粉丝电影是依靠粉丝效应支撑起来的，但并不是说只要是有粉丝的电影都能获得成功。在众多电影之中，郭敬明的《小时代》系列是成功的典型代表。

《小时代》第一部是靠郭敬明的书迷支撑起来的。郭敬明在拍摄这部电影时，就不断地针对自己的书迷特征做营销宣传。郭敬明的书迷大多是年轻女性，因此《小时代》请来的演员都是帅哥美女，充分符合了年轻女性喜欢偶像这一特点。同时，因为粉丝是书迷，郭敬明在宣传中一直强调《小时代》是根据其同名小说拍摄的，小说里面的经典情节都会在影片中一一呈现；而执导这部影片的又是作家本人，这些对于书迷来说无疑是具有吸引力的。之后的《小时代》第二部到第四部则是着重于演员方面的宣传。当时主演这部影片的杨幂、陈学冬等人都已经具备了一定的票房号召力，他们的粉丝对于偶像影片肯定是特别支持的。因此，着重于演员方面的宣传，可以充分满足演员粉丝对于偶像电影的需求。

2. 不要把粉丝当账户

很多做社群电商的人认为粉丝既然喜欢自己，那肯定就能不断地从他们身上获取利益。如果企业抱着这种想法，那么企业的社群电商永远都无法成功运营，企业也无法通过社群电商获利。企业不能把粉丝当作取之不尽、用之不竭的账户。

确实，企业运作社群电商的目的是为了创造利润，但是这种创造是有节制、有尺度的。一旦尺度过大，粉丝肯定会果断地“由粉转黑”，那么社群电商就宣告失败了。因此，企业在建立社群、经营社群粉丝时，目的性不能太强，粉丝一旦感受到企业以纯粹的盈利为目的，肯定会反感。到那时，不但口碑建立不成，还会招致粉丝的负面评价。

前段时间热映的电影《栀子花开》也属于粉丝电影。导演何炅在电影宣传中把票房这个词淡化得几乎没有存在感。对于他来说，这部电影并不是用来圈粉、圈钱的，而是用来圆梦的。当记者问他对票房的期待是多少，他则称："过亿，不要让人赔钱就好。"现在的电影票房超过 5 亿元才能被称为高票房电影，何炅说只要过亿元就行，明显就把票房看得很淡。而这种说法确实能让粉丝感到特别舒服，更加相信何炅是为了梦而拍的电影，并不是为了圈粉。虽然这部电影的口碑不是很好，但得到了很多粉丝的支持。甚至有粉丝称："免费看了 18 年的《快乐大本营》，给何炅贡献一份票房也是应该的。"

5.1.2 找推广者——盯住有群的领头羊进行借力

在社群电商营销中，单靠自己的力量是远远不够的。只凭着自己的影响力去做，不仅费心又费力，效果也不是特别明显。在社群电商营销中，应该懂得借力营销，即借助他人的力量来达到事半功倍的效果。那么，应当如何借力营销呢？其实只要把握住一点就足够了，就是盯住有群的领导。简单地说，就是寻找领头羊。

领头羊就是在人际传播网中经常为他人提供信息，并对他人产生影响的人，如微博大 V、有影响力的论坛坛主、有影响力的微信公众号等。他们在大众传播信息的过程中起着重要的中介或是过滤作用，他们把信息传递给粉丝，然后形成信息传递的二级传播。

1. 识别对自己有帮助的领头羊

并不是说只要找到领头羊，做营销就会有效果，关键还是在于领头羊的定位及粉丝群特征与社群定位的符合程度。只有与社群定位相符的领头羊，才能帮助社群达到既有影响力又能产生价值的营销效果。很多社群群主在微博等社交平台上寻找领头羊时会陷入一个误区，认为能上微博热搜、粉丝量大的就叫领头羊。这其实是错误的，这类微博大 V 只关注明星八卦或者爆料一些子虚乌有的事情，通常他们的口碑都不太好，给人的信任感更差，所以找这种领头羊对社群是完全没有帮助的。如果你是食品行业的，可以在微博、微信上寻找与美食相关的领头羊，如一些美食达人等，像这一类的领头羊就对从事美食行业的社群非常有帮助；如果你想做电商培训，可以在微博、微信上寻找电商行业的领头羊。

微博昵称为“山大王不爱吃葱”的用户经营着一家食品网店，为了给自己的网店做推广，他就找到微博美食界大V。“山大王不爱吃葱”发布了一条微博，“把美味装进罐子，随时开启随身携带，吃货们就是要随时随地满足自己”，并配上几张图片，微博上的美食界大V“美食君”转发了该条微博并评论，“看起来就很好吃的样子，想吃的就找她”。这条微博推广产生的效果非常好，让“山大王不爱吃葱”接了不少订单，也有许多关注美食的粉丝关注了她，这些都是她的潜在粉丝。

“山大王不爱吃葱”的微博能得到这么大的反响，就是因为她选择了和自身定位相符的微博美食大V来做推广。虽然“美食君”的微博粉丝量并不算高，但是他的粉丝基本上都是活粉，而且和“山大王不爱吃葱”的目标消费群相符，都是喜爱美食的粉丝，所以能获得成功。

2. 给点鼓励，让领头羊推广更积极

有些领头羊也许会因为喜欢你的社群、你的产品而在社交媒体上进行分享，但这通常都是一种下意识的行为，并不属于积极的推广。因此，如果想要借助领头羊的力量，那就要适当给他们点鼓励，让他们的推广变得更加积极。例如，赠送一些产品、样品让他们试用，让他们试用之后如果感觉好，再在自己的社交媒体上进行宣传。这种基于自己好感的推广以及宣传会更让他的粉丝们信服。而如果只是收费做硬广告的领头羊，次数多了之后很容易遭到粉丝的反感，粉丝也就不会再相信他推广的任何内容了。

美宝团购在微博上发起了团购预告活动。为了提高这次活动的影响力，它邀请了微博大V来参与，让这些微博大V在自己的微博上发布与活动相关的微博。目前，这个话题已有12.1亿的阅读量，讨论量达到了49.8万，这其中不无这些微博大V的影响。美宝团购邀请这些微博大V来助力，并没有像新闻报道中所说的那样给他们钱，而是选择产品赠送的方式，让大V们自己先体验这次团购活动带来的好处，如果他们感觉好了再参与推广。

5.1.3 定目标市场——放弃大众市场，走小众之路

社群电商营销不一定要走大众市场。大众市场虽然潜力大，但是竞争很激烈，

如果没有一定的实力，很难脱颖而出。其实有时候反其道而行，效果也许会更好。在现实中，可以看到有不少走小众路线的社群电商，反而比走大众路线的社群电商先获得了成功。

1. 以新品试销来寻找小众人群

小众产品只属于少数人，因此就不必在大众传播媒体上做广告。对于经营小众产品的社群来说，依靠口碑的积累进行滚动传播，效果反而更好。可口可乐属于大众快销品，它的市场操作更注重执行，追求“时时处处都能看得到、买得到”的传播方式。他们不需要考虑目标粉丝是谁、在哪里。但是小众产品就需要考虑这些。因此，如何找到真正购买自己产品的人，特别是抓住那一小部分接受力强、喜欢尝试新鲜事物，而且对别人有示范作用的领头羊进行快速引爆，是经营小众产品的社群急需解决的问题。

要找到这批人，新品试销是最好的方式。在实行新品试销的过程中，要以尽可能小的成本大胆试销，并在销售中积累经验，最后推出最符合市场需要的产品。在新品试销之前，要先定位出目标粉丝，然后设置好进入市场的渠道和终端，同时还要给出销售渠道的网络拓展方案。制定方案之前，要了解粉丝的购买动机与目的，以及购买障碍。了解了各方面的情况并分析后，才能制定出准确有效的新品试销方案。

2014年推出的典典养车，是一个定位于汽车售后市场的移动O2O服务平台。与传统的实体维修、汽车保养店不同，它是从相对高频的洗车服务切入，然后发展出维修、保养等业务，并与线下的门店进行合作，走移动应用中介商的小众路线。在早期的推广中，它推出了新品活动——一元洗车来获取粉丝。新品活动包含了商户版及车主版；商户版可以直接为粉丝提供接单、收款、报价等服务；而车主版则是为车主量身打造的。在车主版活动中，车主可以发布保养、维修需求，然后由商家竞标报价；车主选择商家后，就可通过APP预约下单，并享受一元洗车服务。

就目前中国的汽车保有量来说，汽车售后服务这个市场非常庞大，竞争也非常激烈，基本上都是由商家直接提供维修、保养、洗车的服务。但是典典养车不同，它不直接做维修、保养类工作，而是走中介性质的APP路线，以APP来盈利。在汽车售后行业中典典养车属于少数，基本上没有企业只做APP，而不直接做汽车售后维修服务。但典典养车的选择并没有错，它以一元洗车活动的新服务吸引来首批粉丝，然后通过这些粉丝去吸引其他粉丝。

2. 不断丰富自己的产品线

走小众路线，产品也需要丰富。没有丰富的产品，小众粉丝一样留不住。粉丝愿意支付比普通产品更高的价格来购买小众产品，他们购买的目的和动机的个性化趋势是非常明显的。比如给人送礼，同样是礼物，但商务送礼和亲情送礼选择的产品就不一样。如果产品太过单一，就不能满足他们的需求。当粉丝需求无法得到满足，自然就会跳出社群，去寻找其他产品。因此，走小众路线，也需要针对不同粉丝的需求进行产品组合的定制。千万不要以为小众路线就是一个单品打天下，王老吉和红牛的成功法则在小众产品的市场上是行不通的。

聚美优品就是走小众路线的典型代表。当聚美优品加入电商行业时，电商市场早已被淘宝、京东瓜分殆尽，想要走淘宝和京东这样的大众电商路线，基本不可能获得成功。因此，聚美优品的创始人陈欧就另辟蹊径，往小众路线发展。陈欧决定做自己的网站专营化妆品。当它的定位成功后，陈欧知道单是靠最初的几项业务是不能满足个性化需求越来越强的粉丝的。因此，陈欧在聚美优品发展的过程中不断地丰富自己的产品线，从最初的品牌店进驻，已经发展出了现在的海外代购、母婴、国际轻奢品、服装运动、鞋包配饰等类别的产品与服务，充分满足了目标粉丝对美丽的需求。除了这些大类别，聚美优品单是化妆品就拓展出了不少分类，如日本馆、韩国馆、北美馆、欧洲馆等，这些都是根据化妆品分布的不同地区进行的分类。陈欧的小众路线定位很成功，现在的聚美优品可以说是国内第一化妆品电商。

3. 通过小众传播方式沟通，获取信任

具有个性需求的粉丝存在于小众产品营销的每个环节之中，组成了需要针对性服务的特殊粉丝群。每个渠道、网点、地区都存在需求有差异甚至完全冲突的粉丝群。因此，群主们必须多与目标粉丝沟通，了解他们的个性化需求，并获取他们的信任。小众产品粉丝的信任需要群主主动去获得，可以在他们喜欢的小众媒体上做广告，让他们在不知不觉中进入你营造的故事营销中；也可以把他们召集在一起，组织一次产品体验品鉴会，让他们亲身体验。小众产品不需要追求知名度，因为知名度都要经过日积月累，通过小众社群传到大众社群中的。在小众产品的粉丝群中，有一小部分是有着足够影响力的意见领袖，他们的行为会引起他人的效仿，甚至产生风潮。利用这一小部分人进行传播，可以更快地获取普通粉丝的信任。这种聚焦小众群体的一次次体验活动和媒体传播，是小众路线营销的主要手段。

5.2 社群电商营销方式

5.2.1 给社群加点“情感”

在众多的社群电商营销中，情感营销屡见不鲜，也一直很有效。情感营销就是把消费者的个人情感差异和需求作为社群电商营销战略的情感营销核心，通过借助情感包装、情感促销、情感广告、情感口碑、情感设计等策略来实现电商的经营目标。

社群一旦加入了情感就能使之提升至情感和人生价值的诉求层面，因此更容易引起大规模互动传播，同时也会加深粉丝对品牌的忠诚度，大大降低互动的成本。因而，情感营销是最能让企业或是产品获得成功的方式。但是，仅让粉丝感动是不够的，还要能让他们产生情感上的认同，这并不仅在产品本身，而且在于它所拥有的文化与价值取向是否能触动粉丝的心。

情感营销的作用不容小觑，主要有两个方面。

第一，情感营销能营造更好的营销环境。随着情感消费时代的到来，消费行为从理性层面走向了感性层面。粉丝在购物时已经不再单单注重价值，而是更加注重购物时的环境、气氛、美感、品味。情感营销不仅应重视社群和粉丝之间买卖关系的建立，更应强调彼此之间的情感交流。情感营销做得好，对于社群树立良好的形象、建立起良好的人际关系、实现长远目标能起到巨大的作用。

第二，情感营销能提高粉丝对社群的忠诚度。社群越来越多，粉丝可选择的余地也越来越大，能否有优秀的产品是影响社群竞争成败的重要因素。一个好的产品能够培养起粉丝的偏好，并吸引更多的忠诚者。品牌忠诚者的培养除了需要过硬的产品质量外，更需要情感的培养。满足粉丝情感上的需求，使之得到心理上的认同，从而对产品形成偏爱，并逐渐形成一个该品牌的忠实粉丝社群，这就是情感营销的目的。

1. 将情感加在产品之中

在不同的市场状态下，粉丝对产品的要求是不一样的。在市场供大于求时，粉丝就会从只注重基本需求的满足转变为注重心理需求的满足。现在的市场处于供大于求的阶段，而且各个企业中同类产品的功能和质量也越来越同质化。

因此，如果想让自己的产品突出重围，就要从情感上入手。情感设计一般分为 3 种。

第一，定制设计。它是指企业在制造、设计产品时，充分考虑到不同粉丝的需求，赋予粉丝更多参与产品制作的权利，并设计出让粉丝表现情感的机会点，再把主题落在某个具体的产品上，通过情感的诉求让粉丝接受产品。

第二，主题设计。它是指要把握好粉丝在特殊时间段的特殊情感需求变化，创造一种表现情感的主题，然后根据主题设计产品，引起粉丝的共鸣。

第三，人文设计。它是指根据粉丝的特殊需求，在设计、制造、营销产品时充分关注社会，绝不能伤害到粉丝的感情，更不能伤害到粉丝的利益。

电影《栀子花开》除了导演、演员的粉丝效应之外，最后能拿下近 4 亿元票房的原因还是电影设计得好，特别是感情方面。《栀子花开》是用感情来吸引观众的。从电影本身的内容到电影的宣传，都利用了感情这一点。《栀子花开》与其他有 IP 的电影不一样的是，这部电影是由导演何炅的歌曲《栀子花开》改编拍摄的。这是一首经典的热门歌曲，曾陪伴了无数人的青春，因此使热爱这首歌曲的人对电影产生了不一样的期待。而宣传方面，无论是主题曲的制作，还是各个宣传片的拍摄，都充满着感情，引发人们对青春、梦想的感慨。例如，推广宣传曲《另一个自己》就是以“自己的梦，再傻也要做完”为主题，引发人们回想大学时代自己的梦想，为了达到梦想自己又做了什么傻事。《栀子花开》青春无傻事北京篇、沈阳篇等宣传片，则加入了对“青春是什么”的询问。一个小小的主题让该影片从一个简单的 IP 电影上升到了人文层次，引发了人们对于“青春是什么”的思考或者回忆。

该电影从头至尾都加入了情感特色。从电影内容到主题曲，再到推广曲和推广宣传片，处处都体现着这部影片是关于青春、梦想的情感的。

2. 制作情感广告

要想通过情感来运营社群电商，就要懂得如何进行情感促销。因此，制造情感促销广告是非常必要的。广告要以情定位、以情动人，把情与广告内容联系到一起，紧紧扣住粉丝的情感点，引起他们强烈的情感共鸣。在情感力的驱动下，粉丝就会自然而然地接受产品。

三菱汽车曾经拍摄的广告《回家的路》就是打的情感牌。这则广告打动了无数人，直接刺激了三菱汽车的销量，被网友们评为“最能把人看哭的汽车广告”。片中的女儿开着戈蓝跟在骑着自行车的父亲后面，看着年迈父亲的背影，眼睛湿润了。广告中的一句台词“我想，他是怕我忘了回家的路吧……”就像一颗催泪弹，让看广告的人感动不已；而结尾的那句“三菱汽车，全省 164 个家，欢迎您随时回家”，更是实现了对广告主题的完美呼应。整个广告都充满了深深的父爱、浓浓的亲情。

3. 提供情感环境

环境对粉丝购物的影响越来越大。要想取得好的营销效果，就需要营造一个优雅、温馨、舒适的购物环境，使粉丝在购物的过程中得到更多的精神享受。制造情感环境，并不意味着一定要装修豪华。有很多企业不惜重金对购物环境进行装修，导致成本大幅度提高，为了收回成本只能提高售价，结果得不偿失。

现在很多咖啡厅不再走高档豪华路线，而是根据自己的需求，按照餐厅的主题来装修。例如，北京通州的一家咖啡厅，就是以非洲部落为主题来装修的。里面的设计体现了浓浓的非洲风格，大至整个环境，小至桌上的摆设都是如此。这样的装修不需要花费太多，但又很有特色，很容易引起顾客的消费欲望。因为装修成本低，店内的消费价格也就不高，所以很多咖啡爱好者都喜欢到这家店内消费。

5.2.2 有效激发粉丝的分享热情

每个社群都希望自己的内容能最大限度地被分享出去，然后被人们阅读到。很多人会花钱雇“水军”来刷点击量、刷转发，但这些都是表面的东西，甚至还有可能带来一些负面效果。想得到最佳的传播效果，最好的方式就是让粉丝自动分享。但是让粉丝自动分享不是一件容易的事，其中包含了很多因素，如需要过硬的内容质量、外界的刺激、分享传播成本、分享传播收益等。

1. 粉丝的成本越低，分享动力越高

在互联网上，社群的分享功能会推动内容在粉丝的关系链中快速传播。在被分享的过程中，粉丝扮演着重要角色。他们每一次的分享都能为社群带来新的粉丝再形成二次传播，这也就意味着内容的流动、分享和转化耗损随着分享次数的增多而越来越低。因此，后期新粉丝的获得对社群而言几乎是零成本。

粉丝在分享的过程中，会呈现这样一种特征：分享的成本越低，粉丝越爱使用。所以，如果企业想要自己的社群达到“起点即引爆”的效果，首要的任务就是降低粉丝的理解成本。简单地说，就是降低粉丝在参与一个应用、活动、服务时所需要花费的时间与步骤。同时，还要考虑到粉丝的消费成本。消费成本指的是粉丝使用社群推出的某款产品，或是参与群内的某个活动过程是否流畅、简单。理解成本或消费成本越低，粉丝分享的热情就越高，社群所要分享的内容就越能被快速引爆。

魔漫相机就是一款低成本分享的应用。靠着低成本分享，魔漫相机一推出就吸引了无数粉丝，从而快速建立了自己的粉丝社群。魔漫相机联合创始人黄光明在分享魔漫相机的做法时说过“一切从简，易于上手”。这一句话也正是魔漫相机被快速分享的秘诀，其实这与移动互联网业内流传的一个“2 秒定律”相似。如果一款应用无法在 2 秒钟内让粉丝明白它怎么操作，那么就一定会被抛弃。有报告显示，粉丝如果在某一环节多花 1 秒，这款应用的粉丝流失率就会提高 8% ～ 10%。魔漫相机在推出时极简单，如背景图的数量很少，粉丝几乎没有选择的余地；同时背景颜色也只有纸黄色。但是往往越简单的东西，粉丝理解越快，也就越有穿透力和分享力。

2. 有利益，分享才更有动力

整个社群红利的获取，一般都是依赖于粉丝的主动分享。那么，除了通过过硬的内容质量让粉丝主动分享之外，还有什么方法可以激发粉丝的分享热情呢？其实很简单，就是利益。粉丝能从分享中获取利益，就有分享的动力。2014 年的中秋节，“罗辑思维”的罗振宇在月饼销售中加入了分享机制。

粉丝下单无须自己付钱，分享给好友，让好友帮你付，其实也就是变相送月饼。这些环节激起了人们的讨论和分享，并在短短的 13 天时间内吸引了近 269 万人参与。我们在微博、微信上看到的“分享有礼”也是粉丝在分享中获得利益的手段之一。

当粉丝使用社群推出的一款应用、一项服务或是参与群内的一项活动时，有意或无意地都希望能从中收获某种价值，可以是为自己或者为他人带来的价值，也可以是帮助别人时得到的精神或者物质奖励。娱乐性也是粉丝在分享过程中获得的价值之一，完成任务的成就感、愉悦感和满足感也都是获得的价值。

“饿了么”是 2016 年迅速火起来的订餐 APP 软件。它能迅速走红的原因就是它彻底激发了粉丝的分享热情，而它让粉丝积极分享的武器就是利益，给粉丝充足的分享优惠。粉丝在订完餐后，软件中会显示让粉丝去分享，分享的链接中有红包可抢。除了可以邀请其他粉丝抢，粉丝本人也可以抢，而抢的红包礼券就可以用在下一次的订餐付款中。这种高效实用的利益彻底激发了粉丝的分享热情。大部分粉丝在订完餐后，都会在朋友圈中进行分享，而“饿了么”就随着这些分享迅速火了起来。

3. 激发粉丝分享热情的其他因素

激发粉丝分享热情的因素还有很多，包括但不限于以下几点。

◆ 使用时间越短，越容易分享

分享狂潮往往不是在社群第一次推出时爆发的，而是经过多次迭代之后才会出现。秦川是“围住神经猫”的创始人，他认为自己的这款产品就是因为将“用时短”的特征发挥到了极致才爆红的。之前大部分移动端的游戏产品都略显“沉重”，耗时较长。

◆ 玩法越新颖，引爆速度越快

引爆分享的直接结果就是让社群迅速获取大量粉丝，但是，同时也会让好友间的信息分享呈现同质化、沙漠化。因此，复制他人的分享这一方式已经没有多大的价值，要拿出自己独创性的玩法。

◆ 粉丝越投入，影响力越大

在如今这个信息大爆炸的时代，粉丝已经习惯于大量的信息浪费，朋友圈中的刷屏信息很容易就被忽略掉了，但是粉丝的自发投入则能改变这一状态。可以通过引导粉丝自发组成社群、主动提供信息、分享心得或帮助他人解决问题等方式，让粉丝投入信息的分享过程中，最后将信息从强关系分享到更多的弱关系甚至陌生人中去。

5.3 做好内容

回顾互联网的演变过程——从门户到搜索再到社交，同时也伴随着电商从 1.0

时期到 4.0 时期的演变。基于社交基础而存在的社群电商，与传统电商的最大差异和优势就是信任感的建立。购物正从浏览、搜索、推荐和性价比公认价值评估转向对品牌和个人价值观的追随，这一切的基础就是内容营销。

那么，什么是内容营销呢?

内容营销是创建及传递有价值的内容，以吸引明确或潜在的目标受众的商业营销过程，目的是促使顾客做出能为企业带来利润的行为。

我们知道传播的流量红利入口是在不断变化的。传统零售商主要依靠的是线下流量，但是随着电商的发展，线下流量逐步减少；进入 PC 时代，流量主要靠搜索引擎；而搜索带来的流量，又随着用户转入移动端而逐步流失。

在移动互联网时代，社群电商“内容→用户→社群→商业”的运作模式中，内容是流量的入口，社群是流量的沉淀，商业是流量的变现。从入口到变现，很好地解决了流量各阶段的问题。同时我们发现社群媒体的流量成本低、精准，而且始终是自有流量。从流量角度来看，社群电商可以解决互联网流量枯竭的问题，为广大创业者带来自有的流量红利入口。

社群电商除了用精品内容吸引用户引流、培养大批忠实粉丝之外，粉丝留存率也是社群电商探索和实践过程中非常重要的指标。这意味着创业者们要经常思考，大量的粉丝汇聚社群后，什么样的内容能留住他们。

本节讲述一下好的商业化内容是如何生产出来并传播出去的。

5.3.1 内容营销之内容生产

1. 成功的内容营销的特点

我们要做好内容营销，首先要明确什么样的内容营销才算是成功的？一个成功的内容营销应该具备哪些特征？这里我们总结出以下几点：

- 以受众为中心，提供有价值的、相关的内容；
- 与目标人群购买相关，具体到某个购买阶段；
- 讲一个故事，贯穿于整个客户体验流程；
- 有明确的行为激励，指导受众的下一步行动；
- 根据渠道（微博、微信、博客等）不同，给出相适应的组织形式和表现手法;
- 有明确的营销目标；
- 通过有策略的设计，实现可衡量的营销效果；

◆ 保证内容高质量的同时，又能高效、有效地生产。

用有价值、持续且相关的内容来解决用户的问题和担忧，不仅给内容带来有效的传播，也培养了受众对品牌的信任和忠诚度。品牌通过为受众持续性地生产高价值的内容，才能在用户心中建立权威。

2. 内容营销的前期规划

假如你现在为品牌做内容营销，首先要思考前面提到的所有特点是否都具备了。如果还没有，也不要着急。我们要做好内容营销，就要像一个战略家一样运筹帷幄，可以从以下 7 大步骤去做好内容营销的前期规划。

（1）购买人群画像：

人群画像是从你的众多购买者中抽象出来的典型客户的形象。在形成这些画像的过程中，你将更加深刻地了解到客户，明确受众的关注点、消费偏好和目标，从而更好地学会如何展开你的营销活动。

那么为什么需要人群画像呢？

第一，帮助你明确品牌所需要的内容，制定内容组织策略。根据人群画像的类型划分你的内容，明确品牌针对哪一类人群已经有足够多的内容供给，而哪些人群需要你提供更多的内容。

第二，它决定了品牌内容的调性、风格。不同类型的受众喜欢不同的表达方式，用他的风格与其交流更容易引起共鸣，人群画像就是让你找到最适合他的风格。

第三，基于人群画像，你将更有目地性地规划内容主题。受众关心什么，往往是个复杂的多维问题。抽象的人群画像让你更清晰地理解受众的核心诉求。

我们的用户是一群活生生的人，而非一堆生硬的、没有情感的数据。因此，尽量将信息精简成一个或多个能让整个团队容易记住的、更富人性化的形象。如果想达到这些效果，建议在你的描述中包含以下几个方面：

◆ 目标人群的职责；

◆ 典型的一天 / 一周 / 一个季度的常规生活；

◆ 目标人群的性格；

◆ 最大的挑战。

举例来说，你的公司是卖软件的，软件解决的是企业社会化营销问题。那么，你描述的一个典型客户可能是这样的：Emily，社会化营销经理，活泼开朗的女孩；主要负责运营和管理品牌社会媒体渠道，需要和负责品牌推广、公关、内容以及销售的同事合作共事；在典型的一周工作中，她将会监督公司各个社交媒体的内容发布和运营情况，与内部的设计团队、内容编辑团队以及外部技术开发商、数据供应商沟通。

人群画像，一方面是信息和数据的有机组合，另一方面是一个活生生的人物角色。

（2）绘制购买流程：

购买流程会因为不同的行业属性有一定的差异，这里主要介绍以下两种模型：

第一，意识→购买→拥护。

意识阶段是潜在购买者需要关于产品的较为详细的信息。

购买阶段是建立品牌信任的过程。这个过程是根据他们对购买产品是否愉快或舒适来决定的。

拥护这个阶段里消费者对产品 B 相当熟悉，这个时候就需要提供更具创造性的信息给他们。

第二，注意→兴趣→搜索→行动→分享。

注意阶段：注重传播和到达，不管怎样，要让受众知道并了解你。

兴趣阶段：抓住目标人群的痛点，以内容制胜。

搜索阶段：让他们充分了解你，你需要做好品牌展示的基础建设。

行动阶段：尽可能降低准顾客的行动成本，避免不必要的流失。

分享阶段：首先要明确分享是贯穿于整个阶段的，受众在任意阶段都可能产生分享行为，需要设置简单的分享机制。

以上两个模型仅供参考，可以根据品牌自身的情况加以调整。完成了购买流程的绘制，还应该了解这样的事实：并非消费者买了就结束了，我们还需要对消费者进行持续的沟通和调查研究。根据消费者类型，可以把他们分成新的、持续的和忠实的消费者。

对于新的消费者，需要用内容去引导他们，激发其有效的互动，比如在线问答、消费者社区交流等形式；当内容开始取悦他们后，可以尝试提供更加详细的产品信息、官微、博客等让他们全方位了解产品，从而把一次性消费者转型为持续性消费者；而忠实消费者会强烈支持你的品牌，并带来新的客户流。为了强化忠实消费者的口碑传播行为，有必要给予忠实消费者超出预期的奖赏。

（3）建立品牌形象：

通过各种渠道来展现持续的影响力是很重要的，这需要对自己的品牌形象进行定义。不管在社交媒体上、博客上还是大众媒体上发布内容，你所书写的风格都将成为你的品牌的形象，同时需要保持一致性并考虑到内容所对应的用户需求。

我们将品牌形象分为以下几个部分：性格（友好、温暖、激励人心、好玩、权威等）、语调（私人、谦虚、诚实、直接、科学等）、语言（简单、复杂、严谨、专业等）、意图（传播、互动、告知、教育、娱乐、销售等）。

确定品牌的形象后，需要保持风格一致，这里有两个注意事项。

第一，保持内容与写作风格的高度一致。需要从一开始就注意这个问题，对所有内容进行有效组织，以保证风格一致。

第二，让更多的人参与内容检查。每天都让内容团队在固定的时间将计划发布在社交媒体、博客等渠道的内容发送给跨部门的团队（PR、销售，甚至研发等），让他们有机会参与到内容检查的工作中。

（4）团队内部头脑风暴：

所谓头脑风暴（brainstorming），最早是精神病理学上的用语，指精神病患者的精神错乱状态，如今引申为无限制的自由联想和讨论，其目的在于产生新观念或激发创新设想。

以下是几个推荐的方法。

◆ 自由写作

准备一张没有任何点线元素的白纸，一支你喜欢的笔。设定手机的计时器为 15 分钟。在白纸的顶部，用肯定句写下你要解决的问题，比如“我现在要制造一个多功能的时间机器”。开始计时，写下在你脑海中出现的任何内容，忘记语法、语言、标点、拼写这些无关紧要的东西，现实中明显相关的，合理的、不合理的东西也通通不去考虑。

◆ 自由演讲

如果你对声音更加有感觉，可以尝试自由演讲，它跟自由写作的流程一样。

唯一需要提醒的是，不要在意自己说的话有没有意义，跟着意识的自然流动，你只负责说。

◆ 关键词联想

列出与问题相关的关键词，基于关键词进行自由写作。

◆ “门外汉”的头脑风暴

当你走投无路时，不妨让身处问题以外或专业以外的朋友帮你解决，有时会有意想不到的效果。

◆ 问题本身的头脑风暴

有时候找不到解决方案的原因在于，你并没有找到风暴的中心——关键问题。如果你连需要解决的问题都没界定清楚，谈何解决问题呢？这时候你应该进行一次针对问题本身的头脑风暴，找出并正确定义你要解决的问题。

（5）选择合适的内容载体：

内容的载体可以有很多种，如视频、电子书、信息图、档案、报告、滑动页面（HTML5 或 PPT）、案例研究、博客等。不同的载体会对不同人群和场合有完全不一样的效用，下面将简单对几种载体做剖析。

电子书是最常见的一种内容营销手段。目前最常用的电子书格式是 epub，能在 PC 端或移动端根据屏幕等自动调整内容编排，实现翻页、插图等功能。可以制作此类电子书的软件有 Sigil，Escape，epubBuilder，epuSTAR 等。

信息图（infographics）是使用图片和文本整合的方式来呈现并简化复杂的信息，使得内容更加生动。营销人员一般使用这种载体来吸引消费者、简化信息，如说明书等。

HTML5 又简称 H5，可以直接在移动端打开，交互性强，适用于多种场景，制作成本视展示效果而定，受移动端接口限制较大。现在免费制作 H5 的平台有设计魔方、MAKA、秀米、品趣等。

视频能实现多种功能，如提高品牌知名度、回答问题、论证说明等。但是花费成本较高，周期较长，需要与其他载体相互搭配使用，才能发挥最大化效用。一般用户可使用 Moviemaker、iMovie、绘声绘影；专业级用户可使用 Adobe 公司的 Premium，其提供了采集、剪辑、调色、美化音频、字幕添加、输出、DVD 刻录的一整套流程。

博客是一个很好的展示品牌的平台，但是维护一个博客与维护其他载体相比，存在一定差异，更需要考虑到品牌风格的一致性。

一般来说，最有说服力的故事来自你最新的消费者。案例研究虽然是传统的内容媒介，但并不意味着应该忽略其作用。最好的案例研究并非讲述产品，而是讲述品牌的价值观。

（6）内容“食谱”：

每天我们都会推送大量内容给用户，但是你是否考虑过：消费者接收到内容时是欣然接受，或是忽略，还是愤而拒之？因此如何更好地搭配自己的内容，以更易于用户接受的方式呈现是十分重要的。如果我们将内容想象成一道盛宴，那么我们要给用户呈现的是怎样一个食谱呢？

第一，早餐。我们每天都要吃早餐。内容营销中的“早餐”，指的是那些每天都推送给消费者的内容。这部分内容必须保证简单、易于消化、风格一致，其目的是让消费者保持活力。

第二，主食。这部分内容传递品牌的价值主张，应该占据内容的绝大份额；必须将你的大部分精力花在这个上面，并用主要的营销渠道来推广和宣传。

第三，蔬菜。蔬菜是为了让膳食更为营养和健康。时不时地推送对用户有价值、富含维生素的内容，虽然这些内容并非经常有产出，但对消费者很有价值，例如行业报告、商业洞察等。

第四，甜点。“甜点”的存在将会让你的营销“食谱”更加人性化，也会吸引更多“吃货”聚集到你的品牌上，尽情享受各种“甜点美食”。

第五，调味品。想象一下，要是没有油盐醋，我们的菜将是多么乏味。内容营销同样需要类似的“调味品”。可以通过设置与品牌相关的高难度挑战、具有争议性的话题等来刺激受众的味蕾，从而提高用户兴趣，进而内容阅读量和转发率的提高也是指日可待之事。

（7）内容推送规划时间表：

规划时间表不需要非常酷炫，可以是一个共享表格，也可以只简单写在黑板上。重要的是这个规划时间表可以给你一个视角，让你检查所做内容的方向是否正确、时间是否可控，以及内容是要在几个月还是一年内完成。总的来说，规划时间表可以让你达到以下目标。

第一，有效组织。规划时间表不仅能让你对未来计划心中有数，也能对以前的营销记录了然于胸。

第二，可视化。让团队成员清晰地了解需要做什么事情，有效实施多渠道营销战役的组织和管理。

第三，权责分明。制定截止日期并经常翻阅，可以确保你和团队都对日期有明确的概念，减少不必要的烦琐工作。

以下是在制定内容规划时间表时，需要考虑的几个问题和建议：

第一，需求激发。内容是否能激发目标人群的兴趣？哪些内容最有可能产生销售线索？

第二，产品与市场。内容是否充分支持各个产品线的市场推广需求？

第三，公共关系。内容是否与新闻稿、官方声明、品牌宣传相协同？

第四，社会化。哪些内容能提高社会化媒体的用户活跃度？哪些能形成社会化传播？

每隔几天检查一遍时间表，确保所有事项在正确的轨道上。如果你无法在截止时间内完成任务，就要在第一时间让所有利益相关者知悉。

3. 如何生产优质内容

在有策略的前期规划之后，自然而然需要进行真正意义上的内容创作。只有每个人都各司其职，才能将内容营销做好。接下来我们将从团队分工协作、内容生产战略制定、内容生产关键词 3 个方面介绍如何生产内容。

（1）团队分工协作：

前期规划完成后进行内容创造时，需要一个团队进行执行。比如，有人负责内容的功能和方向、有人负责内容的搜集与整理、有人负责项目的及时推进、有人负责内容排版和设计……

一般而言，一个好的内容营销团队需要以下几个角色。

◆ 内容执行官

在不同公司，这个角色可能有不同的职称或地位，有的是 C 级别，即 Chief Content Officer；有的公司则称其为主管，即 Director of Content。但不管称谓如何变化，主要负责的工作是相似的。其职责主要包括监督与规划整个内容的生产制作、营销战略和创新、内容的决定权、对受众的反馈进行负责等，是整个内容营销中最有“干货”的一个部分。

◆ 内容运营

该角色的职责包含内容规划和生产日程表、内容发行、博客与公众号管理、信息和内容一致性把控、搜索引擎优化（SEO）等。

◆ 特邀作家 / 行业专家

你也许需要几位常驻作者或行业专家作为自己的内容库，一方面可以降低寻找团队和创作内容上的压力和成本；另一方面也可以增强自身内容的丰富性和权威性，让自己的品牌形象更加丰满。

◆ 设计师

激动人心的内容总是经过精心设计的，没有设计的内容会显得干巴巴，拒人于千里之外。因此即使团队再不济，也需要有一点基础的设计元素或者外包给设计公司。在这里最重要的是保持设计风格与内容的契合性。如果是外包的话更需要随时保持沟通，确保设计的产品符合你的预期。

◆ 第三方（消费者 / 同事 / 领导）

当局者迷，旁观者清。在我们创作内容的时候，总是会被主观情感所羁绊，很难客观判断内容对于受众可以产生多大的共鸣及影响力。这就需要我们引进第三方，从客观角度对我们的内容进行审视。这个第三方可以是我们的受众，也可以是另外一个团队、有洞察力的上级等，他们的反馈都将对我们的内容改进有弥足珍贵的意义。

这里列举了 5 个内容营销所需要的角色，并非说一个团队一定要有 5 个这样的人，如果预算有限或团队处于初创期，一人身兼多职是再正常不过的事情了。如果你能注意到团队所需要的角色职责，并通过合理分工让这 5 个角色都能顺利执行，那么你的内容也将获得成功。

（2）内容生产战略制定：

第一，存量内容作为后盾，流量内容作为先锋。

根据内容的生命周期，我们可以将内容分为存量内容和流量内容。存量内容是指不易过时、可以多次重复利用的内容，一般具有很长的生命周期。时间的推移不会明显减损其价值，也就是指那些值得收藏起来的精品内容，如学术文章、实操教程、电子书等；流量内容，也叫消费性内容，即看过之后很快被遗忘的内容，保鲜期短，更多的是发挥新闻的功能，如资讯类、新闻头条等。一个正常的网站一般都会同时存在流量内容和存量内容。这两种内容没有优劣之分，只是它们扮演的角色和体现的功能不同而已。流量内容关注的是行业的热点，存量内容关注的是行业的常态；流量内容体现的是新闻功能，存量内容体现的是知识功能。

品牌的专业形象主要是通过存量内容塑造出来的，而且这也是搜索引擎喜欢的内容。那些需要借助舆论大潮和社交工具进行快速传播的内容，通常取材于存量内容，再结合当前社会热点和大众的痛点进行精益生产（如标题优化、视觉化设计、语言通俗化），就成为游走于媒体和社交平台的流量内容。

因此，流量内容作为先锋，其时效性强，适用于提升 PR 排名；存量内容作为后盾，其内容不会因为时间推移而失效，适用于提升 SEO 排名。无论存量内容还是流量内容，对于用户而言，都必须是有价值、与其有关联的内容。两者相辅相成才是一个稳扎稳打的策略。

第二，选择内容表现形式，确定更新频率。

内容可以以多种形式表现出来，具体选择哪些形式取决于多种因素，如目标群体的偏好。对于"90 后"来说，幽默风趣的图片比专业的电子书更有吸引力。

以视频这种内容表现形式来说，难以用文字展示的内容以这种形式展示可能会有意想不到的效果，但同时需要考虑选题、拍摄制作、发布推广成本等事项。

New Balance 为 574 这个轻时尚产品系列拍的一系列微电影，从《神探夏洛克》热播到《少女夏洛克》走红，每部微电影都围绕时下的热门话题展开。以情感治愈为核心推出的《伤心料理》，辅以热播的《深夜食堂》外衣，在网络上引发热议。幽默而温暖的剧情，基于情感这个永恒的话题，将故事在短小的视频中全部讲完。看完电影的读者心受触动，也希望能与朋友分享这份美好与感动。

图片可以每天更新，文章可以每周更新，报告可以每月、每季度更新，但是视频这种形式的内容，尤其是精心准备和制作的视频，其更新频率相比于其他形式就低很多，但是产生的效果却可以很惊人。

（3）内容生产关键词：

在生产内容时，要记得时时问自己以下 5 个问题。

◆ 问题 1：我的内容易于阅读吗？

这个问题是从内容结构入手的，可细化为几个小问题，比如内容结构是否清晰？是否将大问题细分为几个小问题分别论述？每个小节是否有主要论点？

◆ 问题 2：我的内容易于理解吗？

这个问题是从内容表达入手的，可细化为几个小问题，比如是否采用了恰当的形式表现内容？事情的来龙去脉是否介绍清楚了？是否以目标受众的话语体系进行表达？所传达的内容在目标受众的理解能力之内吗？

甜品店里总是有很多名字奇怪的食材，比如椰果、西米、仙草之类。那么这些食材的来历是什么呢？在某某微信公众号推送的《甜品店里的东西，都是啥？》一文中，介绍椰果时，提供了一张椰子解剖图，如图 5-1 所示，便于读者理解这些晦涩的专业名词。如此周到地为读者考虑，也为我们做出了表率。

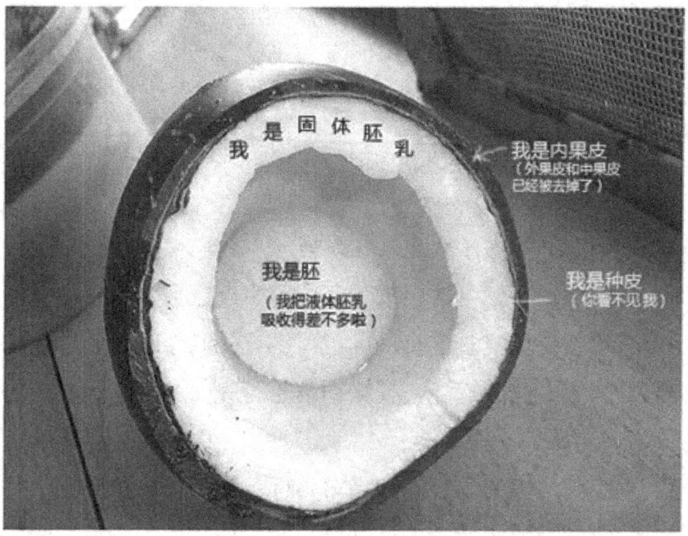

图 5-1 椰子解剖图

◆ 问题 3：我的内容能引起目标受众的行为吗？

这个问题是从内容目标出发的，可细化为几个小问题，比如内容是否提供了评论的渠道？是否告知目标受众如何行动？是否提供了相关内容的链接？

比如看到百度推送的《90% 的人还不知道的搜图技巧》一文之前，很多人可能从来不知道搜索引擎可以搜图片。在百度自己的公众号上，百度将自身的产品以技巧分享的形式，手把手教你搜图片，如图 5-2 所示。看完这篇文章后，很多人就去试试看能不能搜到想要的图片，这时搜索结果反而不那么重要了；重要的是通过这篇内容让受众知道了怎么搜索图片，而且他们确实去搜了。在这个意义上，这篇文章的内容已经成功了。

◆ 问题 4：目标受众会去分享我的内容吗？

这个问题是从内容传播角度入手的，可细化为几个小问题，比如内容是否能够激起受众的某种情绪反应？是否有便捷的分享方式？是否根据目标受众的偏好进行了定制化推送？

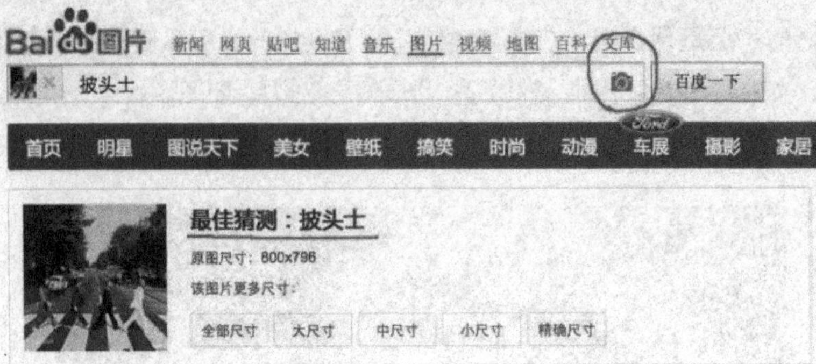

图 5-2 搜图技巧

◆ 问题 5：我的内容易于被受众找到吗？

这个问题是从接触目标人群出发的，内容生产之后，如果没有到达目标人群就不能说是有价值的内容。这个问题也可细化为几个小问题，比如内容标签是否清晰完整？内容标题、摘要、关键词等是否完整？与其他相关内容是否进行了互链？

一方面，持续高质量的内容能够带来目标受众对品牌的信任；另一方面，生产一个好的内容需要投入大量时间、精力及金钱，我们当然不希望内容在被消费一次以后，就退出历史舞台了。为最大化利用已有的高质量内容，以及在一定程度上保证内容的持续性，我们可以采用以下法则。

◆ 重新组织

可能你的一些读者喜欢信息图的表现形式，一些读者倾向于 PPT，也有一些更青睐于电子书。所以，可以选取适当的内容将它们以不同的形式展现出来。此外，如果有很多内容，但并不系统化，那么可以将博客或微信内容整合成一篇报告或者手册。

美国市场营销研究公司 Marketo 非常擅长这一点。该公司提供的邮件营销全攻略是一份 100 多页的电子书，该公司将这个电子书的内容进行拆分，形成关于如何设计邮件、如何推送邮件、如何测量 ROI（return on investment，投资回报率）等细分内容的文章、信息图、工作表单等，以供目标受众根据自己的需求和偏好进行查看。

◆ 重新编写

有价值的话题不可能一次就探讨完。通常来讲，重新编写比创作内容节省精力，但真正落实起来也仍然需要时间和精力。重新编写的工作具体包括：第一，将原来模糊不精确的日期改得更精确，如将“最近”改为某月，“去年”改为具体某一年；第二，更新相关数据。如果之前引用了某份研究报告，那么查看一下是否有最新的报告或数字，如果有，则要进行更新；第三，增添新观点；第四，更新设计，原有的设计可能已经过时，更新设计让设计更符合当下的趋势。

◆ 撤除过时内容

如果进行更新和重新设计已经不能使一份内容变得有价值，或许该对之进行撤除了。已经过时的内容会损坏企业的权威，并且会使目标受众降低对你所生产的其他优秀内容的评价。因此，对于已经发布的内容，要经常询问自己这些问题：

第一，这个内容在这个季度的表现与其他季度的表现相比如何？

第二，这篇内容是否是为了某个已经过时的特定事件所生产的？

第三，我的目标人群是否仍对这个主题感兴趣？

5.3.2 内容推广之推广渠道

说到渠道，这是令很多人非常头疼的问题。许多人掌握着好的原创内容，却苦于没有发布渠道，那么如何找到合适的发布渠道呢？寻找渠道之前，首先自问：“我有哪些好的原创内容，是文章、图片还是视频？”“我的目标是谁，是大学生、时尚圈潮人还是电影爱好者？”“我发布的目的是什么，是推广我的产品、希望更多人认识我还是打造我的品牌？”等等。诸如此类问题考虑清楚后，再寻找对应的渠道。

大众主流考虑的渠道有微博和微信公众号，但是建议不要局限于此。推广好的原创内容，可以尝试各种各样的自媒体平台，现在的自媒体平台很多。比如，图文形式的渠道有今日头条、QQ、网易云阅读、网易新闻、百度百家、搜狐、淘宝头条以及知乎专栏等；视频形式的渠道有土豆、优酷、爱奇艺等。甚至平台的编辑会主动找到你，因此选择非常多。不过大家在选择渠道的过程中，要考虑渠道本身的增速。如果渠道本身在上升期，就要考虑分享它的红利，而且这些渠道在内容层面求贤若渴，因此它会推广你、成就你。

接下来，列举几个常用的发布和推广内容的渠道。

1. 新闻报道、垂直媒体与SEO收录

对于新闻报道网站本身来说，是不用考虑有没有流量的。如新浪、搜狐、QQ、凤凰、网易等传统门户的新闻资讯站，流量就不用说了，这些网站甚至很多时候都在想能否让流量分级布局，让各层级页面拥有高流量并获得高收益的广告；光明网、新华网、人民网这样的新闻媒体也不用发愁没有流量，它们本身就是有新闻资质的网站，即使是在新闻源网站中的排名也是非常高的；还有垂直类网站，如财经综合站中的和讯、同花顺、中金在线等，以及视频垂直类网站优酷、土豆等。

关于收录，关键是要培养良好的习惯——让爬虫定时定点在你的网站上爬行，内容页收录的概率便能大大提高。

那什么是SEO收录呢？SEO（search engine optimization，搜索引擎优化）是指通过站内优化比如网站结构调整、网站内容建设、网站代码优化等，以及站外优化比如网站站外推广、网站品牌建设等，使网站满足搜索引擎收录排名需求，在搜索引擎中提高关键词排名，从而吸引精准用户进入网站，获得免费流量，产生直接销售或品牌推广。

这里简单介绍下有助于SEO收录的5个方法。

第一，更新文章。“问渠那得清如许，为有源头活水来”告诉我们，只有最新、最热的话题文章，才能引人注目。任何人都保证不了他的文章一定会被收录或排名靠前。只有经常更新文章，才能摸透读者的爱好，所以勤于更新文章很重要。每天至少推选5～20篇文章，原创最好，伪原创次之，实在没时间转载也行。

第二，主动推送。建议每篇文章加上一段百度自动推送的JavaScript代码（只要有人访问，就可以通知百度）。更新文章后，记住在第一时间提交百度URL（uniform/universal resource locator，统一资源定位符）。

第三，重点推送。用户活跃的时间一般是上午11点左右和下午4点左右，这期间用户活动最旺盛。这时可以再次利用网站诊断、主动提交等。收录最佳时间就是这两个时间段，其他时间任你如何折腾百度也不会搭理。

第四，再次提交。对于昨天或者以前没有被收录的文章页（这个有工具可以查询，哪些内容页被收录或没被收录），要继续做二次加工——再次提交。可以使用主动推送或百度URL，提交那些没有被收录的文章URL。

第五，外链引流。这是采取高质量外链引入用户的手段。每天至少2条优质外链。多在新闻源门户投稿，上面的外链确实是高质量的。实在没能力，那就花钱买外链了，一条大概几十元。

2. 新媒体之微信与微博

微信是很多人推广内容的首选平台。这一新媒体能够扩充人们分享自己网站内容的空间，同时也能提升网站引导搜索的流量（更详细的解读参见第7章）。使用微信分享网址，可让你分享的内容获得高流量和即时流量。

微博特别是新浪微博是非常好的自媒体平台。想真正运营好一个微博一定要注重方法。举例来说，你是做手机的，可以搜手机、手机iPhone这些词，然后出现的都是与手机、iPhone相关的内容；你想要获得粉丝，先把这些内容的发布者加为好友，之后，你一定要加他们前四页的粉丝。通过这种方式得到与你的业务相关的粉丝，形成自己的一个圈子。

到目前为止，用微博推广一个新的东西时，可通过微博自身的算法逐步形成你的圈子。微博是内容与社交关系相关联的产品，一定要巧妙利用。你要是想推广自己的网站客户端，同时你的网站内容也要分享到微博，以获取高流量。

百度热词也根据微博做了一个页面，很多大V发的热点事件特别是这一事件的热点新闻，都会被收录到百度首页，获得直线流量导入。

3. 网络基础

（1）QQ兴趣部落：

第一，从内容的发布动机和分类上来看，大概有5类属性。

第一类是地域和机构属性，包括城市、学校、俱乐部等。这类属性聚集的人群可以继续简单分为熟悉和陌生两类，比如熟悉这个城市的人和才来到这个城市的；这个学校的高年级生或校友和刚报到的新生。以区域来划分的社群本身就带有一定的社交需求，熟悉与陌生是很自然的社交过程。熟悉的群体来到平台是为了分享、交流或者交友，而陌生的就是希望能获取新知。所以这类平台的帖子通常也带有问答的属性。和地域有关的也会涉及各种生活相关的需求，如找工作、家装保洁、聚会活动等，这也是内容组织的一个可以考虑的方向。

第二类是兴趣属性，包括健身、减肥、跑步、唱歌、徒步、手工、钢琴等。兴趣属性的部落从人群汇集来说更为直接，每一个部落就是一个关键词，来到这里的人通常也是具有相同的兴趣爱好。而在兴趣导向的平台里，人群通常可以分为两类，比如“知识 2P”和“菜鸟”，前者具有丰富的经验，后者则是初级入门，希望能得到更多知识。

基于知识经验分享的交互是很自然的社交属性。这个过程也很容易产生一些知识 1P，他们在社群里面勇于去分享自己的经验，同时也得到正面的反馈。这一类高阶用户对部落来说就是很好的资源。

第三类是粉丝娱乐属性，包括明星、电影、电视剧等。粉丝娱乐属性兴趣部落里面聚集的人群本身就具有一定的消费驱动，共同的目标就是追星、追剧、追综艺等。所以这类部落里面帖子的主要内容很简单，比如明星新闻动态、明星活动预告直播、参与明星相关活动如发布 / 演唱会、明星周边分享或是交易。

这类粉丝群体其实很简单，目标一致，有组织、有纪律地维护自己的偶像、支援自己偶像的活动。而很多时候这些相关动作的过程实际上是存在一定的交易买卖空间的。

第四类是生活刚需属性，包括各类求职、情感、交友等。这一类包含了诸如交友、倾诉、同理等需求。这一类需求聚集的人群通常带有比较强的目的性，且目的和兴趣关系不大，是为了解决某些层次上的刚性需求。以求职部落为例，在求职部落里面聚集的通常是找专职和兼职的人，他们的需求是想寻找一份专职或者兼职的工作。他们求职的这个需求和他们的兴趣没有任何的关系，只是为了找到一份专职或者兼职的工作以满足他们的某种生活刚性需求。

第五类是品牌属性，包括各种官方品牌和活动属性，一些长期或短期的活动。这类属性的兴趣部落有很多相似的地方，因为它们本身就自带商业属性，目的性也很强——宣传商品或活动平台。对品牌商来说，目的就是在部落这个平台建立更为直接的售卖渠道。事实上，现在也有如手机等商品开始在部落提供直接购买渠道。这样的场景是很自然的，因为部落也是内容生产者，内容加销售，显得顺其自然。

第二，基于内容的用户关系，QQ 兴趣部落提出“人—群—部落”的流量与内容的闭环模式，将强互动、较实时的聊天群体和弱互动、强沉淀的讨论社区进行整合，利用数以万计的 QQ 群的标签信息及用户在 QQ 群的活跃数据将蕴藏着的大量的用户兴趣信息展露出来。在 QQ 兴趣部落里，用户一方面可以在熟识的QQ群这样的小群体里及时互动；另一方面可以在部落里浏览新的信息、发掘与兴趣主题相关的优质内容，并依托相同兴趣的QQ群之间的连接机制进一步拓展自己的兴趣社交圈。

（2）知乎问答与豆瓣：

知乎是一个非常权威专业的问答平台，曾经活跃过非常多的知识IP。一直到现在，知乎的流量都比较有保障，而且知乎能发网站链接以及其他的推广信息。在知乎发链接很简单，你可以自问自答，也可以在别人热门的提问下留下答案与链接。话题引来的用户越多，产生的流量也就越多。这个与其他问答平台比如百度知道是一个道理，这里不多说。在知乎发链接后会自动生成锚文本链接，它也是一条高质量的外链，作用不言而喻。尽管知乎的审核比百度知道松一些，但是同样会进行筛选。发链接最好结合你的内容，纯粹发个链接容易被删除；而且知乎比较重内容，随便发个链接也不会帮你带来多少流量。内容越专业链接越容易存活，且带来的流量越多。除了发链接，在知乎上进行QQ、微信、品牌的宣传也是比较容易的。和链接一样，推广信息可以放在内容中，也可以直接放在签名上，知乎的签名还是比较醒目的。

豆瓣也是老牌推广渠道，除了阅读、看电影、听音乐之外，还有豆瓣小组、小站，对吃、穿、住、用、行等都有热烈的讨论。看这些推广信息就知道，这里本身就是一个流浪平台。豆瓣擅长从海量用户的行为中挖掘和创造新的内容并通过多种方式返还给用户。有内容、有互动，那自然也能自己制造内容、推广引流。豆瓣可以留下推广信息的渠道很多，如读书、电影、音乐、小组等。

在豆瓣个人日志里，每个人都可以发表自己的豆瓣日志，在日志里面想放什么就放什么，包括链接、超链接，和知乎一样，它们同样可以充当外链。不过通过日志引流就相当于培养一个博客、一个QQ空间，自有流量很少，除非你已经把你的豆瓣号做得很有名气了，否则没有几个人会来看。

豆瓣电影的流量相对要多一些。豆瓣影评还是非常权威的，很多人都会来看，而且很多地方都可以看到豆瓣电影评分。点击进去的第一个影评，会看到很多回应，这里就可以留下推广信息。建议找最新上映或还未上映的电影，最好是反响不错的，这样能保证流量大。找的影评也应该是最新的，这样保证你的推广信息能被看到。除了评论别人的影评，自己也可以写影评，而且可以回复短评。除了电影，电视剧也可以，都是一个道理，即直接在豆瓣导航里找最新、最热的内容，也可以借助其他视频网站。

豆瓣小组用来做推广也非常不错。推广信息自己把握，可以自己建小组，也可以在别人的小组里发帖做推广。一些人气高的小组审核也严，和其他推广方法（比如贴吧、部落等）一样，首先要多发有价值的东西，再循序渐进地推广；可以和小组组长打好关系；另外一些确实不错的小组，还可以尝试合作。

（3）文库文档：

第一，文档格式。

相对而言，文库更偏爱 PDF 格式的文档，其审核通过的概率要更大一些。TXT、Word 格式的阅读体验是不如 PDF 的。建议文档用办公软件编辑好后直接转换为 PDF 格式。此外，PPT 也是不错的选择。

第二，关键词。

很多关键词竞争是很激烈的。做相同关键词推广的时候，系统会提示你的文库已经被其他文友先做了。这个时候，建议把文库的命名做一些修饰性的增删，但是保留文档的标题内容。

第三，文档内容。

文档内容应当多于 3 页。由于是人工审核，内容不好也不能通过；最好不要上传新闻类内容，文库喜欢具有实效的知识。

第四，通过率。

文库账号级别高，文档审核通过率也高。百度旗下所有产品都有这个特点。所以空闲的时候，多做任务将账号级别提高。

第五，注意事项。

文库审核非常严格，不能直接留链接和电话等信息。现在很多平台都有这样的限制了。所以文库广告都是一些很软的文字广告或图片广告。图片打上微信水印，还是有可能通过的。还要注意什么时间上传文章不会影响通过率，一次性上传的文章不应当太多。

4. 细分类目 APP 和论坛

这里罗列部分排名靠前的平台。

（1）电商综合类：京东商城、京东众筹、天猫淘宝、淘宝众筹、小米、小米众筹。

（2）手机新闻客户端：今日头条、一点资讯、网易、新浪、腾讯、UC 新闻端、蓝鲸。

（3）女性电商：聚美优品、唯品会、美丽说、蘑菇街。

（4）测评类：新浪众测、什么值得买、雷锋网。

（5）母婴类电商：贝贝网、母婴之家、蜜芽宝贝。

（6）自媒体电商：一窝蜂、罗辑思维、吴晓波、万能的大熊、丁辰灵。

（7）视频类：优酷土豆、爱奇艺、乐视、小米。

（8）商品推荐平台：什么值得买、阿里巴巴、返利网、欧美省钱报告。

其实，无论用哪个平台去推广，道理都是相通的，关键在于自己去尝试和总结。有流量的地方就有营销，网络推广营销就是用内容去流量大的地方截流。这些地方就是用户量大的平台。至于是不是过时、有没有用，主要看这些地方有没有你所需要的用户群体。

再来说执行流程，即稿件整编创作→稿件提交修改确认→发布与维护→审核统计。作为一名创业者，可能需要从一些很小很碎的点开始进入（例如内容的生产、编辑或者是审核），然后一步步试着让自己能够串联起来更多的事情。执行的时候，要留意发帖规则以及平台规则，并整理和做出详细记录。

一次内容推广营销活动要让 6 种人看到才算合格。

第一，C 端用户：让用户看到你的服务理念和创新创意。

第二，B 端用户：让合作伙伴看到你未来的潜力，增强你在上下游的议价能力。

第三，让行业看到，树立你在行业的地位。

第四，让投资人看到你的变化和成绩。

第五，让人才看到你的发展前景。

第六，让学界看到，把自己变成一个成功的案例，不断地被媒体、学界口口相传。

很多人说，为什么我的这次传播不成功？很简单，你可能做的时候只想到了 ToC 或 ToB。一次传播应该有 4 ～ 6 个方向，前 4 个必须做到，后 2 个可以选择性地做到，6 个方向都做到了才算是一次成功的营销。

第6章

维护社群电商运营的基本手段：情景营销

情景营销，是一种容易触动用户购买欲望的营销方法。对于社群电商来说，情景营销是让用户快速进入电商营销境况的“催化剂”。下面就来了解一下情景营销在维护社群营销方面的运用。

6.1 情景营销：刺激社群用户购买欲望的手段

在社群电商中，情景营销是最容易刺激社群用户购买欲望的手段。一旦让社群用户产生“产品体验美好”的印象，用户一般都会购买，从而促使企业获得利润。

6.1.1 情景营销的主要种类

所谓情景营销，是指企业运用比较生动的语言，给消费者描绘一幅使用产品后带来的美好图景，激起顾客的向往，从而刺激消费者产生购买欲望。

在社群电商中，企业运用情景营销时，需要抓住消费者日常生活的某个场景或点来进行情感上的传递。情景营销的种类不同，所达到的效果也是不同的。若没有运用得当，企业是绝不能获得任何收益的。下面就来了解一下情景营销的 5 种主要类型。

1. 场合情景

情景营销需要在比较注重场合的地方进行，不恰当的场合会降低营销的效果。若在社群电商中用户只是交谈日常生活的事情，届时企业去进行情景营销的传播，则会让社群用户感到厌恶。

所以在社群电商中运用情景营销时，一定要注意选择良好的场合情景。例如，社群用户正好在谈论与情景有关的事情，就可以立马运用情景营销。

2. 关系情景

对于情景营销来说，关系户好办事。所谓的关系户，就是熟人。一般熟人比较容易接受企业所传播的内容，而这一点正好特别适合社群电商运用，毕竟社群电商就是一个半熟人社会。

3. 时间情景

适当的时间，是给予企业的一种天然机会，当社群用户正好在谈论与情景有关的事件时，可以运用情景营销。在与情景比较契合的时间里，人与人之间的交流比较容易达成共识。

4. 引导式情景

在社群电商中，需要抓住体验的氛围，才能运用引导式情景，并且需要在最短的时间内让社群用户感知到产品个性化的差异点，进而引发消费者共鸣。这样才能营销成功，不然一切都白费。

5. 主题式情景

在社群电商中，企业需要抓住社群用户“买的时候”和“用的时候”的情景，才能强化社群电商的电商环境和产品本身的优点，才能促进对社群用户的销售。

6.1.2 情景营销的应用技巧

在社群电商中，情感营销的应用技巧大致跟传统营销方法差不多。下面就来了解一下情景营销的应用技巧。

1. 3 大原则作为铺垫

第一，操作需要熟练，让社群用户感到企业员工训练有素。

第二，快速响应，让社群用户有好的体验，能感受到企业的热情，在社群电商中享受好的服务等。

第三，真心实意，以真实面对社群用户，让用户产生依赖以及信任。

2. 4 种感官作为刺激用户的手段

第一，从视觉上刺激社群用户。可以通过从不同角度、从近到远、使用对比等方式来进行产品的视觉设计。

第二，从听觉上刺激社群用户，让他们进一步感觉到真实性。可以在声音、产品说明、评论、意见等方面刺激消费者消费。

第三，从利益上刺激社群用户。可以举办一些活动，用礼物吸引用户参与，从而提高社群电商中成员的活跃度。

第四，从触觉上刺激社群用户。可以挑选一些社群用户进行产品的试用。

3. 注意 3 个事项

第一，站在社群用户的角度着想。

第二，熟悉商品结构。

第三，多在社群电商中进行互动。

6.2 社群电商中用户“三感”的交融

在社群电商中，存在“三感”，即参与感、尊重感、成就感。它们在社群电商中，基本上都是围绕用户而产生的，三者相辅相成，融合在一起，在社群电商中占据着比较重要的位置。

6.2.1 在社群电商中构建参与感

随着互联网的发展，用户购买产品的习惯，从最早的只看功能，到后来推崇品牌口碑，接着转向体验，最后因社群电商而变成参与。其演变过程是从功能式消费到品牌式消费，再到体验式消费，最后到参与式消费。

如今，产品同质化现象很严重，直接的广告已经不能打动消费者，品牌也不再成为产品世界的核心因素。只有较深的体验——参与感，才能让用户得到满足。

例如，小米一开始就让用户参与到产品研发过程中，大大加深了用户对产品的参与感，满足了用户不一样、渴望的消费心态，从而让用户得到成就感、尊重感。让用户参与，可以满足消费者介入产品的心理需求，使其可以抒发掌控情怀。

构建参与感的核心价值在于让用户参与产品的每个环节，使之可以掌控产品将做的服务、品牌形象、销售量等过程。让用户积极参与进去，将他们聚集在一起，建立一个可触碰、可拥有、与用户共同成长的品牌社群电商；让他们基于参与产品研发过程的方方面面而进行交流，实现活跃社群电商的气氛。通过提升参与感构造忠实用户，将社群电商的形象、品牌形象、产品形象，变成用户心中不可动摇的因素。

企业想要在社群电商中构建参与感，可以从两个方面来着手：

第一，做极致产品。所谓极致，就是贴合用户的需求而制造产品，并做出个性化、能吸引用户的亮点。

第二，吸取粉丝。企业首先需要让用户愿意参与到产品的制作中，这会在两种情况下发生，即用户对产品感兴趣和用户是产品的粉丝。

实施用户战略，让用户弱关系向用户强关系转变，这就需要粉丝的集合与用户利益的重现才能得以实现。

在社群电商中，互动是最为可靠的参与，同时用荣誉来满足用户的尊重感与成就感，并且让企业和用户双方都能获益，参与感才可真正持续。

6.2.2 快捷创造参与感的步骤

参与感在社群电商的运营中至关重要，它超出了产品本身的用户需求，不再只专注于实体，更多地考虑了用户的心理因素。用户买东西时不单追求功能的体验，更会深究产品能带来的好处以及能参与到怎样的新体验进程中去。

例如，玩家想要真正享受游戏的乐趣，就必须真正地进入游戏的角色，参与到游戏中，全身心地投入到游戏所带来的体验中，不分心地进行操作。这就是人们总觉得玩游戏的时间过得很快的原因。社群电商的参与感也是这个道理。

在社群电商中可以从以下 3 个方面创造参与感：

（1）用户体验反馈；

（2）在社群电商中拥有足够良好的自由发言；

（3）给予用户一定的探索空间、创造空间。

下面就来进一步了解促使社群电商快捷创造参与感的步骤。

（1）筛选节点：在社群电商中，企业需要将产品、服务、销售等流程开放，筛选出能让企业和用户双方获益的节点，即可基于用户对功能的需求，越是接近用户需求，参与的人就会越多，能让双方获益的活动更容易进行。

（2）持续改进：根据筛选出的节点进行相应的互动设计，建议遵循“简单、获益、有趣和真实”的设计思路，使互动方式像做产品一样能持续改进。

（3）口碑传播：筛选出一批忠实的产品认同者，重点培养其参与感。把基于互动产生的内容做成可传播的事件，让口碑产生裂变，促使这批认同者变成传话筒，形成口碑传播。

（4）社群互动：在社群电商中，可以在产品内部植入鼓励用户分享的机制。比如，玩游戏将分数分享给他人即可获得奖励；还可以在与用户互动的过程中发布话题，来做专题的深度事件传播。

6.2.3 尊重感引发粉丝拥护

在营销环境中，需要给用户一定的尊重感，才能让用户愿意拥护企业及其产品、品牌、社群电商。

对于粉丝而言，亦是如此。粉丝不喜欢被人安排，他们喜欢跟着自己的心走，喜欢企业能遵循自己的意见来改善产品与服务。

尤其在社群电商中，粉丝喜欢对自己喜欢的产品提出宝贵的意见，同时渴望获得他人的认同，获得尊重。

总之，在社群电商中，企业需要让粉丝认为他们对于企业来说是重要的，要给他们发言权，并重视他们所说的内容，打造粉丝留在社群电商里的精神支柱。

6.2.4 产品与用户的连接

在社群电商的时代下，人人都是产品经理。当企业在做产品时，需要了解用户需要的产品，通过与用户交流来获取相关信息。

如果企业在获取用户评价的情况下都难以打通与用户的沟通，这只能说明用户不喜欢企业产品，或是缺少用户反馈体验的渠道。

此时，社群电商的出现就犹如救命稻草，可以帮助企业打通与用户的沟通渠道、获取用户反馈信息的渠道。当企业在用户提出反馈意见后给予重视，就能从中获取用户的所想、所需。

在生产的过程中，要将用户需求细分到各种产品生产点，并将这些点连接起来形成点与面、产品与用户的连接。只有这样才能促使用户愿意进行分享，帮助用户保持分享与传播的热情。

6.3 APP 情景营销：移动社群电商时代的营销路程

随着移动互联网的发展，APP 营销应运而生，因此企业可以基于 APP 营销进行社群电商营销。

6.3.1 APP + 社群电商的营销优势

APP + 社群电商，是企业在移动互联网时代新开发的营销模式。这种模式与在 PC 端进行社群电商相比，更容易聚集用户，更容易让用户产生黏度。下面就来了解 APP + 社群电商的优势。

1. 节省通信成本

移动时代的宠儿就是手机，那么为什么人们会喜欢将更多的时间停留在手机上呢？因为它比 PC 端更方便、更有趣，且有很多五花八门的 APP，给人们带来了不一样的体验与交互。

APP 对于企业来说，比传统营销更节省通信成本，并且 APP 推送的信息能百分之百地进入用户手机；而用户只要通过小小的手机，就能在信息栏中看到营销产品信息。

2. 信息得到全面展示

APP 能全面地展现产品的信息，让用户在没有购买产品之前就喜欢上产品，并进一步帮助用户深入了解产品信息，刺激用户的购买欲望。

3. 打破时空界限

互联网具有打破时间约束和空间限制而进行信息交换的特点。随着移动时代的到来，人们可以随时随地通过互联网进行信息的交互。

4. 提高品牌形象

移动 APP 可以提高企业的品牌形象，让用户熟悉与拥护品牌，进而提升品牌的竞争实力。

5. 随时互动

在 APP + 社群电商的营销模式中，企业可以在 APP 中建构社群电商，然后通过在社群电商中展开的活动，让用户与用户、用户与企业之间随时进行互动，大大提升了用户的参与感。

6. 精准推送

移动 APP 有很强的实用价值，用户通过 APP 可以快速获取生活、学习、工作等方面的信息。如今，用户只要有需求，就会自主下载相关方面的 APP，实现便捷生活，而且 APP 也能节省企业进行用户精准调查的过程，并且企业通过 APP 上的某些功能可以吸引用户，形成用户黏性，例如，应用各类任务和趣味性的竞猜来吸引用户。

7. 实现随时下单

用户可以在使用移动 APP 的过程中获取产品信息，同时在移动 APP 上或者是连接移动网站进行下单，大大增强了用户的体验感。

6.3.2 APP+ 社群电商下的情景应用

随着时代的变迁，APP 应用开始同质化；消费者也越来越“三心二意”，很难形成忠诚度，因此，APP 正在重塑。这种重生是基于现实情景的需求的。不知不觉中，消费者已经被现实的一个个情景包围在一起。

随着社群电商时代的到来，企业开始将社群电商向场景变革发展，流量被场景替代，用户越来越愿意为特定的场景解决方案买单；行业越来越往社群电商的方向靠拢，势必想在当下做出一番成绩。

然而想要做出一番成绩，需要借助社群电商时代下垂直细分的情景营销，将占据地转向移动互联网的 APP 应用上，于是就出现了各种各样的社群电商 APP，例如，蘑菇街、穷游、追吧、淘粉吧等。

基于情景营销而生的社群电商 APP，与以往的社群电商呈现出很大不同，主要表现在以下两个方面：

（1）更注重以人为核心的社群生态营造；

（2）社群电商 APP 基于现实生活，为具体的情景而生，注重现实问题的解决，更注重多维场景的构建，以对用户现实生活需求的深度洞察和满足为核心，产生了使用黏性和频度。

总之，不管社群电商如何改变，都是以人为核心，把各种闲散的资源共享、连接起来，形成一个个具体的社群，产生更大的共享价值，从而形成电商价值。

在 APP + 社群电商的营销时代，运营产品就是运营社群电商，需要进行以下几方面才能将 APP + 社群电商运营得当。

（1）好的主题：APP + 社群电商需要主题才能将用户聚集起来，而有明确的内容、能产生强烈的黏度、容易产生口碑效应的，才算是一个好的主题。

（2）用户生产内容：APP + 社群电商同样需要用户生产内容。只有用户愿意在社群电商中生产内容，才能将他们留住，才能让他们得到尊重感与成就感。

（3）连续：在 APP + 社群电商的运营中，人还是占主导地位的。只有在 APP + 社群电商中将人连接起来，才能产生大价值。在连接用户上，需要分清楚社群与层次，才能更好地明确彼此的关联，在 APP 内构建一个 APP + 社群电商的新生态。

（4）构建关联：在 APP+ 社群电商中，可以提供关于用户排名、点评、分享、线上线下交流、奖励机制的关联，这样才能将 APP + 社群电商更好地连接起来。

（5）情景产品：在 APP + 社群电商中，有两种产品：一种是实体产品，它们是具体用品，在线下产生，即情景重现；另一种是虚拟产品，如用户账号、会员、内容等。将各种场景元素构建到虚拟产品中，通过内容产生社交。

6.3.3 【案例】繁星优选：名人聚集的社群电商消费情景模式

繁星优选是针对移动端开发的社群电商 APP，具有 3 个特点，即让消费者成为品牌代言人，让品牌因消费者的传播而更具市场竞争力，形成去中心化的社群电商生态系统。

在繁星优选，没有像淘宝、京东一样的售卖广告位，更没有价格战，有的只是名人多年来积累的粉丝流量和品牌的口碑流量。

繁星优选是一个典型的社群电商，它是基于名人这样的人群体系所构建的，并以对品质和品牌追求的极致化，将 APP + 社群电商构建出来。

名人选繁星优选，是出于对平台的信任；对于其他入驻繁星优选的品牌企业来说，有了名人的信誉保障和粉丝流量的引入，为何要远离如此大的流量平台呢？对于消费者来说，繁星优选没有天花乱坠的促销广告，有的只是名人所强调的品质和格调。

繁星优选的“精彩先知”和“品牌说”栏目，将营销和服务的自主性从用户手中还给商家，商家可以实现社群电商经济下的健康生态；并开发了一键式购物和目的性搜索的功能，提供给重视时间成本的消费者使用。

6.3.4 【案例】豆果美食：不一样的优质

豆果美食是一款全面打通食谱、社群、电商沟通的 APP 应用，以满足真正热爱生活、美食、烹饪群体的需求为基础，将产品做得全面而细致化。

豆果美食在食谱的基础上增加了社群和电商的功能，增强了用户群体社交能力的同时，以与其他美食 APP 不同的用户体验进一步优化了“优食汇”的电商平台，在同质化严重的美食行业中脱颖而出。

豆果美食用简洁的设计风格，来突出充满诱惑力的美食大图，让用户一进入 APP 就能感到“馋”意。通过秀美食、精选菜单、大家都在看等功能，向用户推荐优秀食谱。

如今的豆果美食，是历经半年之久，用在线反馈、活动收集等形式收集、整理用户海量的需求才制作而成的版本。

由此可见，豆果美食是一个非常重视用户需求和反馈的 APP。豆果美食在社群电商时代，将用户当作自己的家人、朋友，跟他们亲密沟通。

在商业化的路上，豆果美食率先提出厨房经济的商业模式，推出了电商平台“优食汇”，让用户在学习食谱制作、与其他用户交流的同时，还能在线购买与食谱页面相关的商品。

“优食汇”的出现，完美地将社群与去中心化结合在一起。通过有价值的内容和与用户积极互动的服务，增强用户的信任感、参与感、真实感，从而打造出符合用户需求的优质化的产品。

6.3.5 【案例】QQ 美食：附近的生活社区

QQ 美食是一款基于地理位置的本地生活信息 APP，提供商家搜索、用户点评、美食社区等服务。

QQ 美食的使用也非常简单方便。首次进入 QQ 美食 APP 时，软件会通过 GPS 定位用户所在的城市。界面下方会列出国内的热门城市供用户选择。

定位完成以后，进入应用的主界面，点击“距离最近”按钮，进入“距离最近”界面，会显示用户附近的商家列表。选择相应的商家，进入“商家详情”界面，可以查看该商家的具体地址、电话、用户评价。

用户评价与分享是 QQ 美食在无线领域里的重要应用之一，其提供如信息查询、优惠下载、分享点评等功能；用户消费以后对餐厅进行点评，点评内容可以发送到 QQ 空间、微信朋友圈等平台，为其他用户消费提供参考。这样的功能可以让用户在 QQ 美食上进行交流，让企业在 QQ 美食上进行社群电商的运营。

QQ 美食作为腾讯旗下的一款 APP，具有得天独厚的优势，因为腾讯具有大量的用户资源。当腾讯旗下的各个产品相互打通以后，腾讯数据就可以互通。而 QQ 美食 APP 的推出，更加坚定了腾讯强化 LBS 功能并涉足 O2O 领域的信心。而且随着腾讯在这一领域里的数据的不断积累，腾讯大数据将对 QQ 美食起到越来越重要的作用。

如今，用户通过手机等具备网络通信方式的产品，就能够搜索到相应的服务地点。LBS 会优先提供距离用户更近、更为便捷的商家，而不会让用户千里迢迢地去一个很远的地方买东西。这不仅是一个生活常识，也是 LBS 服务的核心内容。用户位置信息数据是如今移动互联网大数据需要掌握的一类数据。

6.4　二维码：开启移动互联网情景营销新时代

很多社群电商都会依靠二维码来添加社群成员。一般来说，微信 + 社群电商用得比较多，并且二维码有有效期，若用户超过有效期再去验证，也无济于事。

社群电商在二维码的帮助下，开启了移动互联网情景营销的新时代。

6.4.1　二维码：囊括移动互联网的情景

二维码是一种包含丰富信息的编码技术，可用于电子商务、消费打折等。下面大致列举了二维码的 12 种应用模式。

（1）“扫”产品码：用户可以通过扫描产品的二维码购物，产品的二维码直接标示了产品的身份，保障了购物安全。

（2）“扫”打折码：凭二维码可享受消费打折，是目前业内应用最广泛的方式。很多淘宝店铺都会有扫二维码享受即时打折的活动。

（3）“扫”码评价：当用户在实体店用餐完毕时，可以扫描二维码进行用餐评价。

（4）“扫”码支付：不管是线上还是线下，都可以在移动端进行二维码扫描付款，实现快捷支付，不用再排长队付款。

（5）“扫”监控物：二维码在交通管理中，可应用在管理车辆本身的信息、驾驶证、年审保险等方面。

（6）“扫”管理物：条码在产品制造过程中的应用已经非常普遍，但二维码可以包含更多信息，因此在产品制造过程中的应用更为深入。

（7）“扫”阅读物：二维码出现以后，颠覆了阅读界限，实现了跨媒体阅读。

（8）“扫”流程物：在二维码里，可实现对食品的追踪溯源，消费者只需用手机扫一扫，就能查询食品从生产到销售的所有流程。

（9）“扫”码购票：在二维码里，可以扫出火车票、景点门票、电影票等各种票务信息，还能实现在线支付。

（10）“扫”地图码：二维码可以扫出地图，随时获取周边景点、餐饮、道路、公交站、公交路线等信息。

（11）“扫”证件码：身份证、驾驶证、军官证等证件资料均可以加入二维码，不仅利于查证，关键还利于防伪。

（12）“扫”码应聘：求职者可以扫描二维码，查看平台上的信息，简单高效，可以很快完成查询、应聘。

6.4.2 【案例】Joe：二维码下的免费券情景

Joe 咖啡是以色列最大的咖啡连锁企业之一。之前 Joe 咖啡利用人们喜欢边喝咖啡边看报纸的习惯，用二维码让更多的人走进自家的咖啡店。

Joe 咖啡在报纸上刊登了大版面的广告，并在广告中放入二维码，消费者只需要用智能手机扫描二维码，就会收到离他们最近的 Joe 咖啡的信息，包括地图上显示的通往 Joe 咖啡的路线，以及一杯免费咖啡的优惠券。这样就能吸引消费者到 Joe 咖啡馆，坐在店里一边喝咖啡一边看报纸了，甚至还可以进行交友。这样的二维码的设置将人们带入了情景营销社群电商中，只是这个电商是线下的。

Joe 咖啡登在报纸上的带有二维码的广告，利用人们日常的习惯，寻找到了广告出现的最恰当时机和地点，使人们在看到广告后便走入咖啡店，可以说是在最短的时间内得到了广告效果的回馈。通过此举，消费者对于前往 Joe 咖啡馆的路线会有一定的记忆，店内美味的咖啡试喝也很容易培养出一批回头客。

Joe 咖啡通过一个边看报纸边喝咖啡的常见应用场景，用二维码广告精准地捕捉店家目标人群，即商务人士。创意互动无疑能为 Joe 咖啡带来大批新顾客，为其打开知名度、培养忠诚度高的顾客群体提供了一种可能性。

6.4.3 【案例】礼物说：可说话可写的二维码礼物

礼物说是一款以礼物社群电商为定位，以推荐礼物攻略为核心，搜罗时下潮流的礼物和送礼物的方法，为用户呈现热门的礼物攻略的应用。

礼物说会依据不同的主题内容列出相关的商品，依“对象”“个性”“情景”“社群”“电商”的次序划分，将精选内容集中到送礼的情景中，帮助用户给恋人、家人、朋友、同事制造生日、节日、纪念日惊喜。

在礼物说中，有针对人群进行礼物攻略的推送，还提供用户评论的功能，让用户与用户之间进行交互。

礼物说的用户在挑选礼盒的同时，可以加入语音、图片，其祝福就会被保存到一张留声二维码中，随礼盒寄给对方，实现让礼物开口说话的功能。对方收到礼盒后，扫描二维码，即可收听语音祝福。这样的创新，让礼物说里的用户越来越喜爱，也吸引了不少的外来用户。

6.4.4 【案例】星巴克：连接微信上的二维码

星巴克从不停止对创新的营销模式进行探索，借助拥有庞大用户量的微信开放平台，发挥二维码的 O2O 入口功能，成功搭建了线上和线下网络营销相连接的桥梁，极大地拉近了与用户的距离。这些为星巴克如今进行的社群电商做了铺垫。

2012 年 8 月，星巴克推出特惠二维码活动。在全国星巴克门店，只要用户用微信扫描星巴克咖啡杯上的二维码，就有机会获得星巴克全国门店可用的优惠券，成为星巴克会员；并且还提供给用户一个星巴克 APP，让用户在 APP 上进行关于星巴克的信息交互。

星巴克微信订阅平台同步上线。添加“星巴克”微信官方账号，只需发送一个表情符号，用户就能即刻享有《自然醒》音乐专辑，获得专为个人心情调配的曲目。

“二维码电子会员卡”是腾讯力推的、全新专注生活电子商务与 O2O 的解决方案。它依靠腾讯强大的账号体系、PC 与手机产品入口，使更多线下与线上用户享受移动互联网的便捷，获得生活实惠和特权；同时打通用户与企业之间的关系通道，帮助企业建立用户体系。

星巴克网络整合营销之微信营销，不仅破除了传统商业经营模式辐射面积小、用户参与度不高、受时间地点等制约的弊端，还具有轻松时尚、趣味性高、商家与用户互动性强等优势。

6.4.5 【案例】哈根达斯：创意十足的社群电商

2013 年夏天，哈根达斯与手机淘宝开展了“全城寻宝”活动。活动中消费者只要寻找到 8 款隐藏在 8 个哈根达斯门店的二维码，用淘宝手机客户端扫描二维码就能点亮相应城市菜品：点亮 4 款，可抽取有关国际旅游的奖品；点亮 8 款就能获得任意一款哈根达斯的新品。

这次活动巧妙地利用二维码，成功连接了线上与线下，是一场创意十足的 O2O 营销案例。据统计，此次活动中的二维码，共被 2 275 位用户进行了 20 573 次扫描；参与活动的线下门店较 2012 年同期销售额增长约 20%；哈根达斯天猫官方旗舰店手机端的 UV（访问量）增长了近 3 倍；新菜式销售额也增长近 3 倍，新菜式收藏量提升近 200%；而且这次活动在多轮传播（线下、网站、视频、微博等）下，搜索引擎收录该活动信息超过 1 000 万条，双方品牌曝光累计 500 万人次以上。

哈根达斯与淘宝的合作目标非常明确。哈根达斯希望能够通过二维码传播的形式，向手机（淘宝手机端）客户推荐全新的“WorldlyChef 品味世界，品味哈根达斯”的菜单。

由于二维码天然具有连接线上和线下的特性，因此考虑通过“全城寻宝”这样有新意又好玩的形式，吸引从线上了解到这个活动的消费者走到实际门店中来；在推广新产品的同时，鼓励消费者尝试并带动店内消费。

事实证明，这种做法是很成功的。首先，新颖的活动形式引起了消费者的好奇心；同时，利用最常用的手机扫描二维码的参与模式，与手机淘宝合作，带给了用户不一样的理念和体验。

哈根达斯商家转换思路，从手机的特性出发，分析不同的手机使用人群的特点和需求，准确定位潜在客户。

不过这需要一个过程，需要考虑好线上与线下如何分配、结合。就前期而言，可以借助一些已有的模式和手段进行尝试。传统企业的优势是具备线下的渠道，它们需要考虑的是如何把线上的新型购买人流引导到线下，以及如何在不增加线下门店、渠道的情况下，通过网络把商品销售给更多的顾客。

二维码看似与社群电商毫无关系，其实不然。二维码是社群电商引入流量的工具，是用户体验的好载体。

第7章

微信社群电商玩法

07

微信是个人社交平台里流量较大的，微信社群电商是如今多数人比较看重的社群电商模式，它利用微信载体来吸引用户，让用户变为铁杆粉丝。而社群电商就是让微信用户聚集起来互动交流，在这样的气氛下形成商业性质，获取价值。本章将仔细讲解微信社群电商的玩法。

7.1 微信的生态体系

对于社群电商营销来说，微信就是一个社群载体。下面就来了解一下微信的社群生态体系是如何形成商业价值的。

7.1.1 内容的展示渠道

微信的内容展示渠道主要分为两大板块：微信个人号、微信公众号。

1. 微信个人号

微信个人号的内容展示主要是针对微信的好友，通过聊天、互动、朋友圈的形式进行。比如：

（1）聊天：支持发送语音信息、视频、图片（包括表情）和文字，是一种聊天软件，也支持多人群聊。

（2）朋友圈：用户可以通过朋友圈发表文字和图片，同时可通过其他软件将文章或者音乐分享到朋友圈。用户可以对好友发布的照片进行评论或点赞，用户只能看共同好友的评论或点赞。

2. 微信公众号

微信公众号分为 3 类：微信订阅号、微信服务号以及微信企业号。它们的功能以及定位的不同，决定了应用上的不同。接下来我们来了解一下它们各自的具体功能以及定位。

（1）微信订阅号：

微信订阅号提供信息，媒体用得比较多。5.0 版本的微信订阅号的主要功能和权限有以下 4 个方面：

第一，订阅号每天都可以群发 1 条信息，群发的信息会直接出现在订阅号文件夹中；

第二，订阅号群发信息时，微信用户手机不会收到像短信那样的消息提醒；

第三，在手机微信用户的通信录中，订阅号将被放入订阅号文件夹中；同时订阅号发布的消息也会折叠在订阅号文件夹里；

第四，订阅号要获得自定义菜单，需要提交一定的费用去申请腾讯的微信认证。

（2）微信服务号：

微信服务号是给客户提供服务的，银行和企业做客户服务时用得比较多。其主要功能和权限有以下 4 个方面：

第一，不用通过腾讯的微信认证，可以免费申请获得自定义菜单；

第二，服务号一个月能群发 4 条信息；

第三，服务号群发信息的时候，用户手机会收到像短信一样的信息，显示在用户的聊天列表当中；

第四，服务号通过认证后可申请微信支付，而订阅号不能。

（3）微信企业号：

微信企业号是微信为企业客户提供的移动服务，旨在提供企业移动应用的入口。它可以帮助企业建立员工、上下游供应链与企业 IT 系统间的连接。利用企业号，企业或第三方服务商可以快速、低成本地实现高质量的企业移动轻应用，实现生产、管理、协作、运营的移动化。企业号作为企业 IT 移动化的解决方案，相比于企业自己开发 APP，具有以下 3 个明显的优势。

第一，快速移动化办公。企业在开通企业号后，可以直接利用微信及企业号的基础功能，加强员工的沟通与协同，便于企业进行文化建设、公告通知、知识管理，快速实现企业应用的移动化。

第二，开发成本较低。仅需要按照企业号的标准 API 与现有系统进行对接即可。

第三，零门槛使用。用户微信扫码关注即可使用，在使用微信时，随手处理企业号消息，无须学习即可流畅使用。

根据以上分析可以看出 3 类微信服务号与订阅号的主要区别：服务号不用认证即可免费申请自定义菜单，而订阅号需要认证；服务号每月只能群发 4 条信息，而订阅号可以每天群发 1 条消息；服务号群发的消息有消息提醒，而订阅号群发的消息没有提醒，被直接放入订阅号文件夹里；服务号可以申请微信支付，而订阅号不能。

7.1.2 流量获取渠道

微信本身就是一个充满用户的流量池。一个微信账号可以添加 5 000 个微信好友，这些“微友”都是人际关系资源，是我们营销的客户源。

那么如何获取微信上的流量呢？一般我们可以通过以下 9 种渠道添加用户：

（1）微信号查找：点击微信界面下方的通讯录→添加朋友→搜微信号，然后输入想搜索的微信号码，点击查找。

（2）添加手机通讯录好友：点击微信界面下方的通讯录→添加朋友→手机联系人，然后选择想要添加的手机通讯录好友，点击添加。

（3）分享微信号添加好友：点击微信聊天界面中的“+”→名片，然后把名片发送给微信好友，等待别人的添加。

（4）摇一摇添加好友：微信推出了一个随机交友应用，即通过摇手机或点击按钮模拟“摇一摇”，可以匹配到同一时段触发该功能的微信用户，从而增加用户间的互动和微信黏度。

（5）二维码查找添加好友：通过“扫一扫”扫描对方的微信二维码，添加对方为好友。

（6）导出自己的微信二维码：点击微信界面下方的“我”→个人信息→我的二维码，然后把自己的二维码保存下来，并发送到网站、论坛、微信群等用户聚集的地方，等待别人的添加。

（7）漂流瓶：通过扔瓶子和捞瓶子来匿名交友。

（8）查看附近的人：微信将会根据用户的地理位置找到在用户附近同时开启本功能的人，点击对方头像添加为好友即可。

（9）微信群：加入别人建立的微信群有扫描群二维码、好友邀请两种方法，进群之后可添加其他群成员为好友。

7.1.3 支付方式

微信本身就含有多种收款和支付方式，我们可以将这些功能运用到社群营销中去。这些实用功能包含转账、付款、收款二维码、红包、群收款等。

7.1.4 产品的展现和交易渠道

微信虽然是一个社交的互动沟通工具，但是我们依然能发现很多基于微信开发的交易渠道，活用这些渠道来展示出我们想要营销的产品，可以帮助我们在快速地增加产品曝光量的同时创造财富。这些交易及展现产品的渠道主要分为以下两大板块。

1. 第三方移动微商城

微信商城系统（又名微商城）是微信第三方平台基于微信公众号而开发的一套社会化电子商务系统，同时又是一套传统互联网、移动互联网、微信商城、易信商城、APP 商城一体化的企业购物系统。

对商家来说，可以把自己的商城开到每个人的手机里；对消费者来说，可以随时随地购物。

微商城必须嫁接在微信公众平台的服务号上，所以需要先开通服务号的相关权限，方可使用。微商城的功能有很多，其中大多都是基于商家的实际需求而定制开发的，常见的功能有以下这些：

（1）会员系统：完善的会员管理系统，具有自动保存密码、会员等级、积分管理、积分兑换、导入导出等功能。

（2）支付功能：支持微信支付、财付通、快钱、银联、货到付款等多种支付方式，解决了单一支付方式给消费者带来不便的问题。

（3）购物车 / 订单 / 结算功能：完善的购物车和订单生成系统，在线结算方便快捷。

（4）自定义菜单：拥有商品分类、资讯中心、新品促销等板块，分类清晰，除了微信自定义菜单外，还可扩展到内页中自定义菜单。

（5）产品管理系统：强大的产品管理系统，具有自定义参数、导入导出等功能。

（6）促销功能：多种促销规则、积分赠送、会员优惠等功能让商城具备超强营销力。

（7）抽奖 / 投票功能：微信商城可同时进行多种即时抽奖活动，可以发起多种图文的投票活动。

（8）分佣系统：充分利用微信的社会化人际关系特点，以流量、推荐会员、购买抽佣的形式作为营销工具。

2. 第三方购物平台

为了让第三方购物平台的产品能够在微信渠道展现，商家可以将自己在第三方购物平台上发布的产品通过分享链接、代码、二维码等形式，分享给微信好友、分享到微信朋友圈，从而起到引导微信用户至第三方平台购物的转化效果。

最常见的形式就是手机淘宝的“淘口令”。商家把商品链接以“淘口令”的形式分享给微信好友，好友复制“口令”即可直达手机淘宝的商品详情页。“淘口令”其实就是淘宝的一种暗号，通过文字的形式在微信朋友圈进行分享。

使用这一口令的基本前提是用户手机需要装有手机淘宝客户端。用户 A 点击淘宝商品页面中的“分享”按钮，选择“分享到微信”，将会被提示“您的淘口令已生成”，然后将淘宝自动生成的淘口令粘贴给用户 B，用户 B 再复制该文字链接，打开手机淘宝，就可以直接购买被分享的商品。

所以，我们可以先在淘宝上创建一家店铺并发布自己的产品，通过分享淘口令给微信好友或分享至微信朋友圈，来吸引转化用户，起到引流营销的效果。

“淘口令”发布至今，已经帮助上百万商家打通微信、微博、QQ 等营销推广渠道，实现了全面引流。

7.1.5　第三方辅助应用软件或工具

随着微信的用户越来越多，微信中很多基本功能已经无法满足商家营销的需求。因此，第三方软件公司开发了很多辅助类的应用软件和工具，帮助商家做社群营销、客户管理、成交等工作。常用的一些辅助工具有以下这些：

（1）对话生成器：对话截图，自定义聊天对话的场景。

（2）一键加粉：通过一键设置添加好友的脚本，实现自动添加好友的功能。

（3）一键点赞：通过一键设置给朋友圈中好友点赞的脚本，实现自动点赞的功能（与好友保持互动可以提升权重；久久不互动的好友，微信会认为你的内容质量较差，从而逐渐屏蔽你的朋友圈，使得极少互动的好友有可能看不到你发布的内容）。

（4）一键评论：通过一键设置给朋友圈中好友评论的脚本，实现自动加粉的功能；还可以根据需求修改评论内容。

（5）一键清粉：通过一键设置清除僵尸粉丝（即极少互动甚至已将你微信拉黑删除的好友）的脚本，实现自动清除僵尸粉的功能。

（6）一键转发小视频：通过一键拍摄朋友圈中好友发布的小视频，实现转发小视频的功能。

（7）修图工具：如美图秀秀等修图软件，具有美化、编辑、拼接、马赛克、箭头指针等功能，都是非常受欢迎的。

第三方软件公司开发的辅助类应用软件，虽然一定程度上帮助了商家运营自己的生意以及营销自己的产品，但是也要注意合理地选择。因为很多软件对于商家虽然是有利的，但是对于消费者却是不利的，甚至会影响到微信平台的信誉以及口碑。所以从给客户提供价值的需求出发，为客户创造价值，合理利用第三方辅助类软件工具才是正道。

7.2 微信体系内容运营

随着移动互联网时代的到来，越来越多的人使用微信，每天都会刷朋友圈、公众号的图文、小视频等，这些动作已经成为许多人生活的常态。

在“内容为王”的时代，能否抓住消费者的眼球，主要看内容。如何在微信里塑造出自己独特的个性，在千军万马中脱颖而出，得到用户们的青睐与关注，是微信社群运营者应该思考的重点。

接下来就来探讨一下微信体系内容运营的重点具体有哪些环节。

7.2.1 内容的呈现方式

微信体系内容的呈现方式有以下 4 种。

（1）朋友圈图文：点击微信界面中的“发现”→朋友圈→右上角的相机图标→从相册选择→挑选合适的图片→点击“完成”→在“这一刻的想法”中输入文字信息，即可发布图文至朋友圈。

（2）朋友圈小视频：点击微信界面中的“发现”→朋友圈→右上角的相机图标→拍摄→长按拍摄按钮→松开拍摄按钮完成拍摄→在“这一刻的想法”中输入文字信息，即可发布小视频至朋友圈。

（3）公众号图文：通过微信公众平台的后台生成一个包含文字、图片、语音、视频等信息的单页，分享至微信好友或者朋友圈。

（4）第三方应用的内容链接：通过第三方平台生成一个包含文字、图片、语音、视频、产品购买链接等信息的单页，分享至微信好友或者朋友圈。

7.2.2 内容的产出技巧

不管是微信社群电商，还是单独的微信公众号，其生存的核心点就在于运营内容。好的内容能勾起用户的拥护欲望；坏的内容能让粉丝离去，即使是铁杆粉丝，也会受到一定的影响。那么，企业在运营微信社群电商时，该怎样运营内容呢？下面就来了解一下运营内容的 4 个技巧。

1. 早策划内容

企业最好每个月都做好内容的策划，这样就能避免推送给用户的内容缺乏“质感”；早早策划才能有条有理地推送，给用户一个比较好的体验。

2. 多样化推送

企业推送的内容最好要多样化，这样才能给社群成员新鲜感，维护用户。内容多样化体现在除了文字之外，可以提供一些图片、视频、语音等内容，甚至还可以推送一些互动游戏，从而大大提升用户的参与度与体验。

3. 固定推送

企业可以做一些固定板块，将一些内容归为系列，在固定的时间点发送给用户，这样能让用户产生一定的依赖性，等到了那个时间点就会主动去关注社群电商的内容。

4. 坚持就是胜利

微信社群电商的内容运营是“拉锯战”，需要花费长时间维护，才能让用户看到企业的决心，进而愿意拥护企业。

公众号的内容运营主要有 4 个重点：时效性、趣味性、价值性、情怀。如果内容满足了这 4 点，吸引并留存用户关注的成功率就会大大提高。接下来我们探讨内容产出的具体细节。

1. 图文内容

运营的核心就是向目标用户群传递他们最想看的、有价值的信息。挖掘用户深层次的、最迫切的需求，用最有价值的图文内容满足他们。

2. 图文风格

在图文风格上，要尽量追求文字简约、逻辑清晰、排版美观，即文字简洁不拖沓，语义明了易懂、接地气。这样，粉丝打开内容的一瞬间，就留下了非常好的印象。

3. 图文形式

在图文形式上，可以综合利用图片、文字、音频、视频等多种形式。多种形式的结合更能够吸引读者，便于他们更好地理解内容的主旨，同时增大转发概率。（注意：图片不要过大、过多，建议在 5KB、3 张左右；音频、视频不要过长，建议控制在 3 分钟左右。）

4. 图文数量

在图文数量上，不要求多求全。首先要保证图文内容的高质量，其次适当增加数量；否则效果只会适得其反，令粉丝反感，甚至取消关注。如果是订阅号，建议每天保持更新，并且每天都在同一时间更新，这样粉丝会固定这个时间段来看公众号。

5. 图文长度

在图文长度上，很多人会陷入一个误区，认为粉丝不会有耐心去读完篇幅较长的文章，毕竟手机屏幕比较小。然而据相关大数据分析：在移动互联网平台，人们更愿意分享较长的文章，当然前提是这篇文章中有一定的“干货”。

如果文章定位不是娱乐类、生活类，而是资讯类、知识类，建议文章在具备干货的基础上增加篇幅。正常情况下，800 字左右就可以了，还可根据公众号定位，适当增减。

6. 图文内容要能够触动粉丝的某种情绪

某机构通过大数据分析 10 000 篇分享转发最多的文章后发现，这些文章能引起用户的情绪变化的类型依次是：敬畏（25%）、大笑（17%）、娱乐消遣（15%）、高兴（14%）、共鸣（6%）、愤怒（6%）、惊奇（2%）、悲伤（1%），其他类型情绪占 14%。

7. 转发动机

人们为什么愿意转发一篇文章，他的动机是什么？《纽约时报》曾调查 2 500 位读者，得出的结论是：分享有价值或娱乐性内容给他人；定位和展示自我形象（通过分享转发，告知他人自己是什么类型的人）；维护关系（分享转发可跟他人保持联系）；自我实现（分享转发会给人一种更多关注和参与世界的感觉）；通过分享转发他人文章，借他人之口表达自己关注的议题。

在图文质量得到显著提升之后，就可以适当引导粉丝转发分享。大多数人都是懒惰的，即使一篇图文内容已经很优质了，但不提醒他们，他们也很难有下一步的动作。不过引导语要富有亲和力，不要过于广告化。

运营一段时间以后，分析微信公众平台的后台数据。这段时间的图文阅读量会反映出读者到底喜欢哪一类的内容，粉丝来源也会反映出他们喜欢的图文的类型，然后针对性地对平台内容进行改善。

其实要想运营好微信公众号或微信个人号，内容一定要让粉丝有惊喜，有粉丝想要的，要不然粉丝就会选择取消关注，失望而去。所以，一定要根据个人或者商家自身的定位以及通过数据分析用户喜好去做好内容，有好的内容才会有价值，用户才会分享，有分享才会增粉，有粉丝才会形成社群并创造价值。

如果自身没有独特的内容，也可以通过借鉴来做到。当然，切记不要一味地抄袭，而是借鉴。可以借鉴相关论坛、网站、好友等渠道的内容，若是转载则需标注清楚，以免引起不必要的侵权行为。

我们可以取长补短，进行内容上的整合，形成属于自己风格的内容。微信平台始终都是鼓励个人的原创，对于原创的内容会隐形地提升权重。这些权重会影响到内容展现在用户面前的次数。

内容的产出还需要遵循一个原则，即内容要和你的主营产品相关。一切目的都是为了最终转化用户，如果产出的一系列内容与主营的产品不相关，那就等于是浪费时间和精力，达不到营销的结果。

7.2.3 内容的传播技巧

微信内容的传播技巧介绍如下。

（1）利益引导分享：让用户分享产出的内容，分享后截图可得红包或者礼品。

（2）传播点设计：通过娱乐性较强的内容，触发用户分享欢乐、搞怪的欲望。

（3）游戏互动类分享：通过抽奖、游戏等形式，吸引用户分享后获得更多抽奖、游戏的机会，起到传播内容页面的效果。

以上 3 种内容的传播技巧只是冰山一角，还有很多其他方式可以引发用户之间的分享传播。我们可以通过观察并借鉴别人的案例来做自己的营销。

7.2.4 营销植入的技巧

将营销植入微信内容的技巧有。

（1）促销特卖：通过发布促销特卖的广告，把促销的产品展示给用户，刺激用户抢购。

（2）抽奖活动：通过植入抽奖活动，把主营产品展示给用户，并释放一些代金券，起到吸引用户购买的目的。

（3）产品排行榜：在图文内容中，植入相关产品导购的排行榜。把主营产品放在排行榜第一的位置，让客户的心里对主营产品形成一定的认知度，再在内容的其他部分引导客户购买主营产品。

（4）软文广告：属于文字广告。与硬广告相比，软文广告的精妙之处就在于“软”字，好似绵里藏针，收而不露，克敌于无形。

软文广告以文章为载体，有很强的隐蔽性，因而具有很好的传播性。软文广告是现代广告形式的一种，因此也需要设计色彩，使之和谐。硬广告讲求图文并茂；而软文则以“软”见长，以“文”为主，尤其突出大标题的吸引力，即用标题先把读者吸过来，然后通过一定技巧引导读者看内文，因此，标题起着承上启下的作用。

7.3 微信的社群运营步骤

微信社群不一定是一个微信群。一个社群是通过微信个人号、微信群和微信公众号三者相辅相成、各自分工从而加深用户的印象。

微信个人号在社群中的作用是获取新用户，展示自我，与用户互动以及展示社群的内容。但是个人号的缺陷在于用户的数量到达 5 000 人后，就无法继续拓展了。

微信公众号虽然在用户互动上欠缺很多，但是可添加的用户数量上不封顶，因此可以把微信个人号吸引来的粉丝，转移到公众号上去运营。

微信群更多的作用是发布通知，与用户深度地互动从而培养感情。我们可以利用微信群来做产品的促销通知、新品发布等类似的活动，也可以利用微信群吸引更多的潜在用户。

一个完整的微信社群需要经过搭建、定位、引流推广等环节才能形成，接下来将逐一地对这些环节进行讲解。

7.3.1 微信社群搭建

微信社群是通过个人号、微信群、公众号相互搭配组合，利用它们擅长的功能，帮助我们在用户的大脑中形成一个社群的概念，从而达到营销的效果。接下来，我们从微信群的创建开始讲起。

微信群是比较私密的，群的概念比较内敛，更多的是一些好朋友、小圈子，人数不多。人人都有理由建立一个微信群，然后在微信群里不断地交流，个人可以拉近与朋友之间的感情，企业可以拉近与粉丝之间的距离。

微信群有一个非常大的特点——免费。且不说群运营方面，建群就不需费用，只要微信里有朋友，就能免费建群。

微信群的创建方式常见的有两种：发起群聊创建和面对面建群。下面具体介绍它们的操作方式。

（1）群聊创建：第一步，点击微信界面右上角的“+”按钮；第二步，点击“发起群聊”进入界面；第三步，选择相应的好友；第四步，点击“确定”完成创建。

面对面建群：第一步，点击微信界面右上角的“+”按钮；第二步，点击“发起群聊”进入界面；第三步，点击“面对面建群”；第四步，和身边的朋友输入同样的 4 个数字密码；第五步，点击进入该群。面对面建群一般适合线下聚会场景使用。

（2）加群：用户只能通过群中的人邀请或扫二维码的方式加入微信群。需要注意的是，目前微信群人数最多为 500 人。当微信群人数少于 40 人时，可直接拉入好友而无须对方验证；当微信群人数超过 40 人时，入群邀请则需要对方同意；当微信群人数超过 100 人时，对方还需通过实名认证才能接受邀请，可通过绑定银行卡进行实名认证。另外，在微信群的聊天信息界面点击“群二维码”按钮，即可查看该群的二维码名片。二维码的有效期是 7 天，7 天后需要重新发送新的二维码邀请用户。

（3）修改微信群名称：第一步，打开微信群，点击右上角的“…”；第二步，下翻至显示“群聊名称”，点击可修改。需要注意的是，微信群人数超过 100 人时，只有群主才可修改群名称。群名称是展现微信群形象的最好表达方式，其作为一个“群名片”也是最容易接触大群群友的方式。

（4）修改本人在微信群的昵称：第一步，打开微信群，点击右上角的“…”；第二步，下翻至显示“我在本群的昵称”，点击可修改。为便于交流，一般的微信群都会要求统一修改群昵称。修改群昵称，可在保留个性昵称的同时，让群友更好地认识自己。为了方便记忆，微信群昵称的标准格式一般为：城市—姓名—职业。

7.3.2 微信社群定位

创建一个微信群容易，但是如果要保持群用户的活跃度就需要一整套完整的运营机制。从前端到后端都需要完善，衡量一个后端是否完善，最重要的评价指标是看它能不能不断推出新的互动活动，让微信群持续活跃，并不断为用户产生新的内容和价值。

因此，一个可持续的、长久的微信群需要进行定位，定位等于地位，这样才能使建立的微信社群具有一定的生命力，同时能将微信群的价值最大化。微信群的定位需要从 6 个方面着手。

1. 群名称定位，打出微信群的名号

对于一个产品而言，好名字是成功的一半，微信群亦是如此。微信群作为一个组织，好的群名至关重要，一个好的名字能够吸引更多精准的、更高质量的用户，尤其是那些圈内有影响力的专家和意见领袖的加入。这些高质量的用户和有影响力的意见领袖，反过来又能够成为磁力超强的磁石，不断吸引有共同兴趣的新用户加入群聊。

一个好的群名，有两个基本特征：一是它必须鲜明地体现出群交流的主题、特色和功能；二是它具有相当大的诱惑力或吸引力，可以快速吸引趣味相投的人加入，从而在短时间内使群用户数量大增。

该如何为微信群取一个好名字呢？有以下 6 种方式可以参考。

（1）以“品牌 + 话题”命名：

品牌具有独特性、相关性和一致性 3 个特征，以此作为群名称的一部分，在微信的海洋中形成自己独特的识别标志。而设置与品牌内涵高度一致的话题，则是对品牌的深化和细化。

一般来说，以这种方式取名，最好是将品牌与话题用符号隔开，以示区别。比如“百雀羚 + 微营销”，“百雀羚”就是品牌，“微营销”就是话题。等微信群人数达到上限，大家都对这个群的定位了然于胸的时候，将微信群名称改成纯品牌的也无妨。如果是个人创业者，可以用“个人品牌 + 话题”的方式来取名，当然，也可以用团队品牌来命名。

（2）以效用命名：

营销的意义在于满足客户的需求，帮助客户解决问题，给客户带来好处。微信群的营销本质，实际上就是微信群运营者向群用户推介这个群的好处。

有一个身价过亿的企业家，他做的一个产品叫“蕃蔷”，是一种水溶性的番茄素，对于祛斑具有明显的效果。他创建了一个叫作“天下无斑”的微信群，以此来吸引有祛斑需求或者对祛斑有研究的用户进入，通过发起如何淡斑、祛斑的话题，帮助群友解决祛斑问题。这时，无论是自己需要祛斑的，还是家里的亲戚朋友需要祛斑的，都会进入该群共同交流。

（3）用比喻命名：

用比喻命名就是将一个微信群的群名比喻成一个实体，例如“微营销兵工厂”。用这个方法命名的微信群，优势明显。它形象、生动，把抽象的概念形成画面感，让人很好理解。

（4）以“行业名 + 话题”命名：

很多微信群常以“行业名 + 话题”的方式命名。比如，专门研究微信社群互动玩法的叫“社群领袖学院”，专门交流最新 APP 使用的微信群叫“移动软件思维学院”，专门做思维导图学习的微信群叫“最强大脑思维导图学院”，专门练习文案写作的则叫“文案作家团”等。

（5）用互联网另类、搞怪、搞笑的方式命名：

用新鲜、有趣甚至另类的方式来命名微信群，以此吸引微信群用户也较为普遍，效果也不错。比如，“疯狂搞笑卖货街”“干货帝国”等，就属于这种类型。

（6）以热门话题命名：

这种命名法是典型的借力发力法，就是用关注度较高的热点事件，来博取大家对你创建的微信群的关注。但凡事有利就有弊，这种命名法的最大缺陷就是微信群有可能随着热点事件的降温而逐渐消失在人们的视野中。所以，如果以这种方法来命名微信群，就要抓住 5 分钟热度，赶紧扩大知名度。在实践中，此法常用于对临时群的命名。

2. 群功能定位，写下群使命

任何一个微信群都有自己的使命，使命越大越能号召更多的人。微信群的使命是该群在社会关系中所处的地位、所起的作用、所承担的任务以及所扮演的角色的体现。任何一个群都会有任务，但是很多人会潜意识地忽略掉。无论我们是否意识到、是否愿意接受它的存在，使命都会伴随一个微信群的建立而降临到该群。微信群有了使命，才能保证群内成员对群的主要活动取得认识上的一致，形成共同的语言和价值观，便于协同行动。

群使命应该用文字而不是其他形式来呈现。只有清晰地写下来，才能让微信群友清楚地知道这个群玩什么、怎么玩、玩到什么程度、玩的过程中大家会得到什么。

一个没有把群使命写出来并告知群友的微信群，最多 3 天就会被群友关闭消息提醒，进而沉到群用户微信聊天的底部。一个希望持久保持高活跃度的微信群，从群用户进群那一刻起，就应该把写出来的群使命发到微信群里，让群用户清楚这个群是干什么的，从而准确地帮助他做出判断——这个群，是否对我有价值。

3. 群方向定位，打出群的旗号

微信社群是一个组织、一个团队，要发挥微信群的媒体价值，必须调动每个人的微信朋友圈和微信群，这就需要打造群的凝聚力。这种凝聚力不能靠命令，不能靠规定。要想振臂一呼，应者云集，就需要群有共同的愿景和方向。

什么是愿景？愿景就是群用户渴望达到的目标或目的，向往未来能够呈现在眼前。

比如微信群“星移社”中，每个人都希望在瞬息变幻、斗转星移的移动互联网时代，通过微信群掌握移动互联网新模式、新案例、新技术、新趋势、新信息，不落伍于这个时代，这是这些人共同的愿景。我们立起一杆旗帜，以“走在移动互联网浪尖之上”为“星移社”的愿景和奋斗的方向，凝聚一群移动互联网浪潮之巅的“弄潮儿”，创造了在移动互联网方面较有价值的社群。

4. 制定共同遵守的群规

群规是微信群全体用户对坚决反对的行为所持有的一种态度。不同微信群的群规不能千篇一律。

5. 设定一定门槛的入群条件，筛选真正志同道合的人

微信群有了门槛，才有价值，才能筛选出一些真正志同道合的人。在众多微信社群中，有些通过收取一定费用的方式来筛选、认同一个群，认同一群人。

6. 鲜明的群文化定位

一群人能在一起，一定有一致的价值观。从微信群的角度来说，就是群文化。各个微信群之间如果要说区别，最大的区别就在于群文化的不同。

但是要注意的是，只有写出来的、宣扬出来的群文化才具有强大的力量。一种有力量的群文化至少应该具备以下 5 大要素：

第一，群符号：比如强大的营销思维、微电台、微营销、微商。

第二，群规：完善的社群规章。

第三，群标识：如群名称。

第四，独创的群语言：如“爬楼梯”“打赏”等。

第五，群友之间的特定称呼：这是最重要的元素。

7.3.3 微信社群引流

把微信群定位好，完成微信群的建立，再搭建社群电商营销的平台。平台搭建起来以后，接下来就是为平台吸引各种能促进微信群发展的力量。

无论把微信平台做成媒体，还是做客户池或卖场，都需要大量的微信群和群友，群的数量越多，群友的基数越大，微信社群的价值越大。如何扩大微信群数量和群友数量呢？一般有以下几个方法：

（1）建立一个微信群发起人团队。

（2）给予微信群成员特别身份，引发口碑传播。

（3）连锁介绍法：凡是需要进入微信群的，都须邀请至少 3 个微信好友进群，如果不邀请的将会被请出微信群。人们是否愿意邀请好友进群，取决于微信群的定位，以及微信群能否为微信群成员持续提供价值，群主是否以利他精神运营。

（4）二维码推广。其内容可以是扫码进群领红包，派发到用户聚集的线下场所，吸引目标用户进群。

（5）请意见领袖、行业专家坐镇，吸引群成员。任何一个行业都有专家和意见领袖，有这些权威坐镇，更容易吸引更多的用户入群。

（6）有奖邀请：比如群里面的好友，只要邀请 10 人进群，即可获赠礼品。

在建立微信社群的过程中，要先想一想“对方为什么要加入我的群，为什么要成为我的微信社群成员”，而不是盲目地去推广。要让别人为你着迷，被你吸引而来。当你把吸引机制完善好了之后，你的目标客户自然而然地就会来了。

邀请者无须自己直接邀请好友进群，只需要给群主介绍对应数量的精准微信好友，就可以获得礼品。可以把好友名片推荐给群主，也可以把好友共同邀请进一个群。如何说服他们，如何成交则交给群主即可。

（7）定向邀请：举办一个营销比赛活动，在朋友圈发文：“想要参加微营销比赛的请评论，我把参与评论的拉到微信群里面。”因为这种方式针对的微信好友很精准，所以叫作定向邀请。

可以通过朋友圈内容评论筛选，也可以通过“私信群发有无回复”来进行筛选。总之，设定一个过滤的条件，找出真正有意向的好友。

（8）注意事项：在推广微信群的过程中，还需要注意以下问题。由于微信群的名称可能会被任一个群成员修改，因此最好每天查看其是否被修改。遇到不是在聊群主题的用户，可以私聊引导，以免其骚扰到其他用户，导致其他用户退群。

由于手机管理微信群操作不便，企业可以利用微信网页版对群进行管理。

群建立初期，每天不宜一次性发布大量内容，可选适当时间发布几条，以免成员退群。

积极与群内活跃成员沟通，邀请其帮你一起发布内容，带动其他会员参与。

社群电商营销最可贵的一点就是社群成员会主动帮助宣传产品、品牌，但是，绝对不能只依靠社群成员的宣传。在建群初期，还需要自己提供优质的内容，这样才能让更多的人知晓有这样一个群。

7.3.4 社群用户的运营方法

如今不少微信群已经成为消费者搜索产品、品牌，进行互动交流的重要场所。下面就来了解一下社群电商在微信群里的运营方式。

1. 内容运营

针对群的定位，每天发布固定主题的内容 1 ~ 5 条。以微信打折购物群为例，可以每天发布 3 条、以特价商品为主的内容。

2. 活动运营

用户可以在群里基于共同的兴趣爱好或话题进行多人畅聊，可找每天热点话题讨论；可定期开展讲笑话、猜谜语、智力问答等小游戏；可配合官方活动，同步开展微信活动。

3. 会员运营

积极与群内活跃成员沟通，邀请其帮群主一起发布内容，带动其他成员参与；设立类似群管理员的职位，在群主不在线的情况下，让其帮助维持群内秩序。

4. 微信群矩阵

建立多个微信群和公众号，互相推广，使粉丝利用最大化，要努力让自己的社群成员主动变成社群电商的推广专员。

由于人们的微信群越来越多，微信群内部的消息通知到达率越来越低。为了确保重要消息能够及时通知到群友，并激活他们再次关注群内消息，仅通过发布群公告以及群内消息远远不够，还需要通过微信群发、朋友圈公告，甚至"一对一通知"如电话、短信、邮件以及公众号的形式来综合传达信息。

7.3.5 社群用户活跃度的控制技巧

活用微信红包，不仅可以活跃微信群，还可以用来传播、制造影响力，促成成交。

发红包，对于人们来说是一种喜庆的事情，比如某些节日里，长辈会给晚辈发红包，老板会给员工发红包以示鼓励，结婚时发红包活跃气氛讨个好彩头等。随着社会文明的演变，发红包开始与互联网结合，发红包的内容也越来越丰富。

例如"分众专享"微信公众号，经常会将一些优惠内容以及送红包的消息推送给社群成员，增添了发红包的内容形式。如今的发红包已经变成了抢红包，而微信也成为了抢红包的好场景。正因为微信的便捷性，更多的社群成员希望能在自己所在的社群中享受抢红包的乐趣。

微信率先利用自己的社交属性开展了现金红包推广的模式，成为"花小钱办大事"的营销典范。随后，围绕着打车平台更是持续进行了一年的红包大战。经过不少社交平台的酝酿，如今微信红包已经成为企业利用互联网吸引用户、进行社群电商营销的普遍手段。虽然微信不再独占鳌头，却不失当年的风采，仍然吸引着企业利用微信红包来活跃社群的气氛。

企业在社群中发红包，金额不能太小，稍大一些才能引起用户抢红包的兴趣。这样的互动绝对是需要有的。

总之，企业如果想在社群中充分地使用红包工具，必须让红包金额有足够的吸引力，还要给社群成员一种"抢红包"有较高成功率的感觉。

另外，发红包、抢红包的流程要顺畅简捷，太复杂的过程会降低抢红包的娱乐性，从而影响红包营销的效果。企业还可以与微信合作，通过社交关系把红包的价值传递出去，影响到更多人，让更多的人知晓企业的社群。

7.4 微信社群的交易转化

7.4.1 选品

想做好微信社群的营销，第一步就是做好产品的选择，只有将产品定位好，才能更好地定位目标客户，为以后的社群之路打好基础。产品的好坏是决定微信社群能否长久发展的关键。

对于新手来说，应该如何选择产品呢？下面分享一下选择产品时应注意的几个问题。

1. 正品或实际有效产品

微信社群销售成交的核心建立在信任之上，你给朋友带来价值的同时，朋友就会对你产生信任，进而购买你的产品。而正品是建立信任的基础。

除此之外，有真实效果的一类产品也是不错的选择。这类产品可能是品牌或无名之辈，但因为有真实或明显的效果，也是上上之选。比如你在做土蜂蜜的营销，如果产品广告提示客户长期服用有降血脂等疗效，那么使用者在切身体验有效后的真情推荐，比最华美的软文都更有价值。所以，在选品方面，没有比有真实效果的产品更有价值的了。

2. 产品消费群体大、需求大

货源选品的前提是有一定规模的市场、具有足够数量的消费人群，消费人群足以支撑业务的不断扩展。

比如美容护肤型、化妆型、佩戴型、礼品型、保健型等产品的消费群体最好是追求品质生活或高端生活的人群，且选择的产品应是他们生活中不可或缺的个性化用品。

3. 具有较高的毛利润

微信社群营销和传统的电商销售还不太一样，尤其是对于个人创业者，其手中掌握的资源有限，没有足够的市场推广资金，往往只能通过朋友圈来展开营销。有限的消费群体，决定了选择的产品的利润率一定要足够高，以能保证可持续性运作为底限，在此基础上再兼顾收益。

有些人的朋友圈好友数量其实并不多，却可以达到月收入过万元，其实就是因为选择的产品的利润率足够高，高毛利润率就等于高收益。

4. 高性价比

我们自己买东西的时候会考虑产品的质量、品牌、价位等，所以如果社群做的品类是相对大众化的一类产品，就一定要记住：性价比越高越好。选品的时候也要考虑质量，高质量的产品才能保证销量，才是决胜的关键。越是大众的日常消费品类，越是遵循这一规律。相对来说，小品类或者不太常见的产品，对性价比的要求不会那么敏感。

5. 高复购率

高复购率即产品的消耗周期短。如果社群做的产品能在一个月内被消耗完是最好的，这样客户就可以持续购买。如果不能做复购，把朋友圈转化一遍，基本上就没有第二笔生意可以做了，是不能持续的。回过头来看，为什么衣服、零食之类的产品在朋友圈卖得最好？原因在于这些产品具有高复购率，每天都有潜在的需求，只要产品好、营销到位，就不愁没有人买。

6. 低更新频率的产品

低更新频率就是常说的长线产品。选择一个长线产品就是让消费者现在买了明年还能见到，今年卖了明年还能卖，而不是做一个火一阵就销声匿迹的产品。这类产品需要和供应商建立较为牢靠的商业关系，通过商业授权或者货源地的便利属性来获取货源。一旦拥有这类货源，就相当于为自己赢得了一个持久声誉。

7. 符合精准人群属性的产品

选品要选择跟社群粉丝或好友属性相对应的一类产品，换句话说，就是产品要符合社群的精准人群的需求。比如你拥有一个几万粉丝的美容化妆品公众号，或者你有几千个爱好美容的好友或粉丝，你就可以选择做护肤产品，因为这样的产品更符合你的粉丝人群的需求。

什么是精准人群或者精准粉丝呢？简单来说，就是知道你是做什么的，看到你的推广信息后，对你这个人感兴趣，对你的产品感兴趣，主动添加你为好友的一群人，我们称之为精准粉丝。这样加过来的好友转化率才高。

8. 潜在需求大、待挖掘的产品

潜在需求大、待挖掘的产品和常规产品不太一样。产品价值还没有被消费者充分认知，很多人没有消费过这类产品，也没有形成刚性的消费需求，这种产品就可以称为潜在需求大、待挖掘的产品。

这类产品是非常适合微信渠道推广的，因为潜在需求还没有被充分挖掘，容易产生高毛利润，也容易抢占市场份额。运营这类产品时，应该注意把握介入的时机。如果一个产品有潜在的需求，但是市场完全没有预热过，消费者完全没有认知，就不宜贸然介入。因为过早介入，容易成为市场的“先烈”。而对于有市场潜在需求、市场已经被预热过、消费者已经对其有了一定的认知的产品，就可以大胆介入，积极抢占市场份额。

7.4.2 成交转化的方式

微信社群营销的成交转化流程并没有一成不变的程序，下面讲述几个普遍流程供参考。

1. 主题策划

主题策划很多时候来自一瞬间的灵光乍现，这种灵感是否可行、可行的范围有多大，尚属未知。所以当灵感来临的时候，可以马上进行小范围的测试，比如可以通过调查问卷的形式检测这个创意的可行性。

现有的微信群就是一个非常好的测试渠道，花费的成本不会太大，结果片刻可知。一旦证实创意有效，就可进行下一个步骤。

2. 建立微信接待群

（1）微信群定位：

由于微信群没有群的简介，所以微信群要想吸引更多的人加入，需要对群进行定位。在快销时代，第一时间吸引眼球，就成功地迈出了第一步。

取一个符合目标客户需求的群名称至关重要。比如做艺术品的，就可取名“藏友圈”；做信用卡的，就取一个与“玩转信用卡”类似的名称。群名称要点出本群的特点，让人通过群名称能明白你是做什么的，另外群名称还需要取得有新意。

（2）巧用微信群二维码把目标客户吸引过来：

微信群都有一个专属的群二维码。当建好一个微信群之后，进入微信群，点击右上角的“…”进入，往下拉，会看到一个群二维码。通过手机截图的方式，把这个二维码保存到手机里并分享出去。

潜在客户可以通过扫描群二维码入群，顾客可能对你不感兴趣，但是对你发起的群主题感兴趣，所以就扫描进来了。

在这里，要特别强调微信群的几点最新规则：

第一，通过扫描进入群的用户只能是 100 个以内，因此，一定要把握进群的成员的质量。对成交了或者已经参加活动的人，就移出接待群；对那些暂时不感兴趣的人，添加他们为好友，暂时调整到其他群。

第二，微信群二维码具备有效期，有效期是 7 天。我们可以在操作时每隔 3 天更换一下宣传渠道的二维码，也可以经常自己扫描渠道里的二维码测试是否还有效。

3. 微信群二维码推广

微信群二维码的推广根据各自的目标客户和业务模式进行布局，一般分为线上和线下两种推广方式。

（1）线上推广：

移动互联网的推广方式中目前比较有效的有：微信朋友圈、微博、QQ 空间、微信群、QQ 群、微信群发、百度贴吧等。可以把群二维码发布到这些用户聚集的平台，并用一些利益和好处吸引用户扫码进群。

（2）线下推广：

可以借助店面海报、产品包装和传统的媒体渠道。

例如，某房地产经营公司做过一个策划方案。这家公司是杭州比较知名的服装批发市场，有新的楼盘要进行招商出租，他们通过海报和企业日常发放给商户的内刊宣传咨询二维码，效果很明显。每天都有源源不断的人扫描进来咨询相关的店面租赁问题。至于转化率，就要看项目产品的包装策划了。

当然，也可以打印一些印有群二维码的宣传单，其内容可以是扫码进群领红包，把宣传单派发到用户聚集的线下场所，吸引目标用户进群。

（3）提高群二维码扫码率的两个技巧：

一是可在二维码旁边放上如何扫描自己手机里的二维码的说明：长按此二维码识别。

二是塑造群即将满的稀缺性，可以用“群即将满”“入群通道即将关闭”这类话来表述。

（4）接待、咨询、成交的流程：

第一，及时发送欢迎语（指导语）。接待的人要把指导语收藏到微信“收藏”

里面，只要有人扫描进来，就要不断地发到群里。因为新人进来，不知道做什么，这时候需要你来引导他，如：“欢迎你来到××群，本群是做……的，如果你需要……请这样操作……”

第二，准备付款账号或者付款链接。通过微信群付款时，建议用红包收款或者微信转账，这样比较迅捷，可以减少潜在客户的流失；如果不会用微信红包和微信转账，准备好支付宝和银行卡。

第三，付完款的人，请他们将付款的截图发到群里，这样可以有效影响到其他犹豫不决的人去做出决定，增加他们的信心。

第四，付完款的客户还可以选择退出你的接待群，那么剩下的用户看到一起加进来的人都消费后离去了，会促使他们更快地付款，形成模仿的氛围。

第五，分享一些已经进入活动或者已付费的群里的精彩“花絮”到接待群。

第六，在接待群里，提供一些对咨询的人有价值的信息或者产品，以增加信任。

（5）过程营销：

将整个过程进行总结，汇总后进行传播，循环往复，从而打造你的群营销平台。

7.4.3 售后服务的作用

很多做微信社群的商家是不做售后服务的，甚至有些在遇到客户投诉或者出现一些产品问题时就把客户拉黑。所以，售后服务在某种程度上成为了制约微信社群发展的重要因素。售后服务应该是从客户购买产品的那一刻开始做的，因为它有以下 3 个作用。

1. 提高客户满意度

客户买了产品之后，告诉他使用过程中要注意什么，出现问题之前说清楚才是服务，出现问题后再说就是借口。客户会满意吗？肯定不会。所以完善售后服务能提高客户满意度，这是第一个作用。

2. 增加重复购买

客户对你的产品效果认可，而你一直与客户保持沟通，将极大增加客户回购的可能性。所以，售后服务的第二个作用就是能让客户重复购买你的产品。

3. 维护品牌形象

客户对产品质疑，不一定是因为产品不好，也可能是使用方法不当。这样的客户累积到一定量，对我们打造品牌影响力是不利的。

总结来说，做好售后服务就是提高客户满意度、增加重购率、提高品牌影响力。我们都知道，开发一个新客户的成本远远大于维护一个老客户的成本。其实客户在你这里买产品时已经对你建立了一种信任，这是非常难得的。轻易地放弃一个已经建立信任关系的客户是非常可惜的，所以维护老客户也是非常重要的。

第8章

QQ社群电商玩法

第 8 章 QQ 社群电商玩法

在现今社会中，QQ 一直是最好的用户黏合剂。对于社群电商来说，用户是最核心的部分。因此，企业绝对不能错过社群电商时代的 QQ，只有抓住这样的载体，才能促使企业在精准定位用户、寻找用户的情况下，降低时间成本，为用户带来更好的体验。

8.1 QQ 的生态体系

如今，QQ 以“有群有趣”为主题，发布了依托 QQ 群、兴趣部落、QQ 公众号打造的全新移动社群电商生态战略，并重新给出了定义。该定义的内容体现在以下 4 个方面：

1. QQ 的新革命，年轻化是新定位

随着移动互联网的发展和微信的出现，QQ 的很多用户都迁移到了微信上，这对于 QQ 来说是一大困境。而随着社群电商的出现，QQ 走向了新革命，从制造场景、引领用户找到志同道合的朋友，到提供一个比 QQ 群更强大的平台，让所有的用户在平台上面聊天、互动、发帖子。

2014 年，QQ 终于找到了自己全新的定位以及与微信的差异，即年轻。

2015 年，QQ 寻找到了年轻人喜欢的生态建设：QQ 群 + 兴趣部落 + QQ 公众号。开放的 QQ 群体验能让用户通过 QQ 群进行视频聊天、上传文件，提供 Word、Excel 与 PowerPoint 等办公软件相关的服务，使年轻人在分享文件方面更加便利，获得极致的用户体验。

兴趣部落以聚集相同兴趣爱好的人群为基底，让大家在兴趣部落中体验到与论坛一样的强大功能，可以自由地发布帖子、活动，是一个制造场景的好载体。而QQ公众号能让用户更加精确地获取自己所需的信息，较为精确的投放能让用户拥有更多的选择。

QQ将3种模式联合起来，为企业提供社群电商发展的良好平台，让企业可以更精准地满足用户的需求，向商业化层面更前进了一步。

2. QQ群+兴趣部落+QQ公众号体现出年轻趋势

随着移动互联网的发展、手机QQ的成型，QQ公众号也逐渐浮出了水面。

2015年9月16日，手机QQ第一次限量开放QQ公众号注册，当天页面访问量便已超过200万，参与注册的人数有10多万，开放的3 000个名额，在1.5秒内就被抢光。可见，QQ公众号所蕴藏的利润早已被企业剖析看清，企业都想尽快地进入QQ公众号的平台，进行社群电商的商业活动。

由QQ群+兴趣部落+QQ公众号构建的移动社群矩阵基础，让QQ的社群场景变得更加完整，以用户、内容、商业等多维度建立起的移动式社群电商，不仅让用户有了更好的体验，而且让企业在获得商业价值的同时，收获了不少的铁杆粉丝。

矩阵覆盖了各个年龄段的人群，其中年轻人的比例非常高。“90后”“00后”的活跃度比其他年龄层次更为突出，其中“90后”的兴趣部落被近2 000万名用户关注，“00后”的兴趣部落被近400万用户关注。

对于企业来说，QQ群+兴趣部落+QQ公众号的模式，是一种用极低成本覆盖年轻受众的天然渠道。抢占品牌建设高地也是创业者们逆袭社群电商的红利载体。

QQ公众号是以去中心化的产品形态而存在的，其中蕴藏着兴趣社群的基因和用户习惯，为自媒体在粉丝互动、商业探索、活动运行中提供了足够有趣的想象空间。QQ公众号粉丝阅读的点击曲线更加平滑，粉丝阅读时间更加均匀化，说明粉丝的行为习惯和阅读场景是更加多样化的。

QQ群是个开放性的载体，体现了碎片化的特点，人们可以根据自己的兴趣爱好主动加入其中。这3种模式的结合呈现出了年轻化、碎片化、场景化的特点，对如今移动互联网时代的人们来说是必需的，更是企业想找到的。

3. QQ 新生态，用 QQ 群用户数据说话

从 2013 年 1 月到 2015 年 6 月，短短的两年多时间里，QQ 群月活跃用户的年复合增长率为 72%，手机 QQ 群消息量的复合年均增长率为 71%，社群的移动化趋势十分明显。

在社群还没有出现之前，QQ 只是一种与好友聚集的载体而已，单纯为了沟通；而当社群时代来临时，QQ 群则成为一种因兴趣而将人聚集在一起的方式。在 QQ 群中，用户以信息交互为核心，开启一种基于陌生、兴趣的社群生态。随着社群电商的到来，QQ 群原本的社群变成以“连接所有”为目标，基于人群的聚集，实现以信息、服务、内容和商品为载体的服务，勾勒出一个具有本地化、碎片化、去中心化以及富媒体化的多元化移动社群电商时代。

如今的 QQ 社群电商囊括了互动、问答、提建议，以及对产品、品牌或服务质量的动态评估等诸多功能，可以获得用户黏性、树立电商信誉，其发展空间巨大。基于陌生组织的购买率较高，并呈上升趋势，可见人们在 QQ 群中越来越能产生相对的信任感，使得人与人之间多了一份信任、少了一份疑心。这也给互联网带来了一丝吹向企业的微风，让他们也感受到“红利”的气味。

4. 腾讯 QQ 的社群功能应用

随着社群电商的发展，腾讯 QQ 作为互联网“大鳄”绝对不会向新时代低头，必定会想尽办法让自己的应用跟随时代的步伐而成为新时代的佼佼者，它不甘跟随微信，而是想与微信齐头并进。对于腾讯 QQ 来说，可以不跟别的企业比，但绝对不能落后于自己旗下的微信。

因此，腾讯 QQ 在 QQ 群、QQ 空间、QQ 兴趣部落的基础上开发了符合时代脚步的功能。下面就来了解一下这些功能给社群电商带来了哪些值得运用的方法。

8.1.1 内容的展示渠道

QQ 的内容展示渠道有两大板块：QQ 个人号以及 QQ 公众号。

1. QQ 个人号

QQ 个人号的内容展示主要是针对 QQ 好友，通过聊天、互动、空间、日志、说说、兴趣部落等进行展示，比如：

（1）聊天，QQ 是一款聊天软件，支持多人群聊，可发送语音短信、视频、图片（包括表情）和文字。

（2）QQ 空间，这是腾讯公司于 2005 年开发出来的一个具有个性空间、博客功能的软件，自问世以来受到广大用户的喜爱。

在 QQ 空间上可以写日志、写说说、上传用户个人的图片、听音乐、写心情，通过多种方式全方位地展现自己。用户可以对好友新发的照片进行评论或点赞进而展开一个有效的互动。除此之外，用户还可以根据个人的喜爱设定空间的背景、小挂件等，从而使每个空间都具有自己独特的风格。QQ 空间还为精通网页设计的用户提供了高级的功能，比如可以通过编写相应的代码来打造独一无二的个人主页。

（3）QQ 日志，它是日志的一类，指那些在 QQ 空间中写的文章，可用来表达个人思想，也可以用此交友。日志和 Blog 是同一个含义，而国内经常讲的博客就是写日志、写 Blog 的人。博客是“一种表达个人思想的网络链接和内容，按照时间顺序排列，并且不断更新的出版方式”；简单地说，博客是一类人，而这类人习惯于在网上写日记。

（4）QQ 说说，在 QQ 空间的众多功能之中，有一个被称为“说说”的模块，也就是空间动态，其内容可以是讲述发生在自己身边的小事，也可以是时下大家热议的话题，或者是任何一句经典的名人名言等。这是一个开放的交流平台，一般在 QQ 好友之间进行传播，是朋友了解对方近况的非常重要的渠道之一。

（5）兴趣部落，这是腾讯手机 QQ 于 2014 年推出的基于兴趣的公开主题社区，并与拥有共同兴趣标签的 QQ 群实现了打通和关联，形成了以兴趣聚集的社交生态系统。

QQ 用户可以在兴趣部落里实现交流讨论、信息沉淀，也可加入相关联的 QQ 群进行实时聊天；同时用户还可从相对私密的 QQ 群里走出来，加入公开的兴趣部落，扩展社交边界。区别于其他以兴趣为维度的交流平台，兴趣部落更具备社交属性。手机 QQ 试图让庞大的用户群依据兴趣的不同而分散至各个部落中，形成另外一种互动的模式。在部落中，用户可以按天签到，发表、评论和分享话题，同时找到与该话题部落相关的 QQ 群，通过二者的联动满足用户对于某一兴趣话题的全面诉求，进而得到更高的用户黏性。

目前，兴趣部落建立起了游戏、情感、城市、兴趣、运动、明星、动漫等众多分类，比如可以与 LOL、CF、酷跑近百万玩家互动；可以在覆盖“70 后”“80 后”“90 后”“00 后”各年龄阶段的情感部落中互诉衷情。兴趣部落主题众多，涉及兴趣广泛。

2. QQ 公众号

QQ 公众号分为两大板块：QQ 订阅号以及 QQ 服务号。

QQ 公众平台的服务号与微信公众平台的服务号的基本运作模式相同。商家推广二维码形式的服务号，用户关注后，通过对话的形式获取服务。尽管微信和 QQ 同属于腾讯公司，但是两者的竞争势头一直没有减弱过。现在为了继续在移动领域和微信抗衡，QQ 也开放了公众平台测试。

注册 QQ 公众平台时，用户只需要有自己的 QQ 号，或者是与 QQ 号绑定的邮箱或手机号，流程要比微信公众平台更简单。同一个身份证号和手机号可以注册 5 个公众平台。

那么，QQ 公众订阅号和服务号有什么区别呢？

（1）订阅号：

适用于媒体、企业和个人，主要是为媒体和个人提供一种新的信息传播方式，构建更好的沟通与管理模式。

（2）服务号：

适用于媒体、企业，给企业和组织提供更强大的业务能力与用户管理能力，帮助企业快速实现全新的公众服务平台。QQ 公众订阅号每天只能群发 1 条消息，而 QQ 公众服务号则不限定，由配额系统调控；此外，QQ 公众订阅号消息显示位置是在订阅号列表中，而 QQ 公众服务号则显示在会话列表中；其他基础消息接口和定义菜单功能差不多。

简单来说，QQ 公众号的订阅号倾向于信息推送，而 QQ 公众号的服务号则倾向于功能服务，后者功能可以说更强大一些，但申请要求也较高，必须是媒体或企业，个人用户不能申请，订阅号则无此限制。

8.1.2 流量获取渠道

QQ 本身就是一个充满用户的流量池。QQ 的好友人数上限是根据 QQ 的等级来定的，等级越高则可添加的好友上限就越高，具体看下面介绍：

0 ~ 15 级，500 人；

16 ~ 19 级，550 人；

20 ~ 23 级，600 人；

24 ~ 27 级，650 人；

28 ~ 31 级，700 人；

32 ~ 47 级，800 人；

48 级及以上，900 人。

QQ 会员的好友上限是 1 000 人；QQ 超级会员用户则可享受好友上限 2 000 人的特权。这些 QQ 好友与微信好友一样都是人际关系资源，是我们宝贵的客户源。

那么 QQ 上的流量如何获取呢？一般可通过以下几种渠道添加用户：

（1）QQ 号查找：点击 QQ 控制板界面下方的“查找”→选择找人→输入 QQ 号、昵称、关键词、手机号、邮箱之一→选择性勾选其他选项，然后点击“查找”即可。

（2）QQ 群查找：点击 QQ 控制板界面下方的“查找”→选择找群→输入 QQ 群号→左边栏选择相关群、热门搜索群、推荐群之一→然后点击“查找”即可。

（3）分享 QQ 号添加好友：点击 QQ 聊天界面最上方的“应用”菜单栏→给 TA 推荐好友，然后把好友的名片发送给 QQ 好友，即可完成推送。

（4）群聊（QQ 手机移动端）：点击手机端 QQ 聊天界面最下方的“动态”→“附近”→“群聊”，然后选择自己感兴趣的群聊房间，与附近的人互动交友。

（5）NOW 直播（QQ 手机移动端）：点击手机端 QQ 聊天界面最下方的“动态”→“NOW 直播”，然后选择自己感兴趣的主播房间，与主播和粉丝进行互动交友。

（6）兴趣部落（QQ 手机移动端）：点击手机端 QQ 聊天界面最下方的“动态”→“兴趣部落”，然后选择自己感兴趣的部落，即可浏览该部落发布的帖子内容，与用户参与评论互动，互相关注。

8.1.3 支付方式

QQ 本身就含有多种收款和支付的方式，我们可以利用这些功能进行收款或者支付，并且运用到社群营销中。那么，我们就来了解一下这些实用的功能，比如：

（1）转账：点击 QQ 聊天界面→打开“QQ 钱包”→银行卡（绑定银行卡并且设置支付密码）→“转账”→选择好友→设置转账金额（添加转账说明），即可正常使用转账功能；或者点击 QQ 好友的聊天界面的“+”→“转账”，也可使用转账功能。

（2）红包：点击 QQ 聊天界面的“+”→“红包”→输入金额大小（添加红包祝福语）→塞钱进红包→输入支付密码，即可发送红包。

QQ群红包发送方法和好友的发送界面不太一样，打开QQ群并点击聊天界面的“+”→“红包”→输入红包的个数→输入金额大小（可选择拼手气红包或者普通红包，并添加红包祝福语）→塞钱进红包→输入支付密码，即可发送 QQ 群红包。

8.1.4 产品的展现和交易渠道

QQ 与微信都是基于社交互动的沟通工具。但是 QQ 对于营销者而言更容易上手，也更容易去推广产品，因为相比微信而言，QQ 的限制要少很多。比如：

（1）第三方购物平台的产品链接：QQ 本身没有针对创业者开发的个人商城，中小个体创业者开店的难度与门槛很高。商家可以将自己在第三方购物平台上发布的产品通过分享链接、代码等形式，分享到 QQ 好友、QQ 群等处，从而起到引导 QQ 用户至第三方平台购物转化的效果。

最常见的第三方购物平台就是淘宝网。我们可以在淘宝网上发布想要销售的产品，再通过分享产品的链接给 QQ 好友，从而达成成交。

如果与用户的信任感非常牢固，商家可以直接通过转账、红包等方式收款，然后将产品寄送给用户。

（2）QQ 空间：通过发布产品图文至 QQ 空间的说说、相册，并且吸引用户浏览其中的产品图文来做营销。

（3）兴趣部落：通过发布产品图文至手机移动端的兴趣部落，吸引用户浏览其中的产品图文，以及引导用户添加联系方式来达到成交、咨询的目的。

（4）公众号：通过发布与产品相关的图文至公众号，吸引用户浏览其中的产品图文，以及引导用户添加联系方式或者直接支付来达到成交、咨询的目的。

8.2　QQ 体系内容运营

8.2.1　内容的呈现方式

QQ 体系的内容主要有以下 5 种呈现方式。

（1）说说图文（手机 QQ 移动端）：点击 QQ 界面的“动态”→“好友动态”→“说说”→写说说→从手机相册选择→挑选合适的图片→在“这一刻的想法”中输入文字信息，即可发布图文至说说。

（2）说说小视频（手机 QQ 移动端）：点击 QQ 界面的“动态”→“好友动态”→“说说”→写说说→从手机相册选择→挑选合适的视频→在“这一刻的想法”中输入文字信息，即可发布小视频至说说。

（3）空间相册（手机 QQ 移动端）：点击 QQ 界面的“动态”→“好友动态”→“相册”→右上角“+”→传照片、发视频、动感影集→挑选合适的图片或者视频→点击“完成”，即可发布至相册。

（4）公众号图文：通过 QQ 公众平台的后台生成一个包含文字、图片、语音、视频等信息的单页，分享至 QQ 好友、QQ 群、QQ 空间。

（5）第三方应用的内容链接：通过第三方平台生成一个包含文字、图片、语音、视频、产品购买链接等信息的单页，分享至 QQ 好友、QQ 群、QQ 空间。

8.2.2　内容的产出方式

在手机网民超过 PC 端之后，网民最常用的 3 大社交软件就是手机 QQ（QQ 空间）、微信、手机微博，它们自然成为营销的重要平台。接下来介绍 QQ 空间的内容产出的方式。

首先，我们不可小看 QQ 空间的内容营销。相比于目前火热的微信和微博营销渠道，QQ 空间似乎过于风平浪静，但是从大数据上来看，QQ 空间的营销能力绝对不容小觑。不管是从最原始的以文字为载体的博客形式，到如今集文字、视频、音频、图片、对话等丰富多彩的展现方式于一身的交友互动平台，相比微博的言简意赅和微信的朋友圈营销，QQ 空间将两者集大成且有着自己独特的优势。这种灵活性和时代性使 QQ 空间有着非常强大的生命力。

下面介绍 QQ 空间内容营销的一些小技巧以及基本设置：

1. QQ 空间基本设置

所谓细节决定成败，进行 QQ 空间营销时，细节问题显得尤为重要。利用 QQ 空间做生意的商家，在空间设置方面肯定不能像一般的用户那样全凭个人喜好，更不能不管不问。

（1）QQ 名字：

将 QQ 名字直接设置成与所做行业相关的名字，便于大家知晓这个 QQ 空间的用途。比如 QQ 名字“吃货帮——吃货第一自媒体”，给人的第一印象就是这个 QQ 的主人是做“吃货”自媒体的；第二印象是这个品牌可能就是“吃货帮”；第三印象是这可能是一个发布美食相关信息的 QQ 空间。

这样设置的目的一是更加直接明了，二是更具真实性，三是便于建立信任感。

（2）QQ 头像：

无论是在虚拟网络还是现实生活中，以貌取人都很常见。QQ 头像是我们给别人的第一印象，最好使用真人头像或者行业相关的图像。比如前面提到的“吃货帮——吃货第一自媒体”，其 QQ 空间所使用的图像就是专门针对“吃货帮”这个品牌设计的、适合作为头像的 LOGO。这个 QQ 空间就是做“吃货”自媒体的营销账号，所以选用的 QQ 头像给人的感觉必须非常直观，才可以提高印象分和可信度。

如果销售水果，完全可以放上水果或者关于水果的卡通人物的照片。头像的选择一定要结合行业，因地制宜。

2. QQ 空间的非常规设置

主页、日志、相册、留言板、说说、个人档、音乐、时光轴等都要设置完善。既然要在 QQ 平台上做电商，那么一定要有“所有的聊天工具都是我们的营销工具”的想法。如果想做好 QQ 空间营销，所有的细节设置都应做到精益求精，并充分利用所有的要素，为最终的营销加分。

（1）日志：

关于日志，可以根据自己的行业经验以及理论知识撰写一些精彩的软文日志，适当插入图片、音频和视频来增加文章的可读性和感染力。如果是质量上乘的文章，肯定会被分享和转载。只是在 QQ 空间写文章就赚到钱的大有人在，有很多人的QQ空间就是完全利用自己的文章（这些文章都是原创的并且有自己独特的见解和个性化的内容），通过设置评论回复赚钱。

有一个QQ空间营销达人，专以日志为卖点的QQ空间总访问量超过2 000万。他的模式很简单：QQ空间日志是面向大众的，谁都可以阅读；但如果读者想评论就得付费，一年1 200元，付费之后才具有日志回复权限。

从另一个角度来说，相当于拥有365次广告机会，有多少人关注他，就有多少人能看到用户的回复，这种称为付费阅读。也就是说，如果日志足够优秀、吸引人，别人绝对会主动关注，甚至是付费阅读，一切皆有可能。

（2）相册：

试想，当你进入一个陌生人的空间后最想做的是什么？当然是进入这个人的相册，看一下他真实的一面。

那么，做QQ空间营销，相册需要包含什么内容呢？

首先是产品的详细分类。通过QQ空间销售的产品，应该对其进行细分，将所有的产品分门别类地上传到不同的相册里，让人更加直观地查找所需要的商品。这跟我们在淘宝店铺买商品是一个道理。

其次就是信誉图，信誉图包括什么呢？当下比较流行的三种交易记录有支付宝转账记录、银行卡转账记录、微信转账记录。信誉图可以发布和客户之间的交易记录图、回馈图、聊天记录截图。之所以这样做，一是可以证明是利用QQ空间卖的东西，二是大家看到这些信誉图会非常信任商家。网络交易彼此之间的信任度需要不断加深、加深、再加深。

（3）留言板：

很多人不喜欢保留留言板功能，部分原因是留言板里有一些私人的信息，但其实留言板对于增加访客的信任度和活跃度都是非常重要的。可以想象，如果你通过QQ空间买东西，但发现其留言板上一条信息都没有，那对其主人根本就没有一丝感官印象，更不用说信任了。

QQ空间人气的魔力无形中给大家带来了不小的影响。点击留言板，上面有一个位置叫“主人寄语”，其中就是QQ空间的主人给大家的话。下面分享一段“笑笑迷彩户外”QQ空间的主人寄语：

“生活中没有如果，也不要有但是。生活总是它所展示的样子，有轻松也有沉重，有欢乐也有悲伤。不要庆幸什么，也无须埋怨什么，凡是生活的馈赠我们都欣然接受——是一块玉就镂一副手镯，是一坨土就育一粒种子。已有的应多加珍惜，没有的可尽力争取——但不可过于贪求。生活中也许充斥浮躁和虚伪，但我们心中一定要有淡泊和真诚。这样，至少是生活中属于我们自己的那一小部分蕴含了幸福的成分！

“创业路上，旅行途中，其实都是一样的：再难，也要坚持；再好，也要淡泊；再差，也要自信；再多，也要节省；再冷，也要热情。昨天，封存；今天，留着；明天，争取。对的，坚持；错了，放弃！既然我们选择了远方，就要风雨兼程，不放弃，不抱怨，拼命干，直至目标达成！

“我心疼每一个不快乐却依然在笑的孩子！”

短短的三段话包含了太多对人的共性概括。“生活中没有如果，也不要有但是”传递正能量，因为每个人的生活其实都是“家家有本难念的经”，每个人的生命中都会存在很多的挫折，不可能一帆风顺。

主人寄语的主要功能就是传播正能量。因为我们不可能 24 小时在线，可能有人加我的时候我没有登录 QQ，但是他可以通过主人寄语、别人对我的评价，对我有一种先入为主的感官印象。如果 QQ 空间传递给他的是正能量，那么一种正面印象已经树立起来了。

（4）说说：

说说可以是什么内容呢？

大家都知道现在是全民娱乐的年代了，有趣的事情都可以吸引眼球。

在我们的生活中，每天都会遇到很多有趣的事情。公共场合看到的标语、参加活动的时候遇到的一些搞怪的事，以及生活中的“囧”事，这些其实都可以放在说说里面表达出来。看到的一些比较好玩的东西，也可以用相机拍下来同步到 QQ 空间和微信朋友圈。

另外，尽量减少直接复制心灵鸡汤。因为各种段子网络上都有，如果我们只是一味地复制粘贴，用户也会看腻。这个时候我们就应该巧妙组合，综合运用个人或者团队的智慧。大家都喜欢和有智慧的人聊天，有智慧的人不会单纯复制别人的内容，他会总结、提炼、感悟一些新的东西，然后用一些通俗易懂的话表达出来，或用一句话点睛。

（5）个人档案：

可以直接点明自己是干什么的、有什么产品、产品功效是什么。如果有相关链接，最好直接添加公司网站链接或者淘宝店铺链接等。这样，访客只要看到个人说明就会非常清楚我们是做什么的。如果是通过账号查找到我们，那他也会通过这样的个人档案知道他是否找对人了。

（6）音乐：

针对音乐板块，可以根据行业直接添加一些具有针对性的歌曲，比如军人用品的 QQ 空间，音乐板块可以设置成《咱当兵的人》《战友啊战友》《军中绿花》这样的军中歌曲或者军旅题材电视剧的主题曲。设置好之后，隔一段时间要进行更新，这样才能给人感觉整个空间是有人气的。

3. QQ 空间营销注意事项

（1）访客设置：

在 QQ 空间右上角的设置里面有一个权限设置，权限设置包括"谁能看我的空间""谁能看我的访客"等选项。既然是营销性质的 QQ 空间，"谁能看我的空间"选项当然应该设置成"所有人"。

另外，因为很多人会利用软件提取我们的访客，所以应该将"谁能看我的访客"设置成只有自己能看到访客，以防同行看到我们的访客后关注访客；在"谁能看我的访客"选项下面有一个"防骚扰"设置，主要用于限制评论回复。

因为我们在利用 QQ 空间进行营销，所以谁都应该可以评论我们的日志、说说、相册、留言板，千万不要开启评论审核。在 QQ 空间销售产品，就像做淘宝一样，如果不能评价，给人的第一感觉就是这个 QQ 空间没有诚信或者说这个产品质量不好，因为没有看到评价，没有用户反馈产品质量到底如何。

如果没有设置评论审核，就可以给客户安全感，客户发现我们的说说、日志都可以评论，会觉得这是一个真实的人，是一个值得信赖的商家。

（2）QQ、微信同步：

绑定 QQ 和微信，这样微信里面所有的内容都可以同步到 QQ 空间。在微信设置里面选择"我的账号"，如果显示未绑定 QQ 账号，点击 QQ 号，开始绑定。

（3）持续提升 QQ 空间人气：

我们是通过 QQ 空间来营销产品的，既然想营销产品，当然要增加人气和点击量，这样才会产生交易。通过发布一些能够引起共鸣的日志、说说以及照片，都会让别人产生好感，然后关注我们。当然，不排除确实有一些与业务不相关的人加进来，但是如果这些人看到 QQ 空间天天在传递正能量，有信誉图，就能发现我们是活生生的、有诚意、讲信誉的商家，他也会情不自禁地受到感染，有可能变成我们的顾客或粉丝。

只要一个人有需求，就会买东西，就有可能成为我们的用户，所以不要轻易地删除任何一个人。多一个朋友多一条路，多一个好友多一份商机。只要这个好友存在，未来某一天他就有可能成为我们的合作伙伴。

最后要补充的是，大部分人相当反感 QQ 空间刷屏，尤其容易被朋友或者亲戚责问。所以，针对这种情况，建议营销用的 QQ 就是做营销的，只针对客户和有意向的受众；其他的私人 QQ 要和这个营销 QQ 区分开，也就是说，生活和生意要区分开。

做 QQ 空间内容营销操作简单，成本低，回报高，可持续性强。通常一个营销性质的 QQ 从吸引加好友到初具人气需要 1 ～ 3 个月的时间，所以需要坚持做，每天进步一点，相信日积月累的力量。

8.2.3 内容的传播技巧

QQ 内容的传播技巧和微信类似，都是通过利益点的设计，促使用户帮忙扩散，主要有以下 3 种。

（1）利益引导分享：让用户分享产出的内容和个人号，分享后截图可得红包，或者礼品。

（2）传播点设计：通过娱乐性较强的内容，触发用户分享欢乐、搞怪的欲望。

（3）游戏互动类分享：通过抽奖、游戏等形式，吸引用户分享后获得更多抽奖、游戏的机会，起到传播内容页面的效果。

以上 3 种内容的传播技巧只是冰山一角，还有很多其他方式可以引发用户之间的分享传播。我们可以通过观察并借鉴别人的案例来做自己的营销。

8.3 QQ 的社群运营步骤

群是互联网产品中起源相对比较早的，在门户和论坛之后，其初始形态起源于聊天室，慢慢发展成包括 QQ 群、微博群、微信群、陌陌群等各类社交软件的群组，而群营销的本质也是希望通过线上工具，借助人与人之间沟通的力量来完成品牌的推广。

活跃的群往往是触及到了人性中的一部分，没有群能通过无意义的寒暄、灌水等行为来维持每日的活跃。比较活跃的各类知识群、行业群、兴趣群、电商培训群、运动群都是迎合人性中交流学习的需求的；最不活跃的可能就是企业建立的用于宣传品牌的各类群，大多数企业群的群成员往往是因为各种不得已的原因进群，进群后被动地接收管理员的各类信息。

所以，通过以上的介绍可以发现，QQ 社群和微信社群一样，不一定只是一个 QQ 群。个人号、公众号、QQ 群各自发挥不同的优势，相互配合后才能建立一个社群。

QQ社群营销不外乎两种方式：一种是自建群，吸引用户加群后逐步达到我们的营销目的；另一种是加别人建的、有一定量我们目标客户的群。对前一种我们的控制力较强，后一种则容易上手、门槛低。

自建群营销最基本的优势是节省沟通成本。这个群不需要活跃，让需要通知到的人加群，在群内发布通知即可，这也是大多数企业群的现状。而稍微好点的群营销是可以在群内引发讨论，提高群成员对企业及产品的了解和认知，并让对企业有利的信息在群成员的口碑中传播。自建群营销的难点在于：

（1）有没有足够好的内容生产者（可以是企业的人也可以是用户）提出问题，引发讨论？

（2）产品、品牌及产品与品牌相关的话题是不是经得起用户的讨论？

（3）企业是不是有敢于面对自身问题、坦诚接受客户意见的勇气和态度？正如现在一些互联网企业愿意建群让用户不断参与讨论、改进产品。

（4）群内只要引发讨论，总有不同的声音，所以并不是所有的企业都需要通过自建群来营销，或者压根就不需要群营销。

8.3.1 QQ 社群搭建

QQ 社群不只是一个 QQ 群，而是通过个人号、QQ 群、公众号相互搭配，组合利用各自擅长的功能，帮助我们在用户的大脑中形成一个社群的概念，从而达到营销的效果。接下来我们从 QQ 群的创建开始讲起。

QQ 群的创建过程中要关注以下几个方面。

（1）根据产品定位目标人群。比如要对面膜进行营销，首先定位好营销对象，分析其购买能力，确定人群的活动时间等。

（2）应该尽量多建 200 人、500 人的高级群。建议开通 QQ 会员功能，因为一个会员可以额外多建 4 个 500 人的群。另外，级别较高的 QQ 号可以添加更多的 500 人群。QQ 等级与对应可加的群用户数量详见表 8-1。

表 8-1　QQ 等级与对应可加的群用户数量

QQ 等级	群人数上限
任何等级	200
LV4 及以上	500
VIP6 及以上、年费会员、SVIP6 及以上、年费超级会员	1 000
超级会员 8 级及年费超级会员	2 000

（3）选择合适的群类型。目前“兴趣爱好群”就拥有 8 种群分类可以选择，可以创建行业交流群或者品牌产品群，可以以产品使用、研究、学习、交流、讨论为目的来建群，有以增进用户地区交流为目的而建的区域性交流群，也有以会议、展会、论坛等组织性活动为目的而建的群等。

（4）QQ 群的名字代表着群的定位，取名字可以考虑以下 3 点：一是优化群名称，包含搜索关键字；二是群名称一定要符合推广的定位，针对目标人群；三是群名要有特点，容易让人记住且印象深刻，最好包含一个标志性词汇。

（5）QQ 会员可以享受更多的特权，可以多建群，可以建高级群或超级群。人越多活跃度越高，社群用户的黏性才高。

（6）作为一个网络社群，QQ 群也有自己的社群规则，必须对成员做出相应的规则约束。社群规则是建立 QQ 群的群主以及相关的群管理员对 QQ 群制定的相关规定，目的在于确保群内的活跃度以及群成员之间和谐交流，另外也是规范群内成员的言谈举止的重要途径。社群电商营销中的 QQ 群规则，也可以跟社群成员一同建立，只有充分吸取社群成员的建议、想法、需求，才能在 QQ 群中做好社群电商营销。

（7）管理员是活跃群、维持群和谐有序的核心人物。其作用是积极与社群成员进行交流，及时掌握社群成员的动态并且负责推广等操作，包括营销活动、产品打折促销信息、红包发放等。

（8）不管是管理员还是群成员，都要看他们在群里的表现，及时地清理不活跃的会员、做广告的人和捣乱的人。同时，还要注意群内的男女成员比例，这样才能进行精准的社群电商营销。

（9）只有 QQ 群有一定的活跃度，社群内的成员才会喜欢群，才会对群产生归属感。这时在群里进行推广，群成员才不会觉得反感，有时还会持支持的态度。

8.3.2 QQ 社群定位

下面我们通过分析群的定位、群营销内容、群推广难度等方面，来看看自建群营销这种方式中，哪些产品适合做、该怎么做。

1. QQ 群、微信群对比

（1）定位：QQ 群是基于陌生人的社交圈，是有目的地聚集，更开放，更公开；而微信群是基于熟人的社交圈。

（2）管理：QQ 群的群功能完善，拥有群公告、群相册、群文件等管理工具；而微信群的信息无法回顾，管理功能不完善。

（3）消息：QQ 群的消息容易被群成员屏蔽，但可以回顾查看，群文件可长期保存重要文件；而微信群的消息无法完全屏蔽（最多免打扰），不可回顾，文件不可保存。

（4）加群难度：QQ 群最多可加 2 000 人，加群难度低；微信群最多可加 500 人，100 人以上时加群需要群主审核，加群难度高。

（5）推广：QQ 群推广方便，可通过群名称、标签、账号等查找加群；微信群难以推广，不可通过群基本信息查找。

（6）分享：QQ 群内信息不容易被分享；微信群内信息可直接分享至朋友圈。

从上述对比中可以看出 QQ 群和微信群各有优劣，我们要做的是利用其优势做营销，让自建群可以更好地满足用户加入群的目的和需求。

2. 群类型选择

不要为了建群而建群，缺少有意义的目的最终会导致失败。

我们可以以产品使用、研究、学习、交流、讨论为目的来建群；以增进用户地区交流为目的建区域性交流群；以会议、展会、论坛等组织性活动为目的建群；也可以娱乐、交友、同城交流、情感、兴趣等为基础，建立做酒吧、美食、服务的宣传、相关产品推介等相关的群。

群类型选择不可一概而论，能更好地满足用户的需求和体验是选择的第一要素。为了扩大效果，可同时建立 QQ 群和微信群，但会对重复用户有一定的骚扰。

3. 自建群的运营

个人自建群，如兴趣群、同城交友群、情感群，运营相对简单，需注意培养一些活跃的群成员，合理安排一些活动来激发群成员的活跃度和归属感。自建群运营的内容可以包括以下这些：

第一，产品讨论，成功分享；

第二，了解用户需求，产品发布，产品试用；

第三，常规售后问题解答，售后问题集中处理；

第四，线上培训、线上课程、线上指导；

第五，论坛、会议、展会、促销等活动通知；

第六，适当的问候、闲聊互动。

8.3.3 QQ 社群推广引流

QQ 群的推广一般有两种方式：一种是推广群号，让目标用户看到群号加群。推广的渠道多种多样，如论坛、博客、微博、百度系产品等渠道都是比较好的，配上几篇富有内涵的软文，一个群很快就可以加满了；另一种是做好群活跃、提升群等级，通过设置群标签、关键词来提高在群查找时本群的排名，让用户主动加群。

因为没有固定的群二维码，QQ 群主要的推广渠道就是靠群成员不断地拉人进群，但是要时刻注意建群的目的，不要为了把群填满而盲目去拉人。获得群成员的认同，然后通过群成员的口碑去吸引用户不断进群是一种不错的方式。

1. 常见的自建群推广方法

（1）QQ 群推广：

在类似的 QQ 群中推广自建 QQ 群，因为用户已加入类似 QQ 群或已加的 QQ 群与自建群有属性联系，例如，投资群很大程度上也会对股票群、证券群、房产群等自建群感兴趣。

QQ 群推广应尽量选择群文件、群相册、群论坛等保存相对长久的群推广方式，应尽量控制群发信息及私聊频率，避免群用户反感。当然，也可以在 QQ 群推广微信群，在微信群推广 QQ 群，但尽量在同类型的群内推广，降低用户的加群成本。

（2）论坛推广：

我们常见的百度贴吧、天涯、猫扑、西祠等论坛有着巨大的流量。在此类论坛做推广，应注意帖子的质量，尽量将帖子做得有实质意义（知识类、指导类、搞笑类、新奇类等），并对群做个简单的介绍，及附上群号。

应注意，群的介绍最好和帖子内容有一定的联系，例如，化妆品群发帖的内容应该与皮肤保养、美容美颜、化妆技巧等相关。群的介绍承接帖子内容，可以吸引用户加群和更多的用户交流化妆技巧、美容美颜、化妆品吐槽等。论坛推广的另外一种较为有效的方式是回帖推广，例如，经常关注论坛精华优质贴，回帖时带上群介绍和群号即可。论坛推广是一项长期的推广工作，应注意养号，不建议发大量的硬广告，注意每个论坛的发帖、回帖规则，避免账号被屏蔽或被封。

（3）微博推广：

微博推广自建 QQ 群和论坛推广有类似之处，但微博的内容一般比论坛的短，应注重提炼精华内容再发微博，并与一些相关联的大号保持一定频率的互动，提升自己账号被用户看到的机会。微博推广也是一项长期的工作，和论坛推广一样，一旦有了自己的关注用户群，就会越来越得心应手。

（4）博客推广：

博客现在使用频率较低。可建立博客账号，放一些在论坛上发过的精华帖，然后附上群号即可。类似的还有 QQ 空间推广，这两个渠道的意义在于设置合适的关键词，让博客和 QQ 空间可以被百度收录并获得关键词排名。

此类方法在医疗产品或服务的推广中较为常见，优点是利用博客和 QQ 空间的权重加快被百度收录并获得关键词排名的速度；弊端是容易受到百度对博客和 QQ 空间排名规则的影响，有时会被完全屏蔽。

（5）微信推广：

现在微信使用频率越来越高，可以利用的微信推广渠道也多种多样，如个人微信号中“附近的人”“摇一摇”“漂流瓶”等都是可以利用的渠道，也可以利用微信公众号进行推广。

（6）QQ 兴趣部落：

QQ 兴趣部落是 QQ 在手机端推出的特有渠道。因为 QQ 手机端有巨大的用户基数，此渠道引流效果较为理想，操作方式类似于论坛、微博推广。由于用户在手机端浏览，所以内容不需太长。

（7）其他渠道：

名片、宣传单页、网站等现有的各种宣传材料，都可以根据具体需求和推广内容附上群号，不再赘述。

2. 非自建群推广

非自建群的推广主要有两种方式：主动式和被动式。

主动式是指人们自己看到宣传或者利用群搜索功能加入群；被动式是指突然接到一个群消息，将人们加入群里，只要个人同意，则会立即进入群里，与群里的成员交流。

对于我们来说，想要被别人拉进 QQ 群，需要在某个圈子内有比较大的名气，这样被动加入的机会比较多。一个群里的名人越多，大家愿意继续留下的概率也越大。

要用 QQ 开展社群营销，必须掌握加群技巧，有群可加才能为 QQ 社群营销增加销售对象和社群营销平台，并且应该想方设法进入人气高的群。因为这种群的成员质量比较高，便于进行社群营销。

运用 QQ 群做社群营销时，第一步就是加群。在这里介绍几种可以获得 QQ 群的途径：通过朋友、同学或同事的介绍；在网站、论坛等媒介上寻找推荐群；在 QQ 上直接进行搜寻。

最好根据活跃度来选择要加入的群。很多成员数量多的群往往发言的人很少，有时可能几天都没有人发言；而活跃度高的群，其发言率一定很高，人数也不会很少，十分便于进行营销推广。接下来介绍加入 QQ 群的技巧。

（1）需要了解 QQ 群的规则。

（2）很多人追求所谓的效率，而忽略了加群的验证信息。为了更容易获得群主和管理员审核通过，加群的请求语一定要认真填写，千万不要留空，这样才能显得比较有诚意。

（3）大多数群成员都讨厌发广告的人，并且群主或管理员会留意昵称和个性签名是否带广告宣传性质的词句，若带有广告性质，则不会同意加入。所以在加群时，应该临时改一下昵称和个性签名，去掉广告信息。

（4）很多群都会有意识地控制群成员的质量，因而在审核加群申请的时候，个人资料是一个重要的参考。一片空白的个人资料难以引人注意，而个人资料用乱七八糟的内容会让人觉得是非主流，这些都很容易导致群主或管理员拒绝其加入群。

（5）在群主批准入群后，首先需要介绍一下自己的姓名、业务、联系方式等，填写的信息要尽量诚恳。此外，看看是不是要改群名片，如果需要的话马上改。根据其他群成员名片的风格，设置一下自己的群名片，尽可能把自己的姓名、业务、联系方式、公司介绍等信息填写准确。

（6）进群后要优化群名片，因为这里面涉及到排名前后的问题。大多数情况下，很多活跃群都会踢出刚进群却不按群规发言或者长期潜水的成员。所以新进群的成员要注意发言，不要发违反群规的话题，更不要刚进群就狂发广告。很多群不允许发广告，但混熟了，偶尔发发也是可以的。

（7）企业进群后除了设置群名片外，还可以看一下之前的群聊天记录、共享文件、群活动，这样能对群有个初步的了解。对于商家来说，进群后很重要的一步是获取一些群的信息，这样对自己的专业及业务开展都有好处。可以把群通信录分类整理到自己的列表中，或者下载群共享里面对自己有用的资料，还可以从历史聊天记录中寻找与自己业务相关的群成员。

（8）对群进行一段时间的观察，看看经常有哪些人在里面聊天，然后专门针对他们推出产品或者服务。

（9）在充分了解群特点、群主特点以及与群内成员成为朋友后，根据情况可以发布一些推广信息。发布推广信息的一般方法有4种。

◆ 建立讨论组

讨论组里面最好不要有群主或管理员，也不能直接发广告。在讨论组里，可以拉近和大家的距离，了解他们的需求，或者发营销类软文。

◆ 发群邮件

发群邮件不要采用纯广告形式，最好是软文和联系方式并存。

◆ 单独私聊群成员

单独给群成员发信息，可以带有广告，但需注意措辞要恰当。

◆ QQ 群发

将群发选项里面的发送速度设置成“普通或者更慢”，尽量不要无限快速发送，并且发送的字数不宜过多；特别是对群内成员发送时，发送速度应设置为最慢。

发送的消息里面尽量不要带网址，因为腾讯有专门针对网址的算法，一旦发送的次数超过一定数量就会被直接屏蔽。

群发的内容需要多样化，如添加大量不同类型的广告语，以图片和文字的形式混合发送，尽量经常修改发送的消息内容，这样才能模拟聊天，达到更好的效果。广告本着少而精的原则，每天只发一次；广告要做得吸引眼球，不要打几个文字就发出来，可以做些小符号在上面，做得漂亮些，让人即使看出是广告也舍不得删除；时常变换广告内容和样式，给人一种新鲜的感觉。

（10）不要滥发推广信息，滥发只能招致群成员举报，被踢出群甚至被腾讯锁定或封号。找群要找对行业，加群要加有影响力的活跃群。

（11）腾讯为了用户账号安全，规定了用户每天加群、加好友的操作，都有次数限制，也有频率限制。超过了限制，不但操作无效，还有可能被封禁 IP 和锁定账号。

（12）要精准定位用户群体，需要对目标顾客进行分析，分析这些人会在什么样的群里交流，然后对 QQ 群按照关键字提取，或者按照相关条件提取。

（13）选择好群会对 QQ 社群营销产生直接的有效作用。选择可加入的群的时候，要切记以下性质的群不要加：不活跃的群、成员少的群、目标人群不集中的群、群成员同质化严重的群。

（14）在群里发言，理论上群成员都可以看到，但有时候信息太多容易被淹没，这就要注意群成员间的直接沟通。在遇到与自己业务相关的潜在客户时，最好的方式是申请加其为好友，然后利用点对点的私聊、群里组织的活动、跟对方私下约会等方式进一步相互认识。

8.3.4 QQ 社群的营销及管理技巧

在 QQ 群里，除了发送信息之外，还有不少小工具可以调动社群的气氛，增加群成员之间的感情。下面就来了解一下在 QQ 群有哪些工具可以为社群电商用户提供服务。

（1）管理员职称。管理员是维持群和谐有序的核心人物。

（2）群相册。在相册里放置一些适合群主题的图片（如搞笑、时事、健康、风景等图片），这些图片可以打上关于企业产品、网站的水印。需要注意的是，放置的图片不要是纯广告，否则只会让社群成员产生厌恶感。

（3）群公告。可以发布促销活动、特价商品、线下活动等，也可以直接放网站的名称或者网址，作为群主或管理员，一定要热心，多为群成员解决实际问题，拉近与群成员之间的关系。

（4）群共享。共享一部分专业知识，然后在文档中注明“想要获取更多信息，请到某网站（目标网站）下载或浏览”或者直接植入商品或网站链接。共享文件包括 Word、PowerPoint、Excel 等格式的文档和图片。切记，一定要共享对群成员有价值的文档。

（5）群邮件。可以用邮件给所有社群成员群发有价值的内容。内容较多时可用附件的形式；可以群发，也可以单独发；定期发布有价值的信息，引起社群成员的兴趣；不定期发送一些跟群主题相关的信息、新闻、资源等；邮件尾端带上自己的链接，如果是资源类，就直接在压缩包中加入自己的广告。

群发邮件后，不定期回复、提醒群成员注意。群邮件有一个功能就是只要回复，所有的群成员都能收到。

（6）QQ 表情。在 QQ 社群里与群成员进行聊天、交流时，可以发布一些搞笑、好玩的 QQ 表情。只要表情到位，就能吸引关注。

（7）群活动。可以在 QQ 群里创建一个群活动，社群成员自愿参加。若愿意参与，则可以在群里报名。群活动能增进企业与社群成员之间的感情，增加社群成员的参与感。

（8）讨论组。讨论组是 QQ 群里又一细分部分。有时社群用户太多，不能与每个社群用户都成为非常好的朋友，但是总会在社群里找到几个，届时可以通过在群里建一个讨论组，拉几个比较熟的社群成员进行小范围的交流。

（9）QQ 红包。有时发 QQ 红包能将一些在群里潜水的人呼唤出来，活跃社群气氛。红包里面的金额不在乎多少，它是社群成员活跃气氛的一种方式，还便于用户直接在社群电商中付款。

（10）群共享演示。可以使得线上的群分享更加多元、直观。使用“群通话”应用中的“PPT 演示”功能，可以实现语音加 PPT 演示的群分享，非常方便。

（11）匿名聊天。使用匿名聊天，可以说出很多好玩的对话，激发社群活跃度，并且匿名聊天容易引起人们的注意，大家都会好奇，想知道匿名者是谁。

不管是建群还是加群，都需要注重群质量的提升。只有高质量的群才能增加服务、产品和社群成员之间的黏性，长久维持现有的社群电商营销关系。作为 QQ 社群电商营销者，可以从以下 4 方面入手：

（1）长期互动。不管是在自己的群里，还是在别人的群里，都可以定期组织相关话题讨论。长期与社群成员互动，让社群成员形成习惯。

（2）开展话题讨论需要天时地利人和。大家都比较空闲的时候就是天时，QQ 群就是地利，人和则需要看话题组织者的主持能力。组织者心中要有“货”，为人随和中立，主持不仅要懂得带动人气，还要能调节群众情绪，控制得住场面，这样才能使得社群活跃起来，只有活跃的社群才能够使得营销成功的概率变大。

（3）根据群的定位进行活动方式的选择。例如，学习群可以做讨论、培训形式；产品群可以定期开展促销等活动，推广产品；服务群可以提供服务信息；交友群则需要创造良好的交友氛围。

（4）维护社群成员以及社群质量。为了快速聚拢更多的新用户，在群里难免会出现竞争者、不相关的广告发布者。届时群主就需要维护群的质量，及时清除不重要的用户。

群主还需要把握社群成员交流的话题，以 3∶7 的形式进行把控，即把控好其余话题与相关话题的比例。这样的一个比例，能使得社群成员有一种不被束缚的感觉，能随心所欲地在社群中谈天说地、共同交流、交友。

QQ 社群是一个公共场合，群成员是形形色色的。在公共场合，应该有效制止不文明发言，尽可能打造一个文明有质量的群；对于情况恶劣者应该予以管理。管理者要掌握化解群员矛盾的技巧，最好的方法是私下化解。

8.3.5 QQ 社群用户活跃度的管理技巧

QQ 社群搭建起来容易，可是运营和维护却是最难的。以下将具体讲解管理一个活跃的 QQ 社群到底要做哪些事情，以及有哪些注意点。

（1）要选好管理员 。管理员的作用第一是活跃群，第二是负责网站推广，包括网站的活动、打折信息以及网站的红包发放等。一定要注意，当有促销活动的时候，为了保证我们的利润，必须得好好计算。

（2）随时补充群内的新成员。对于长期不说话的人我们要定时地清理，把这些人清理出我们的组织，保证新鲜血液的输入。

（3）群主一定要多为群里做一些贡献，比如说找一些淘宝商家优惠券给群友。

（4）条件允许的话，多举办一些线下的活动会很好。

（5）群一定要活跃，这也是管理员必须要做好的一个工作。只有活跃的群才能不断地吸引人，可以安排一些擅长烘托群内气氛的管理员。

第 9 章

百度贴吧社群电商玩法

百度贴吧是基于兴趣关键词的主题交流社区，任何有兴趣的人都可以加入贴吧或创建贴吧，然后围绕帖子与志同道合的人一起交流，相互认识。一个个贴吧实际上就是一个个不同兴趣、主题的社群。贴吧最大的优势是拥有极度细分性人群以及高黏度的用户群体，这无疑是社群电商的天然载体。然而百度并没有类似淘宝店、微店的功能，也就是说，没有电商必须要的成交平台。如何利用百度贴吧的社群来做社群电商呢？

社群电商的本质是社群 + 电商，但并没有限制社群与电商一定要在同一个体系内完成，我们可以将多个平台灵活组合操作。比如，我们在淘宝或微信平台开设店铺销售某种或某类产品，除了淘宝常规的引流手段外，我们开设某种兴趣主题的百度贴吧，然后通过运营这个贴吧社群来获取、运营、沉淀用户，并巧妙地运用各种软性方式将所售产品以及购买店铺的信息在社群中传播，最终为淘宝店或微店带来成交。

使用这种方式操作社群电商，在开始时一定要注意分析创建贴吧所选择的兴趣点吸引的人群到底是谁，是否与所售产品的潜在消费人群有比较高的吻合度。如果这两者有较高的吻合度，后边的转化就会很容易；否则虽然通过社群运营聚到很多人，但因为人群不符，很难形成有效转化。

9.1 百度贴吧的生态体系和营销价值

百度贴吧作为一个以用户原创内容为核心的社交平台，积累了庞大的用户群，为其成为连接者创造了先决条件。百度贴吧从 2013 年年底开始平台化邀请品牌入驻，基于用户关注的话题细分各种主题“吧”，开始运营社群电商。

9.1.1 贴吧的诞生

开放的社交平台成功初期的关键因素有以下两点。

◆ 能否在较短时间内聚集大量的种子用户，再通过这些种子用户源源不断地生产内容来吸引更多的用户。

◆ 社交平台用户老化后，面临着年轻用户不愿意和他们的父辈使用同一个社交平台的窘境，年轻用户希望有比较新颖、有趣的新社交平台。

社交平台历经了论坛、博客、SNS、微博、微信等历代更迭，很多比较好的社交平台逐渐地销声匿迹，唯独贴吧长盛不衰。历经 15 年风雨后，贴吧用户还呈现出了一种年轻化的趋势，不得不说这是一个很值得研究的现象。

作为搜索引擎的百度，具有天然流量和入口优势，也意识到用户搜索的关键字很有可能就是他们想要讨论的话题；与其费尽心思地把优质论坛排序到搜索结果的前面，还不如直接利用用户搜索的关键字，生成贴近用户需求的论坛。于是，一个作为搜索引擎内容补充的贴吧顺势而生。作为一个去中心化平台，百度贴吧也迅速成为网络社群最主要的孕育之地。

纯粹的互联网工具在这个时代越来越弱化，搜索也越来越依赖于应用场景的触发。若百度仅仅作为搜索的工具而存在，显然无法满足人群多样化的需求。

2001 年，李彦宏提出结合搜索引擎，建立一个基于关键词的主题交流社区时，或许只是无意间，便悄然拨动了社群宇宙大爆炸的火种。

2003 年建立的百度贴吧，一直是互联网上一个经久不衰的网站，是一款成功的产品。百度贴吧在一个恰当的时间，以一个恰当的平台出现。当时，互联网上的用户是非常分散的，缺乏一个网络平台将他们聚集在一起去交流。而百度贴吧通过与搜索引擎的高度结合，将搜索作为贴吧的最大入口，吸引用户使用。百度贴吧的低门槛、娱乐性和开放性等深深吸引了用户。从产品的定位上来说，百度贴吧从一开始就是以“主题互动社区”为定位的，与当时同为交流社区的 BBS 论坛相比，存在很大的不同。

BBS论坛强调整体的交流；而百度贴吧是基于兴趣点的拓展，非常细化。针对一个人、一个特定的关键词的兴趣点就能建立一个贴吧，聚集起一批用户，一起交流、互动。

下面就来进一步了解百度贴吧吸引人的两大特点。

1. 开放性

百度贴吧的开放性，使其成为人们心中理想的社交平台。广泛的主题范围使得那些小众话题的用户同样可以找到志同道合的人一起聊天讨论；用户黏性非常强，用户愿意花费长时间在贴吧中活动；且贴吧内吧友的关系非常好，就这样逐渐形成了一个让人们卸下负担、愿意与陌生人诚恳交流的社群平台。

2. 找需求，得朋友

当用户在网上搜索信息时，又多了一条搜索路径。用户可以通过搜索关键词条进入相关的贴吧查看信息，并且贴吧内的信息都是由贴吧管理者在众多帖子中筛选出来的，规避掉一些广告性较强、不文明的帖子。

相比于网络上繁杂的信息，用户在经过人工筛选过的信息中，更容易找到自己想要的信息。即使找不到想要的信息或存在疑问，用户也可以通过直接发帖或者与其他用户互动，得到自己想要的信息。这就是所谓的为了自己的需求而得到一些志同道合的朋友。

百度贴吧现已改版，虽然表面上确实提升了功能及质量，但让用户尤其是老用户失去了以前逛贴吧的感觉，少了以前那种热闹的氛围，贴吧架构上的大变动让老用户感到陌生与不适应。

百度贴吧需要的不是求新求变，而是对贴吧产品本质的专注，专注于对同一兴趣爱好的用户群的凝聚，于是就出现了不少板块，在板块下又细分了不少“吧”，让用户可以根据自己的喜好、兴趣，哪怕是小众的爱好，也能在百度贴吧上找到或建立相应的贴吧，进而找到志同道合的朋友。

例如，百度贴吧里的小说板块，被分为18个类别，有历史、改编、连载、科幻、书评、小说人物、奇幻、武侠、游戏改编、小说推荐、另类等。这些类别又分别被细分为更多的“吧”。

随着微博、微信等后起之秀的火热，百度贴吧的社交潜力逐渐被不少企业忽视了。但不要忘了，百度贴吧从一开始就是一个基于兴趣关键词的主题交流社区，因兴趣而建吧，围绕兴趣而发帖，以兴趣来建立交流以及交朋友。

贴吧以拥有优质粉丝的优势，完全能在如今的社群电商时代站稳脚跟。此时此刻，为了顺应企业和用户在社群电商时代的需求，推出基于交互的深度需求的服务，如企业可以开设企业吧、精英合作吧，用户可以开设自己感兴趣的吧等。

在社群电商领域，虽然百度贴吧有足够的用户基数，但还是较晚才进入社群电商的世界。下面就来了解百度贴吧对于企业运营社群电商来说，到底有何优势和劣势。

百度贴吧的优势有以下几点。

◆ 百度贴吧具有低门槛和庞大用户量的特点。

◆ 基于搜索，便于被搜索，流量和粉丝获取得比较快。

◆ 基于兴趣，契合去中心化的趋势，更容易维持粉丝活跃互动。

◆ 与百度知道、百度百科、百度地图等业务融合打通，一起为企业提供服务。

◆ 百度贴吧拥有非常广的话题范围，小众话题的用户同样可以找到志同道合的人一起聊天讨论；用户黏性非常强，用户愿意花费长时间在贴吧中活动，且贴吧内吧友关系非常好。

◆ 企业与粉丝之间、粉丝与粉丝之间都因兴趣而连接起来，透明的交互有助于放大企业粉丝效应和形成社群电商。

百度贴吧的劣势如下：

◆ 贴吧内容会出现良莠不齐的情况，导致一些成熟的用户对没有营养的内容逐渐失去兴趣，从而选择离开。

◆ 要花费比较长的时间说服已在微博、微信等载体上进行社群电商的企业来百度贴吧进行社群电商的运作。

◆ 相对于微博、微信，企业在百度贴吧上进行社群电商，对管理的要求高一些，因为需要引导粉丝大量发帖，管理成本比较高。

9.1.2 企业官方吧

2014 年 7 月 17 日，百度贴吧开放贴吧官方吧，让企业平台有一个战略性的用户载体，为企业搭建粉丝平台，成为企业与粉丝、产品与粉丝、品牌与粉丝、粉丝与粉丝深度交互的桥梁。

对于大多数行业来说，进入市场的门槛越低，产品的同质化就会越严重，导致市场竞争愈发激烈；消费者越来越有主导思想，传统营销逐渐不能打动消费者；消费者越来越需要信息的获取与分享，喜欢自己去寻找感兴趣的东西，而不是听广告商的意见去购买、获知产品。因此，基于兴趣、情感关联的社群电商成为近段时间备受追捧的营销方式。

百度贴吧通过邀请企业、机构和媒体等入驻品牌官方吧，开放一系列的服务及工具来帮助合作伙伴更好地运营贴吧；而且专门创建了一个精英合作伙伴吧，来帮助人们了解企业贴吧的各类事项；同时百度贴吧还结合了搜索营销、大数据等方面的领先优势，帮助企业在社群电商运营上排忧解难。

第一批入驻的企业多达数千家，包括天猫、OPPO、招商银行、十月妈咪、大众电影、华为、小米等品牌在百度贴吧上建立了各自的官方吧，与用户进一步交流。

百度贴吧凭借高覆盖率、高细分人群的平台特点，帮助企业快速聚集相关兴趣的人群，进行以粉丝为基础的社群电商，将粉丝与企业产品、品牌连接起来，通过实现与粉丝间的深度交互，为企业带来比较精确的用户群体。

百度贴吧是国内网民基础最好的社区型产品之一，拥有广泛而庞大的年轻用户是其显著特征，2014 年 7 月正式对外发布企业平台战略后，到目前已有数千家官方吧入驻。百度贴吧以企业官方吧为切入点，成为最受企业品牌关注的自媒体阵地之一。

那么企业在百度贴吧里建立的企业官方吧能为其品牌带来怎样的社群价值呢？

1. 更快、更全面地为用户解决问题

百度贴吧的一个重要社群价值就是为用户提供所需场景的百度搜索。百度贴吧的社群用户往往只需搜索一个特定关键词，一个明确动机，一个想了解的、想沟通的、想解决的问题，就能找到相应的内容，帮助社群用户快速找到答案。

当用户所要查找的关键词是品牌名称时，比如联想，百度贴吧就会提供给用户一个企业吧的索引，即“联想吧”，这样可以让那些既不是企业的用户也不是企业粉丝的人群，具备转化成企业社群用户的条件。

企业在百度贴吧经营官方吧的第一要务，就是主动给用户答疑解惑，回答用户对品牌、产品各方面的疑问，洞察用户的需求，听取用户的意见，提供比较好的场景沟通体验，获得用户的信任、口碑，促使用户关注官方吧，成为官方吧的社群成员。由此可见，百度贴吧是一个提升品牌沟通能力的平台。

例如，“招商银行吧”在板块顶部的显要位置摆放了 3 个解决用户问题以及供用户提供建议的区域，体现了为用户答疑解惑、与用户持续沟通、服务用户的思维。

2. 价值洞察

如今越来越多的品牌企业意识到“客户终身价值”的重要性，再也不将重点放在“倚老卖老”上。品牌企业明白，越早与年轻人建立起情感连接，就越具有长远的商业回报。由于贴吧是年轻人的主场，因此非常适合品牌企业做年轻态的调查。在百度贴吧这类自媒体平台中，与用户交互的重要原则之一就是价值洞察。

品牌企业可以通过在百度贴吧中建立社群，在社群成员发帖、相互交流的过程中，观察并了解年轻消费者的真实需求与行为习惯，不断洞察企业所希望提供的价值有效性，以便向年轻消费者交付符合其预期的价值。

例如，中信银行的“中信银行章鱼卡吧”在 2014 年 11 月 4 日和百度贴吧合作推出“壕”卡项目，在贴吧直接开设“贴吧银行”，启动了对年轻族群的办卡服务。

如今，“中信银行章鱼卡吧”在贴吧首页开设了一个“贴吧银行壕气开张”体验功能，其中分为“办卡大厅”“抽奖大厅”“活动大厅”“激活卡片”“特权查询”“查账还款”6 个功能，方便“中信银行章鱼卡吧”的社群用户或其他用户办卡、了解“壕”卡、参与活动。

此外，中信银行卡的外观非常前卫，卡片名称由很多流行词组成，如“思密达”“萌萌哒”“火星”等，这一设计无疑更贴近年轻群体，并且卡上还附有百度贴吧的 LOGO，突出了百度贴吧与中信银行的合作。

这是一个避免品牌“老龄化”的设计，是通过社群营销平台进行价值洞察与价值交付的经典案例。

3. 去中心化 = 激励 UGC = 参与感 + 体验感

品牌企业在百度贴吧内进行社群营销时，必须避免高高在上、自说自话的情况发生，应该与社群成员亲密接触。

例如，招商银行的官方吧并不是中规中矩地被命名为“招商银行吧”，而是叫作“小招 e 栈吧”。“小招 e 栈吧”确切地定义了招商银行的运营逻辑是“培育一个重视用户情绪态度、独立表达的场所”，我们可以将此称为品牌的“去中心化”。

品牌企业要去中心化，就必须激励 UGC。贴吧平台具有粉丝连接、透明交互等特性，并且使用户具有较好的社群容纳感，因此，品牌企业需要利用百度贴吧的优势，引导用户获得参与感与体验感。

例如，华为官方吧为社群成员提供了大量的活动，切合热点卷入用户，并且华为还强调以运营手段激励 UGC。

华为官方吧会不定期地将吧主包装成“名人”，这种“造星”举措有助于吧主与社群成员之间信任的建立；还可以通过满足吧主的价值感及虚荣心，激励吧主与社群成员有更多优质的交流。

企业官方吧是百度贴吧社群营销的价值之一，还有一个重要的价值就是贴吧合伙人。如果说企业官方吧是贴吧着眼于品牌自媒体需求推出的产品，那么贴吧合伙人项目则是一项帮助特定主体构建自商业的服务，更利于企业巩固社群营销。

所谓的贴吧合伙人是指百度贴吧向其合伙人开放一系列在各行业领域具有价值的“吧”，涉及汽车、数码、宠物、美容等行业，并提供官方特权、独家样式、运营工具、活动支持等，使得合伙人进阶为兴趣领域内的“壕”级玩家、垂直领域内的资深企业。

这样体现了在合伙人模式中，百度贴吧是“商业基础设施”、购物中心、生活体验；合伙人可以根据自身情况和需求来选择相关的“店铺”，进行自主经营，开始业内粉丝经济和盈利模式的探索。

百度贴吧的贴吧合伙人合作模式以吧内推广为核心，不仅资源通用，还通过不同的行业定制推广资源。从贴吧官方信息来看，目前合伙人项目重点针对的是垂直行业内的企业与专家，例如汽车、宠物、数码和美容行业。

百度贴吧认为每个吧的背后都有对应的精准人群。例如“美容吧”针对女性用户，既对自己形象有期待、有要求的女性用户。百度贴吧中不同的吧对应不同的细分人群。对特定主体来说，无论是基于现有模式来经营人群，还是根据现有资源来构建商业模式，都要具备扎实的用户基础，构建一个和谐、参与度高的社群。

下面就从百度贴吧的贴吧合伙人吧的社群价值角度来了解如何进行相关的社群运营。

1. 围绕社群成员需求

从“创造价值”的营销本质来说，贴吧合伙人吧应围绕社群成员需求去创造价值；创造的价值越多，商业回报就越大。

2. 用户动机的持续经营

百度贴吧流量的核心来源是关键词搜索。因此，进入贴吧合伙人吧的用户动机是非常明确的。而贴吧合伙人项目的本质便是对这种明确的用户动机的持续经营，是满足社群成员需求的一种经营。

3. 交流、沟通、陪伴才是硬道理

企业需要以正确的方法陪着社群成员一起参与活动，一起交流；也需要想办法使社群成员开心，鼓励他们积极参与活动，可以用奖品机制来鼓励社群用户乐于参与其中。

4. 浅层交互，保持聚焦

不管企业如何出名、如何强大，都不能四面出击，而是应该保持聚焦，选择适合自己的自媒体渠道进行社群营销的传递，将社群成员聚集在他们认为最舒服、最有吸引力的环境中，这样将达到事半功倍的效果。

总之，一种产品、品牌专注于一个社交平台，能够激发海量的浅层交互，经营起一种独特的品牌文化和价值主张，据此构建出核心的社群。单从这个角度来看，百度贴吧是非常值得企业聚焦的、从自媒体到自商业构建的主战场之一。

9.1.3 营销平台价值 = 顾客涉入度 × 社群容纳感

菲利普•科特勒曾经说过：“全新的沟通方式使营销者创造出更深入的顾客对品牌的社群容纳感。”单从字面上去理解这句话，可能会有点摸不着头脑。若是将它与社交平台相结合，那么就能理解菲利普•科特勒所要表达的意思了。

微信公众号的优势是“顾客涉入度”较深。从外层信息发布到深层 CRM（customer relationship management，客户关系管理）的成形，顾客被细分、引导与品牌建立起一对一的沟通机制。

百度贴吧的优势是“社群容纳感”较强，聚集了大量品牌与用户。用户与用户之间的相互交流、用户与企业之间的交互存在，让用户可以围绕特定兴趣爱好寻找到社群的归属感，构造出成规模、成气候的氛围。

这透露出了营销平台价值与顾客涉入度、社群容纳感之间构成一种正比例关系，构成一个让人们无法容易感知到不同营销平台之间差别的公式：营销平台价值 = 顾客涉入度 × 社群容纳感。

9.1.4 基于兴趣话题的聚合社群电商

百度贴吧的本质是基于共同话题聚集的社群，同时满足了人类亘古不变却自相矛盾的两大需求：追求个性和寻找知音。

百度贴吧里的年轻用户无须遵守成人给他们定的条条框框，能在百度贴吧里自由发挥，这也是百度贴吧经久不衰的原因之一。

百度贴吧和用户串接在一起形成关键词、话题，缔造出了“喵星人”等一系列流行词汇和异彩纷呈的网络文化，为百度贴吧建立了一座“护城墙”，使百度贴吧不会在互联网更迭如此快速的时代倒下。

百度贴吧是一个以用户原创内容为主的平台，在很大程度上增强了百度整体的媒体属性，制造了搜索热点和话题，提升了社会影响力。在如今这个需要社群电商的时代，具有“社会性”“话题性”特征的贴吧，能让消费者在互联网浪潮中轻松找到志同道合的朋友、基于兴趣的内容，以及实现消费者话语权的平台。

人们的首要需求是社交、寻找社群归属，然后才是使用工具。百度贴吧强化了账号体系，同时也有助于百度以账号为基础，逐步构建庞大的百度生态体系。

9.1.5 企业进行社群电商营销的基石

当百度贴吧聚集了大量的年轻用户，影响力日益扩大的时候，百度贴吧的商业价值也在不断地扩大，这验证了凯文·凯利在《技术元素》一书中所说的“目光聚集的地方，金钱必将追随”。

百度贴吧在为人们提供进行社群交流的平台时，还会积累大量的数据，能够帮助百度更好地建立起用户的兴趣图谱，成为未来百度人工智能战略的重要组成部分。

9.1.6 从企业与“贴吧精英合作伙伴吧”合作来看社群电商的运营

在百度贴吧中，不同的贴吧对应着不同类型的人群。企业在百度贴吧里建立企业吧，具备扎实的用户群基础，根据现有资源可构建出一个和谐、参与高的社群电商。百度贴吧也建立了一个“贴吧精英合作伙伴吧”，呼吁各地精英、企业与百度贴吧合作，引导吧友不断创造新奇、有趣、有用的内容，实现用户、合作伙伴、社交平台三赢的社群电商新模式。

那么，企业如何运营“贴吧精英合作伙伴吧”呢?

（1）需求价值：从“创造价值”的营销本质来说，“贴吧精英合作伙伴吧”是围绕社群用户需求创造价值，创造越多，商业回报越大。

（2）奖品诱惑：企业需要以正确的姿态陪着社群用户参与活动、一起交流，可以利用奖品机制来吸引社群用户参与其中。

（3）经营用户：“贴吧精英合作伙伴吧”的本质是对明确的用户动机的持续经营，是帮助企业满足社群用户需求的一种经营模式。

9.2 百度贴吧的营销方法和推广方式

9.2.1 创建百度贴吧

在百度贴吧里，创建一个贴吧并成为吧主，需要以下 5 个步骤。

（1）输入网址，打开百度贴吧首页。

（2）登录百度账号。

（3）搜索要创建的贴吧名，如果有人注册过就不能再创建了；如果没有人创建过就可以点击创建。给贴吧命名要注意以下几点：贴吧的名字不能与已有的吧名相冲突；不和谐的吧名无法创建；吧名不超过 31 个字符，且只能使用汉字、字母、数字和下画线；建议吧名不要太长，易记并且紧扣产品或品牌主题。命名创建的贴吧之前，首先要定好贴吧的主题，即建立的这个贴吧的发展方向和共同话题是什么，这是相当重要的，是影响贴吧以后氛围的重要因素，也是选择贴吧名需要考虑的因素。

（4）注意看创建贴吧的条件，然后填写验证码并且创建贴吧。

（5）点击创建后，会弹出审核的提示，可以先申请成为实习吧主。初创建好贴吧之后不要乱发广告，不然很难成为吧主；记得每天去签到，并且发帖。

9.2.2 了解吧主的主要职责与权力

吧主的主要职责与权力如下：

（1）吧主职责：热爱和关心自己的贴吧；创建合适的管理团队；带领、管理团队，共同维护吧内的讨论秩序、积极发掘优质话题与事件、奖励精华帖、发展会员、维护视频图片库等；多参与话题讨论，引导正常发帖方向，与吧友多沟通。

（2）吧主权力：有权任命、考核与罢免管理团队成员；拥有独立的吧务管理后台，熟悉、了解后台操作并合理使用；有义务维护贴吧形象，遵守相关法规和制度；需要民主的管理制度，参考吧友的建议，虚心接受批评，给予吧友相应的帮助；当对吧友产生质疑或采取处罚措施时，应适当给予解释。对于长期不活跃、管理贴吧失职或能力严重不足的吧主，贴吧管理团队有权将其吧主权限撤销。

9.2.3 正确定位贴吧

成为贴吧的吧主或者管理者，意味着你在网络中拥有一个自由发挥的舞台。成功的管理将使你成为吧友信任的领导者，同时你的行为也可能成为贴吧社区的典范。而在获得这些成就之前，你首先需要明白，你所管理的贴吧欠缺什么、需要什么？一个合理正确的定位，将使你有明确的努力方向，让你踏上一条成功的吧主之路。在为管理的贴吧进行定位前，请先问自己5个问题：

◆ 贴吧性质是什么？选择什么话题进行讨论？

◆ 贴吧的哪些地方需要进行改良？比如贴吧吧务、贴吧头像、背景、贴吧分类、贴吧的建设和推广。

◆ 贴吧的管理工作应该如何分配才能达到最理想的效果？需要一个公司内部吧主、两个小吧主进行贴吧内容和用户的运营。

◆ 贴吧的未来会发展成什么样子？

9.2.4 建立良好的吧务团队

1. 团队招募建设

吧务团队是一个贴吧发展兴衰的关键所在。寻找吧务人才可以参考以下两种途径：

◆ 吧主自行寻觅合适的管理人才。

◆ 前往“贴吧人才市场”，按照格式发帖进行人才招募。

2. 吧务管理团队职务介绍

◆ 大吧主：该职位不仅可以在吧务管理区进行小吧主、图片和视频小编的任免，还负责吧内的整体建设，是贴吧发展的核心所在。

◆ 小吧主：主要职责是删除本贴吧内的违规帖，负责吧内的内容整洁。建议选择富有热情、公正、在线时间充裕的吧友担任小吧主。

◆ 图片 / 视频小编：上传与本吧主题相关的图片或视频，参与相关建设。建议选择在图片、视频制作方面精通熟练的吧友为相关小编。

除上述几个权限职务外，吧主还可以自行根据本吧的需求，建立如“贴吧外交小组”“图文转载小组”“活动交流小组”等小的分支团队，并选择合适的吧友参与其中。

当然，吧主还有一些常务工作，如贴吧会员的管理、日历建设、友情与自定义链接、置顶帖和精品区的维护，这些都只有吧主才有权限管理。除此以外，最重要的是让吧务团队出色发挥，让众多吧友将贴吧当作大家共同的家园！

9.2.5 监督考核管理团队

1. 管理工作计划与总结

很多贴吧都有管理员签到制度，这样可以有效督促管理员按时来管理。比起签到，定期的工作计划与总结其实更能给管理员带来成就感。以周或者月为周期，本周 / 本月打算做哪些工作、推动哪些活动、达到怎样的效果，由管理员自己来提出。一个周期结束，管理员根据计划从计划完成度与起到的效果两方面对自己做出评定。计划和总结都可以简短，具体的方式由吧主和管理员一起协商。

2. 在帖子和职务操作中考核管理成员

管理团队成员是否加入话题讨论、表达适当的观点与立场、积极引导网友的发言方向，都可以在帖子内一目了然，这是考核管理员时非常重要的一点。

另外，小吧和小编是否及时履行了其应有的职责，如删除垃圾帖、建设图片视频库等，也是考核管理团队的一个直观标准。

吧主始终要记住，任何团队都需要纪律。完全无序和没有约束与监督的团队，将很难保持长久的工作热情与效率。

同时，吧主也需要激励管理团队，对他们保持信任、适当地放权等，要以对待朋友的真诚来面对管理团队的成员们，创造一个温馨美妙的管理环境。

9.2.6 建设贴吧

1. 制定吧规

无规矩不成方圆。为了维护贴吧秩序，制定合适的吧规必不可少。通常使用的吧规有以下几点。

◆ 尽量不要发与本吧主题无关的内容。

◆ 禁止以任何形式造谣、诽谤、诋毁任何人。

◆ 禁止发与本吧无关的广告帖，发现后一律删除。

◆ 请尽量注册登录再发帖，方便大家相互认识及进一步交流沟通。

◆ 重要通知要由吧主和管理组的人通知，不要随便相信别人发的，以防受骗。

◆ 支持原创，多发一些有意义的精品帖，若引用别人的东西请注明出处。

除此之外，吧主还可以组织本吧的网友，多去一些与本吧相关联的贴吧，建立友情关系。

2. 营造愉快的贴吧氛围

一群志同道合的朋友，在贴吧里轻松愉快地讨论，优秀的帖子不断出现，良性论战也不会让大家伤了和气……

你是否向往这样的贴吧氛围呢？作为吧主，如果从以下几方面着手，就完全可以让你的贴吧出现这样的景象，让吧友们感到轻松、热情、公正、愉快。

（1）友好的引导：引导是贯穿整个贴吧发展的关键词。贴吧是个自由开放的平台，但自由不等于无序，要想拥有一个健康热闹的环境，对吧友们给予及时适当的引导至关重要。

（2）有效治“水”：无论你的贴吧处于哪个发展阶段，帖子的质量一定要保证好，清爽明朗的贴吧才能给来访者一个好的印象。与贴吧主题无关的灌水、大量垃圾帖都有可能使一个健康的贴吧沦为“水灾区”，这样的恶劣环境谁都不愿意见到，因此和管理团队共同、及时维护发帖质量是很重要的。

（3）适时表达立场：没有主张的吧主可能是个大好人，却不一定能建设一个好贴吧。吧主需要亲身参与话题的讨论，并适时表达自己的观点，让吧友时刻感觉得到管理者的魅力，也会让吧友愈发喜爱这个吧。

（4）给予吧友鼓励：让有原创能力的吧友感觉到亲切感与成就感，逐渐凝聚起一批大家都喜爱的优秀吧成员。把握住热心的吧友，你的贴吧就有了核心价值，发展壮大指日可待。

3. 吧内建设

贴吧一开始都会比较冷清，不要担心。这时需要管理人员多多关注吧友的行动，如发现精华帖、引导讨论、组织活动等。

尽快熟悉吧务后台、及时审批会员、设置贴吧分类（会出现在贴吧目录中以便受到更多关注）及贴吧头像，这些都是吧主的必要工作。

召唤大家一起丰富内容，为这些内容进行规划梳理，选拔优质的帖文设置为精品并进行展示。

引导吧友们进行点评、意见的交换，从而逐步地建立起一条本贴吧的发展轨迹。

9.2.7 推广方式

一个贴吧的热门程度，可能会与本贴吧的属性和主题相关。而一个贴吧的知名度，在排除热门程度这个因素之外，更多还是需要吧主和吧务管理团队的努力。

推广贴吧，吧主可以去与本吧主题有关的其他贴吧进行友情拜访，让更多贴吧网友认识并熟知你的贴吧。而在贴吧中，有几个吧是需要吧主们时常关注的：

（1）吧主吧：吧主与吧主间相互交流、沟通管理经验、宣传自己的贴吧。

（2）贴吧帮助吧：解答用户在使用百度贴吧过程中遇到的问题，收集用户反馈、意见与建议。

那么，总结一下，推广百度贴吧的要素应包含以下几点。

◆ 吧主、管理团队和吧友们始终保持活跃性。吧主和吧务应该时刻关注吧内动态，及时为会员答疑解惑。

◆ 在初始阶段，吧务团队多发一些有效、高质、与吧主题以及氛围吻合的内容是吸引来访者的关键。

◆ 活动的举办：日历建设、抢楼帖。

◆ 直播帖：一般较大型贴吧具有直播帖功能。发布直播帖需要有吧主权限，当近期有一个话题或者活动需要大家的关注时，吧主可以发布直播帖。

◆ 多邀请朋友来贴吧，让更多爱好相同的人知道你的贴吧，让吧友们愿意正当宣传你的贴吧，让来访者都愿意驻留在你的贴吧。

9.3 如何申请成为企业官方吧

一个企业要申请成为企业官方吧，需要从以下 5 步着手。

（1）进入百度贴吧首页然后登录百度账号，往下拖页面，直到看到右下角的“官方进驻”，点击“企业入驻”。

（2）进入百度贴吧企业平台首页，可以看到官方贴吧的特权有：自定义皮肤功能、活动平台、宣传推广以及吧内监控等。点击“立即申请官方吧”，进入填写信息的页面。

（3）进入企业认证页面，需要填写认证信息，如企业信息、申请企业联系方式，下载《企业认证申请公函》。

（4）下载好申请公函后，需要填写信息并且盖上企业公章，扫描。然后回到企业入驻页面，上传企业申请公函，填写并确认好信息后，点击“填写完成，提交审核”。

（5）提交公函后，进入认证审核阶段的页面，会收到提示：认证审核需要 2 ~ 3 个工作日。认证审核通过后，还要经过选择合作伙伴、签约审核两个阶段。

9.3.1 如何申请企业官方吧吧主

申请吧主：首先需要关注你想作为吧主的企业官方吧，然后等到你满足要求后就可以申请成为吧主；按照流程填写一些资料然后等待百度审核。

官方吧吧主申请成功后，官方会发送一条申请成功的消息链接，根据链接提示申请成为实习吧主。做实习吧主一个月后，若能通过考核，就能成为吧主。一个贴吧只能有三个吧主。

9.3.2 百度贴吧小吧主如何进入吧务后台

只有你已被某一个贴吧的吧主设置为小吧主，才具有相应权限。首先，登录你自己的百度 ID。登录完成之后，进入你自己管理的贴吧，只有在这个贴吧你才拥有小吧主的管理权限。进入贴吧页面之后，在页面的最右侧，点击“进入吧务后台”即可进入你所在吧的吧务后台，然后便可以顺利地看到帖吧帖子的管理状况，便于处理吧友的投诉之类的情况。

接下来介绍一下小吧主的管理模式。点击“进入管理模式”之后，你会发现，贴吧里面的帖子除了加精帖之外，后面都加了一个可供选择的小方框。点击“勾选”之后，我们可以通过这个按钮实现批量删除帖子以及批量封禁楼主的功能。当有吧友存在“爆吧”行为的时候，这个功能会显得十分重要。

9.4 如何利用百度贴吧进行推广

在百度贴吧里，除了自己创建贴吧进行社群电商的营销推广外，还可以在百度贴吧发帖进行推广。下面就简单阐述一下如何在百度贴吧里推广社群电商的营销。

9.4.1 百度贴吧选吧技巧

选择与自己推广的内容主题相关的贴吧，提高内容相关性，尽量选择热门贴吧以增加帖子的曝光度。

在贴吧推广产品时，只有我们找到合适的关键词，才能找到交流区。因此，在关键词的定位上需要我们下功夫。

（1）根据产品的效果，寻找关键词。这和网站的关键词相似。我们的做法就是找到尽可能多的关键词，搜索交流区。例如：123 减肥套餐，“减肥”就是我们要找的关键词。

（2）根据产品的目标人群寻找贴吧交流区。这时关键词会是一类人的称谓。例如，爱玩自拍的人通常是“90 后”女生，“90 后女生”就是我们要找的关键词。

9.4.2 百度贴吧发帖技巧

贴吧的效果使得很多网络推广都在大范围地使用它。同时百度对于贴吧的人为管理也在不断地加强。因此，我们发布帖子时需要注意如下很多细节：

1. 帖子标题要有吸引力

点击率高的文章，标题都比较吸引人，对浏览者的心理把握比较准确。发布帖子时，帖子的标题很重要。标题不但要新颖、吸引人，而且一定要带自己推广内容的关键词，同时也要注意帖子标题的长度。

2. 帖子内容注意相关性

每个贴吧都是有管理员的。在发帖子的时候一定要发和你的标题相关的内容，而且帖子内容也同样要符合优化的原理。只要在内容里面合理布置关键词，这个主题帖子在百度搜索引擎上就会有一个很好的排名。不要发和贴吧主题不相关的帖子，因为一般人来到一个贴吧都是找与该贴吧主题相关的信息的；你的帖子不是这个主题的话，是不会引起注意的。所以，这样发帖不但不会给你带来流量，而且还会被系统认为是灌水或广告，从而限制你发帖，甚至有些吧主会直接删除你的帖子。同时，帖子内容还要注意以下几点：

◆ 帖子内容不要像广告

帖子的内容千万不要像广告一样，否则，吧主会毫不犹豫地删除你的帖子，并且会找出你发过的所有帖子进行删除。尽量选择故事类型的帖子、提问类型的帖子、吧友帮助类型的帖子、人物话题类型的帖子、资源类型的帖子等。

◆ 帖子字数不要太多也不要太少

一般帖子的字数不要太多也不要太少，一般控制在 200 ~ 300 字之间即可。

◆ 关键字在文章内体现得不要太明显

当你要把关键字嵌入到文章内部的时候，千万不要把关键字体现得太明显，最好就是用一句话自然地嵌进去，并且每个关键字要分开，不要挨着。

◆ 超链接不要添加太多，关键字必须加粗

发帖的时候，一篇帖子里的关键字必须全部加粗。一般来说，每个关键字都要加入超链接到网站，且一篇帖子加入的超链接最好不要超过 3 个，否则，吧主可能立刻会删除这篇帖子。

3. 帖子在精不在多

运用百度贴吧发帖做推广时，每天帖子的数量限制不是确定的。不过一个贴吧中每天的发帖量在 10 个左右，不要在同一时间大量发帖，不然很快就会限制你的发布权限了。选择几个与你所发内容最匹配的贴吧，帖子内容必须是来到贴吧的人所感兴趣的，才有可能为你带来可观的流量。

4. 贴吧顶帖

在百度贴吧上发布帖子后，后续的工作就是每天去维护，做好顶帖工作。每天的中午和晚上是上网人数比较多的时候，这时我们的帖子最好在前面，才容易被看到。所以我们可以把顶帖时间安排在上午 9 点 ~ 10 点之间和下午 4 点 ~ 5 点之间。每天去顶一次，不宜太频繁。频繁地顶帖很可能会使你的主题帖被管理员删除。同时顶帖的内容也要注意，不能做只有两三个字的灌水式顶帖。宁愿多花点心思也要回好帖，这也许会给你的推广工作带来意想不到的效果。

9.4.3 贴吧回帖技巧

在百度贴吧首页的页面下方有贴吧目录，选择和自己推广主题相关的贴吧后可以不发帖，但可以在里面回帖。回帖的时候选择简短的广告词也是一种推广方式。

尽量选择最新发表的帖子，抢先回复；回复帖子后，别人看这篇帖子的同时也就能看到你回复的广告了。这样既可以起到宣传的效果，又不容易被吧主发现广告而删除你的回帖。

尽量选择具有争议性的帖子回复，这样的帖子访问量大，同时很多人喜欢看别人的回复。

同时，在百度贴吧回帖时需要注意以下技巧：

◆ 必须纯手工回帖，千万别使用群发软件。

◆ 力争使自己的回复出现在前十，不能保证前十也最好能在第一页，太靠后的话基本就没有什么意义了。

◆ 用多个账号回帖，不断地更换自己的 IP。

另外，百度贴吧回复和发帖可以不用注册，直接匿名发，所以在回复别人的帖子时尽量匿名回复。

通过本章的学习可以得知，百度贴吧作为一个以用户原创内容为核心的社交平台，积累了庞大的用户群，为成功运用社群电商创造了先决条件。社群电商的容纳度是非常强的，只要合理利用这个天然社群流量池，辅以优质的内容，就可以造就一个独有的引流平台，打造出属于自己的自媒体，那么运营社群电商自然是水到渠成。

不管在微信、微博上运营社群电商如何容易，每一个人或者每一个企业，都有属于自己的社交基因，选择符合自己的社群电商定位的社交平台，运营起来将会事半功倍；当大家都把目光聚焦在微信、微博上的时候，百度贴吧很可能就是最适合你的社交平台。

本书主要讲，微信、QQ、微博、百度贴吧，但你必须明白的是，可作为社群电商的阵地远不止这些，还有许多各种各样的工具能够轻松地将人们连接或聚集起来；只要能聚集人的地方就能玩社群，只要有社群的地方就能够用类似的思路玩社群电商。

第 10 章

社群时代的创业思维

随着社群商业、社群经济模式的日渐成熟，互联网商业已经从运营商品走向运营内容，再以运营内容为纽带触及人群，获得消费者，最后使之转化为会员。创业者除了要创造优质独特的内容，还要具备优秀的商业经营思维，只有好的经营思维才能创造可持续发展的互联网商业。本章将着重介绍免费经济、互联网金融、轻资产运营 3 种经营思维。

10.1 免费经济

俗话说“天下没有免费的午餐”，然而我们的生活中却随处可见免费报纸、免费食品、免费软件服务等各种免费产品。层出不穷的免费经济模式用传奇的发展速度吸引着众人的眼球。

10.1.1 免费经济是盈利的开始

免费经济，简而言之，就是创业者借助免费的手段销售产品或者服务，建立庞大的粉丝群体，塑造品牌形象，再通过配套的增值服务、广告等方式获得一定收益的商业经济模式。这种商业模式本身的成本很低，而且“免费”的金字招牌对粉丝有着无穷的吸引力，能在短时间内使创业者迅速占领市场并扩大知名度。尽管现有的免费经济模式花样繁多，从免费到实现利润的路径也大相径庭，但究其根本，可以总结为以下两种类型：

1. 平台打造与产品加载

在信息经济时代，信息和知识的集大成者本身就拥有巨大的潜在价值。他们在信息集成的基础上，借助创新的资源整合模式，将既有的信息资源转化为有效价值，这一过程也使其积累并形成了模式运行所需要的知识库，“罗辑思维”就属于这种模式。

网络产品的边际成本很低，甚至可以说为零，即每新增的消费量对产品总成本的影响非常小。借助互联网的强大影响力，创业者可以通过加载增值服务、广告和互联网产品等迅速产生“库经济”效应。

2. 品牌扩展与交叉带动

粉丝对信息的掌控能力不及企业，所以很容易出现由于不放心而放弃购买企业产品的行为。此时，企业如果以免费平台带动产品信息流动，即可达到增加收费产品销售的目的。

传统的交叉补贴是向核心的、利润最高的产品收费，赠送给客户一些附加增值产品，类似于让利。社群时代的“交叉补贴”则更具颠覆性，它将核心产品释放出来，完全免费，只做附加产品的生意。

部分免费是企业品牌扩展最常用的方法，这种方法能够自动识别不同的粉丝，实现多级价格实际带来的剩余利润，并通过增加与粉丝之间的接触程度达到销售产品的目的。

相比于部分免费经济模式，全部免费似乎会让企业失去盈利的可能，但是只要产品的质量足够好，前期的免费产品成本完全可以通过提高粉丝忠诚度的方式收回。

10.1.2 创业者如何经营免费经济模式

创业者通常从以下几点着手，去经营免费经济模式。

1. 分析产品特性，满足免费经营条件

创业者实施免费经济模式必须确保产品或服务满足 3 个条件：社群粉丝基数足够大、增值服务足够有吸引力、能够有效黏合住粉丝。

2. 准确定位目标市场

准确定位目标市场的重要性体现在两个方面：节约成本和塑造品牌。尤其是免费产品的提供需要大量成本作为支撑。除此之外，创业者还可以把免费产品作为一种营销手段，进行病毒式传播，这样有利于在目标受众中塑造品牌形象。

3. 从价值链中深挖粉丝需求

实施免费经济模式的创业者要敢于打破常规思维，从满足粉丝需求的角度出发，不断对增值服务项目进行创新。

4. 着眼于价值创造

免费模式的最终目标是为社群用户提供系列产品或是成套的服务解决方案。所以，创业者需要整合产品和服务，打开后续市场。免费的产品或是服务可以通过新价值来弥补，只要新价值足够大，前端产品即使全部免费也能够盈利。

5. 坚守免费承诺

针对部分免费模式，创业者必须对其免费的产品和服务坚守承诺，如果只是把免费当作噱头，在成功忽悠粉丝购买产品后再进行收费，无疑是在赶离粉丝。所以，免费之后的收费服务要建立在不伤害粉丝信任的基础上，让粉丝心甘情愿地为增值服务支付合理的费用。毕竟，创业者只要坚守免费承诺，让粉丝真正感受到免费的体验价值，他们才愿意把品牌信息、产品信息、服务信息传播给其他人。

10.1.3 创业者要避开免费经济模式的误区

有些创业者认为免费是百试百灵的法宝，所以不加区别就到处滥用，结果造成了一笔笔毫无回报的营销投资。通常这些创业者会陷入以下几种免费经济模式的误区。

1. 认为任何市场都适合使用免费模式

不是所有市场都适合免费模式。一般而言，适合免费经济模式的市场至少要具备以下特征：第一，社群粉丝数量众多，市场足够庞大。一项免费产品或服务在推出后能够招来大量的消费者，这样创业者才有可能通过后期加载产品和服务实现盈利。第二，产品边际成本低，市场影响力大。低廉的边际成本可以让创业者降低负担，但如果是巨大的固定成本，创业者只有依靠足够大的市场影响力才能确保成本收回。第三，信息数据和知识库具有开放的市场空间和潜力。创业者不仅需要依靠免费平台吸引粉丝，还要在后期加载各种增值服务或是提供关联产品，从而通过交叉销售进而获取利润。

2. 认为任何服务都适用免费模式

免费模式的适用范围具有鲜明的特征，即创业者必须确保免费平台有足够大的吸引力和加载产品或服务的能力。即使无法实现产品或服务的加载，创业者的自媒体平台上的信息也应该具有开发的价值。

此外，对于部分免费模式中免费和收费的边界问题，创业者一定要处理好，否则很容易引起粉丝的强烈反感。实施全部免费的创业者要确保免费模式中传递的信息都是有利于后期产品销售的，能够对粉丝心理产生正面影响。

3. 认为只要粉丝接受免费产品的吸引就成功了

由免费向收费的过渡是免费模式的关键点和难点。因此创业者在设计免费模式时，要注意如何以粉丝能接受的形式推动平台的最终盈利。事实上，很多创业者的产品和服务通过免费模式推广之后，都能赢得粉丝的支持，一旦开始收费，就会流失大量的粉丝。

10.1.4 免费模式的 7 种盈利方法

免费模式有以下 7 种盈利方法。

1. 体验模式

用户粉丝对待新的产品往往抱着怀疑和渴望的双重态度，让用户粉丝感觉到安全与信任就成了创业者营销的核心。体验模式是用户粉丝先进行体验，获得信任后再达成成交的方式。这种模式具体可分为两种：一种是创业者设计可以用于体验的产品，用户粉丝可以免费体验，感觉良好后再进行购买；另一种是和时间挂钩的免费体验，就是用户粉丝在限定时间段内可以免费体验该产品，而后进行交费才能享受长期的服务。

2. 第三方资费模式

每一个创业者都有自己的鱼塘，而鱼塘是可以相互利用的。创业者们相互合作，就转化成了一个资源对接的平台。简单地说，就是消费一个创业者的产品的粉丝将会免费获得，而需要付费的则是想拥有这个创业者鱼塘的另一个创业者。

3. 产品型模式

免费获得产品，对于粉丝来说具有极大的吸引力。产品型模式是通过某一产品的免费来吸引粉丝，而后进行其他产品再消费的方式。这种模式是一种产品之间的交叉型补贴，也就是说，某一个产品对于粉丝是免费的，而该产品和维系该产品的费用则在其他方面进行补足。产品型模式分为 3 种：一是诱饵型产品，即创业者先设计一款免费的产品，用来培养大量的潜在目标粉丝，如很多创业者刚开始都是用免费分享知识性文章的方式来培养潜在粉丝；二是赠品的设计，即将一款产品变成另一款产品的免费赠品，如很多用户粉丝在购买某个创业者的产品之后，就能获得书籍或是纪念品之类的免费产品；三是产品分级的设计，即粉丝可以免费获得普通版的产品，但更高一级的产品则需要付费。

4. 时间型模式

时间型模式是指在一个规定的时间段内对粉丝进行免费销售，比如一个月中的某一天、一周中的某一天或一天中的某个时间段。采用这种模式将具体的免费销费时间固定下来，让用户粉丝形成时间上的条件反射。该模式不但对提高粉丝的忠诚度和创业者品牌的宣传上能产生巨大的作用，还能引导粉丝去消费积压的产品，进行产品之间的交叉补贴。

5. 功能型模式

有些产品的功能可以在其他产品上体现，这样就可以将一种产品的功能对粉丝免费。

6. 空间型模式

创业者为了拉动某一特定空间的用户粉丝数量，对于指定的空间，粉丝可以获得相关的免费。空间型模式是指该产品或服务对于粉丝来说是收费的，但是在指定的空间或者地点可以享受到免费的待遇。

7. 增值型模式

为了提高用户粉丝的黏性和重复性消费，创业者必须对用户粉丝进行免费的增值型服务。

有很多互联网公司都喜欢先给用户粉丝提供免费的产品，等积累一定量之后，再对产品的 VIP 功能进行收费。其实，这种商业模式不只在互联网界被广泛应用，秋叶也将免费模式玩得很好。接下来我们就来看看它是如何做的。

第一，基础内容免费。进入幻方秋叶的微信公众号，我们就会发现秋叶在公众号上分享的文章都是免费阅读的。这些文章非常实用，都是干货。很多粉丝都表示其操作性非常强。

第二，课程收费。要运营一个大公众号，需要资金的支持。秋叶运营公众号的目的也是为了盈利，所以不可能一直免费下去。但如果是收费阅读，粉丝就必然流失得很快。为了平衡粉丝数量与收益，秋叶采取了一个办法，就是推出课程收费模式。幻方秋叶的收费课程包括了 PPT、Excel、Word、阿文信息图标、职场技能课，每个课程的价格不同。不过，虽然课程收费，但是秋叶制定的价格并不高，这种物美价廉的增值方式让秋叶的收费课程很受粉丝欢迎。

秋叶的“免费—增值”路线走得很好，很受粉丝欢迎。关键是他抓住了“产品第一”这一点。秋叶一直认为产品一定要放在第一位，只有产品好才能通过产品自身的优势免费获取大量的用户粉丝。如果实行免费都没办法留住粉丝，就无法吸引新用户或粉丝，更不可能完成从免费向付费的转化。因此，秋叶所发布的文章内容，都是能够真正帮助粉丝能够解决粉丝痛点的。

10.2 互联网金融

10.2.1 什么是互联网金融

互联网金融已成为当下最热门的话题。各大互联网企业也纷纷进军金融业。那什么才是互联网金融?

互联网金融是指借助互联网技术、移动通信技术实现资金融通、支付和信息中介等业务的新兴金融模式。

互联网金融是传统金融行业与互联网精神相结合的新兴领域。互联网“开放、平等、协作、分享”的精神往传统金融业态渗透，对传统金融模式产生了根本影响。具备互联网精神的金融业态统称为互联网金融。

以互联网为代表的现代信息科技，特别是移动支付、云计算、社交网络和搜索引擎等，使互联网金融模式得以快速发展。互联网金融模式在未来 20 年将成主流。

互联网金融与传统金融的区别不仅仅在于金融业务所采用的媒介不同，更重要的在于金融参与者深谙互联网“开放、平等、协作、分享”的精髓。通过互联网、移动互联网等工具，使得传统金融业务具备透明度更强、参与度更高、协作性更好、中间成本更低、操作上更便捷等一系列特征。

下面就具体阐述一下互联网金融与传统金融之间的区别。

1. 模式区别

首先对互联网金融与传统金融的模式进行比较，以明确两者的不同。两者在模式方面具体有以下几点不同。

第一，掌控能力。

互联网金融具有传统金融不可比拟的优点。它出现于互联网时代就具备了互联网对于信息更新与海量数据的优势，以及在搜索引擎、大数据处理、社交网络化等优势。

互联网金融的运作过程可以将碎片化信息进行组合，海量的碎片组合起来的能量不可小看，可以根据任何人的碎片化信息做产品信息的挖掘和产品推导。

互联网金融一方面有效地拉近了商家和供应商之间的关系，使之不再像以前一样相隔甚远，以方便快捷的方式利用大数据技术从中挖掘商机；另一方面有效缓解了银行企业之间信息不对称的矛盾。

现在传统金融企业也意识到大数据对产业发展有巨大推动作用，并采取了一些措施利用大数据为其服务。这方面最常见的例子是现在各大银行开办的网上银行，但是相较于互联网金融，传统金融对用户的信息采集和处理能力还远远不够。

第二，运营模式。

互联网金融诞生于互联网，它依托于互联网的运作而进行业务的开展，即互联网金融所提供的服务都是存在于网络的虚拟空间。它属于直接融资模式，侧重于解决中小企业融资问题，并且促进民间金融的阳光化、规范化，更可被用来提高金融水平，推动经济发展。

传统金融机构也有类似的线上活动，但是它在资金流通过程中充当的主要还是中介的角色，其服务的对象也是规模较大、信誉度较高的企业，对于信誉度难以审查的小微型企业则服务较少。传统金融主要是通过运营网点向客户提供可触摸的服务，并利用社交关系来销售产品。

第三，运营成本。

互联网金融的交易双方在资金期限匹配，两者共同分担的成本非常低，对于传统金融交易需要的银行、券商和交易所等中介都没有涉及。

无论是贷款、股票、债券等的发行和交易，还是券款支付等，都可以直接在网上进行。这个市场充分有效，接近了无金融中介的状态，能够大幅度降低交易成本，而且整个过程的透明度更高、双方的参与度更高、具体操作更便捷，也就使中间成本变得更低。

未来，以第三方支付为代表的互联网金融，将创造性地依靠海量数据，极大地降低各类企业享受金融服务的成本。由于互联网金融完全依托互联网而存在，没有银行、保险业等传统金融所需要的实体网点，加上拥有的海量数据不需要分析费用，使得它的成本比传统金融业要少得多。

第四，具体操作。

传统金融采用的是物理网点分散支付，而互联网金融是超级集中支付系统和个体移动支付的统一。

传统金融的信息通过人工进行处理，信息不对称；互联网金融的信息处理和风险评估通过网络化方式进行。在云计算的保障下，资金供需双方信息通过社交网络公示和传播，最终形成随时间连续动态变化的信息序列，由此可以给出任何资金需求者的动态风险定价或动态违约概率，而且成本极低。

传统金融的具体形式如银行等，作为中介匹配资金的借入方和借出方，互联网金融的资金供需信息则可直接在网上发布并匹配，供需双方可直接联系和交易。

2. 实际操作细节的区别

传统金融模式和互联网金融模式在实际操作时的区别体现在以下几个方面。

第一，信息处理方面。互联网金融模式操作容易，成本低；传统金融模式操作困难，成本高。

第二，风险评估方面。互联网金融模式操作数据丰富、完整、信息对称；传统金融模式信息不对称。

第三，资金供求方面。互联网金融模式完全可以自己解决；传统金融模式需通过银行与证券商中介进行期限和数量的匹配。

第四，支付方面。互联网金融模式是超级集中支付系统和个体移动支付的统一；传统金融模式需通过银行支付。

第五，供求方方面。互联网金融模式直接交易；传统金融模式间接交易。

第六，产品方面。互联网金融模式更加简单化；传统金融模式具有复杂风险和对冲风险。

第七，成本方面。互联网金融模式下的金融市场运行互联网化，交易成本较低；传统金融模式交易成本极高。

10.2.2 互联网金融模式——众筹

目前来看，互联网金融包括第三方支付、P2P 小额信贷、众筹融资、新型电子货币以及其他网络金融服务平台。对于创业者来说，最实用的是众筹融资。

下面就重点介绍众筹这个互联网金融模式。

众筹模式是指用“团购 + 预购”的方式向网友募集项目资金的模式。众筹利用互联网和 SNS（social networking services，社会性网络服务）传播的特性，使小企业或个人可对公众展示他们的创意，争取大家的关注与支持，进而获得所需要的资金援助。

现代众筹是指通过互联网方式发布筹款项目并募集资金。与传统的融资方式相比，众筹更为开放，能否获得资金也不再以项目的商业价值作为唯一的标准。只要能得到互联网用户的支持，创业者就能通过众筹获得资金。可以说，众筹为更多小本经营或者创作人提供了无限的可能。

众筹具备以下几个特征。

◆ 低门槛。没有身份、地位、职业、年龄、性别的限制，只要创业者有足够的想法和创造能力就可以发起项目。

◆ 多样性。众筹的方向是具有多样性的，国内众筹网站上的项目类别就包括了设计、科技、音乐、影视、食品、出版、游戏、摄影等。众筹项目的丰富多样让创业者有充足的选择余地。

◆ 依靠大众力量。支持者大多数是普通的草根，公司、企业或者风险投资人非常少。所以，只要创业者拥有足够的用户粉丝，就可以把这些用户粉丝变成自己众筹项目的支持者。

◆ 注重创意。只要创业者有足够的创意，就能发起众筹项目，而创意和才能恰恰是很多专业领域内的创业者所具备的。

众筹主要有 4 种模式，分别是股权型众筹、回报型众筹、募捐型众筹和债务型众筹。每一种众筹模式都有其特定的运营方式、针对的项目、目标人群，因此，创业者要把握好这 4 大模式的特点，从中选择出自己最需要、最合适的众筹模式。下面就重点介绍一下这 4 种众筹模式。

1. 股权型众筹

股权型众筹是指企业面向普通投资者出让一定的股份，投资者缴纳相应的资金入股该企业，成为该企业的股东之一，获得该企业的未来收益。这种基于互联网渠道而进行融资的模式就是股权众筹。股权众筹还有另一种定义，就是私募股权互联网化。

股权型众筹类似于风险投资和天使投资，对于游戏、应用、电影、音乐和文学等数字产品的资金筹集最为有效。创业者在股权型众筹平台上进行融资，可以认为是发行了股票，只不过上市的市场是一个众筹平台。

股权型众筹比较商业化，投资者主要考虑发起的项目是否有前景，最终是否可以盈利。因此，发起项目的侧重点应该是站在投资人的角度考虑，从理性的角度去打动投资人，引起投资人的共鸣。

各类股权型众筹平台的规则不尽相同，一般的平台基本操作模式是投资人的资金首先由众筹平台委托托管机构托管，这也是为了确保投资人资金在未交付给被投企业之前的安全性。投资人在认准项目并认购满额后，将资金直接打入托管账户中。

与此同时，众筹平台协助成立有限合伙公司，投资人按照出资比例拥有有限合伙公司股权。托管机构在收到投资人资金后，将首批资金转入有限合伙公司，有限合伙公司在获得资金后，将该资金投入被投企业，并获得相应股权。

股权型众筹的发起者不是随随便便就能获得投资的。发起者在发起项目之前，应该从项目的风险程度以及预期的收益出发，设定一个相对较为合理的筹资金额，并且在项目中进行公布，再获得投资者的了解和支持，才可能最终获得项目所需资金。

对于筹资期限相对较短的项目，人们的潜意识里会认为这些项目的成功率更大。如果这些项目在筹资额度上达到了 30% 的羊群效应点或者 50% 的程度，那么投资者会更加急切，即使对于项目的标题不太感兴趣，也会点击进去看看是什么原因使这样的项目即将获得成功。

随着时间的推进，潜在的观望者的投资欲望会变得更为迫切。怎么样去选择一个恰当的筹资期限，是发起者在制定股权型众筹项目时不可忽视的一个方面。

2. 回报型众筹

回报型众筹是指企业在线发布新产品或者服务信息，投资者可事先订购产品，支付众筹款项，从而帮助发起人完成众筹融资。这种模式除了能帮助创业者融到项目开发所需的资金，还能起到事先对市场进行调研和分析的作用。这种融资模式已经成为风投普遍接受的模式了。

如果能在回报型众筹平台上成功融资，就说明人们对发起人的项目是非常喜欢的。另外，发起人和支持者可以在众筹平台上更为容易地实现互动交流，而且平台对支持者的规则和限制很少。更少的限制会增加更多的投资热情，融资产品也就会更有可能获得融资。

回报型众筹的流程主要集中在 4 个方面，分别是发起人提交项目、投资人出资、众筹平台拨款和发起人回报给投资人。作为一种商业模式，回报型众筹的回报部分尤其重要，它是商品或者服务等价交换的根本，也是下一次众筹能否得到别人持续信任的直接因素。发起人要做到言而有信，并且对每一位投资人回报以相应的承诺商品或服务。

回报型众筹与其他众筹形式相比显得更加具备适应力，其所能够涉及的领域更广泛，尤其是电子、科技产品领域。除这些特点之外，回报型众筹还可以与其他众筹方式并存，以辅助的手段增加对投资人的投资鼓励，促进项目的最终成功。

在目前众筹的实际运作上，回报型众筹主要有以下 4 个特点。

◆ 众筹来源于大众，可以最快地发现和挖掘有潜力的创意项目和产品。

◆ 通过实时的项目反馈，验证众筹项目是否符合市场需求。

◆ 凭借回报层次的设置，吸引更多的人参与到项目中，并使项目得到额外的自发宣传。

◆ 从平台的角度，根据项目的实时反馈，提供借贷或投资等金额服务。

一般来说，在互联网上回报型众筹网站有淘宝众筹、众筹网、京东众筹等。下面就以淘宝众筹为例，进一步分析回报型众筹该怎么运作。

第一，吸引人的页面。回报型众筹在页面的展示上，要将产品的内容、亮点优势都展示出来，毕竟项目与产品本身才是支持者最关注的；再加上比较好看的页面，一般都会吸引人们参与进来。许多支持者在浏览项目详情页面的时候，做的第一件事就是点击视频播放。视频是传达一个项目的感情、动机和性格的最佳形式。这是对项目投入的巨大努力的一个示范和对成功的一个很好的预测，带有视频发布的项目比没有视频的项目的成功率要高 20% 以上，当然，还有图片，只是图片没有视频那么吸引人注意。

第二，产品细节详情。但凡筹资上百万元的众筹项目，其在介绍时，除了视频之外，往往采用全图文的方式，确保流畅的画面使浏览者能够一目了然，并且达到发起者想要浏览者获得信息的目的。所以，一个众筹项目往往会在宣传方面下足够的功夫，即使用一个月的时间去策划也很有必要，因为最终项目的成功会使这一切变得相当有价值。

第三，回报细节讲解。对于回报型众筹而言，回报设置是众筹模式的根本，所有的参与者就是为了回报而进行投资的。

发起人在进行回报设置时，要博采众长，回报设置都各自细分为数个小点；同时随着资金额度的增加，回报的力度也随之增加，回报的项目不只是产品本身。

创业者在做回报型众筹项目时，需要注意以下 3 个方面。

◆ 尽量提高项目成功率。可以从设定适当的有效期、设定适当的筹资目标、充分利用社交媒体、优化关键词及标签这 4 个方面考虑。

◆ 提防创意被盗用。

◆ 注意研发周期长短。一般情况下，从大众可接受的范围来说，研发周期也就是后期的发货时间在 30～90 天是可以接受的，超过 90 天就会出现各种猜疑，将极大地影响项目的实际信用度与后期执行。

3. 募捐型众筹

募捐型众筹的发展十分迅速，这是一种非营利机构获得捐款，以及那些遭遇不幸的大众得到基本生活保障和物质援助的主要方式。

募捐型众筹是一种非常强调大众的参与性，以公益项目为主要范围的众筹，其流程最重要的部分是前期项目立项、中期上线跟进和后期执行力量。

前期项目立项主要是项目发起人做好相关准备工作，收集项目资料，众筹平台确定并审核公益项目内容以及目标金额；中期上线跟进是指公益项目推广与支持者互动；后期执行力量是指获得首笔款项后执行公益项目，定期汇报进度与支持者互动，以及获得尾款使募捐型众筹顺利完成。

一般来说，募捐型众筹想要获得人们的注意力，需要将其包装起来才行，做到以下 4 点即可：

◆ 真实感人的图片与视频；

◆ 深情的文字与项目细节；

◆ 有一定意义的回报；

◆ 详细讲明各个层次回报的特色。

募捐型众筹在互联网商业中应用得不怎么广泛，主要用于公益事业、政治筹资、电影及表演艺术、信息和通信技术等领域。

4. 债务型众筹

债务型众筹是指投资者对项目或者公司进行投资，获得其一定比例的债权，未来收取利息收益并收回本金。债务型众筹一般情况下类似于 P2P 的形式。对投资者的回报是按照约定的比例给予利息，届时投资者除了可以收回本金，还可以得到承诺的收益。对于募资人来说，有时候向身边的人开口借钱并非易事，所以假如从一个成熟的平台能够尽快地借到钱，这个平台就是一个非常好的选择。

作为债务型众筹平台，如何建立借款人信用规则成为第一要务，这也是平台的价值。为投资者提供完整的风险控制，建立平台风险资金池，完整地保护投资人利益。

尽管债务型众筹有一些安全措施，但投资者最好还是将其资金分散在不同的网站，以降低风险。

互联网金融模式是完全创新的，而这种创新带来的便捷是传统金融模式不可能带来的，所以在这个以大众为中心、让大众去选择的时代里，众筹融资这种互联网金融模式带来了对传统的挑战和冲击，也为大众带来了新的选择方式。

通常创业者的第一笔启动资金，是属于真正的天使资金。在所有的风险投资及金融机构都没有可能提供给创业者投资的时候，创业者就可以通过众筹的方式去努力地争取第一笔资金。这笔资金的获得，可能就是梦想走向现实的第一步，甚至是获得未来更多融资的第一步。

10.3 轻资产运营

全球最热门的媒体所有者 Facebook 没有一个内容制作人，全球市值最高的零售商阿里巴巴没有一件商品库存，微信正在成为最大的阅读内容载体但不直接生产内容，全球最大的出租车公司 Uber 没有一辆出租车。

智力资本以知识及其管理为核心，构成了企业的轻资产。轻资产运营是一种以价值为驱动的资本战略，是网络时代与知识经济时代企业战略的新结构。轻资产运营必须根据知识管理的内容和要求，以人力资源管理为纽带，通过建立良好的管理系统平台，促进企业的生存和发展。

轻资产运营是国际著名管理顾问公司麦肯锡特别推崇的战略。以轻资产模式扩张，与以自有资本经营相比，可以获得更强的盈利能力、更快的发展速度和更持续的增长力。

10.3.1 轻资产运营模式

首先要明白的是，资产的轻重是一个相对的概念，我们平时耳熟能详的厂房、生产设备、原材料等属于重资产。重资产的企业一旦达到产能限制，而市场需求仍然增长，如果想获得更高利润，就必须投资新的产能，这需要消耗大量的资金和时间；如果投产过慢，就可能丧失获利机会，因为市场需求可能早发生了变化。一旦需求转向，重资产的企业不仅盈利增长困难，而且更换新设备和厂房会造成大量的折旧，反而降低了利润。

所谓轻资产，是相对于占用大量资金的重资产而言的，主要是企业的无形资产，包括企业的经验、规范的流程管理、治理制度、与各方面的关系资源、资源获取和整合能力、企业的品牌、人力资源、企业文化等。与设备、厂房、原材料等重资产相比较，上述资产占用资金较少，显得轻便灵活，所以称为轻资产。换而言之，智力资本以知识及其管理为核心，构成了企业的轻资产。

轻资产运营可以理解为：在资源有限的条件下，以杠杆利用他人资源，以最低的投入，实现股东价值最大化的战略管理。轻资产运营的核心思想在于以杠杆原理充分利用各种外界资源，减少自身投入，集中自身资源于产业链利润最高的阶段，以提高企业的盈利能力。轻资产运营是一种以价值为驱动的资本战略，是网络时代与知识经济时代企业战略的新结构。

简单来说，轻资产运营就是将产品制造和零售分销业务外包，自身则集中于设计开发和市场推广等核心业务。也就是说，将优势资源集中于核心业务，高效运作，不断提高企业核心价值；而非核心业务则可充分利用外界资源，实施业务外包。

轻资产运营主要依托技术、设计、策划、创意、品牌等，实现智力资本以知识及管理为核心的价值创造过程。轻资产运营的核心理念是用最少的资金去撬动最大的资源，赚取最多的利润。要实现这个目标，企业的客户资源、治理制度、管理流程等轻资产必然要取代生产线等重资产，成为企业获利的主角。

轻资产运营一般有两种方式：一是将资产业务外包或转让出去；二是收购

其他企业的一部分股权。本企业输出品牌、输出管理，利用自己有限的资金，盘活被收购企业的资产。

由此可见，轻资产运营的显著特点是低资产投入、小资产规模、轻资产形态、重知识运用、高投资效益。

与以自有资本经营相比，轻资产运营可有效减少投资、提高效益、强化核心能力、增强灵活性、降低风险，使企业获得更强的盈利能力、更快的发展速度与更持续的增长力。

PPG 公司就是一个轻资产运营的典型，与一般的服装公司不同，其生产、物流、渠道完全剥离，仅保留设计、质量监控和直销的功能。PPG 公司没有一家实体门店，员工不到 500 人。但就是这样一个公司，仅仅凭借目录销售、呼叫中心和互联网，每天卖掉 1 万件左右男式衬衫。而这家公司仅成立两年，就已经跻身全国衬衫销售前三名，其库存周转天数只有 7 天，而行业平均是 90 天。

轻资产运营的好处有：减少了企业投资，提高了经营效益，强化了企业的核心能力，增强了企业的灵活性，降低了经营风险。

轻资产运营的弊端在于轻资产运营的过度化、绝对化就是泡沫经济，因为泡沫的质量最轻。

轻资产运营的不足有两点：第一，轻资产公司在运营上有很大的软肋。该模式对企业的运营管理能力要求非常高，不能让任何环节出现问题，否则业绩会受到很大影响。第二，轻资产运营的模式很容易被模仿，难以形成中长期的竞争优势。比如，如果国内其他的服装企业纷纷模仿 PPG 公司的模式，那么竞争就会越来越激烈，PPG 公司的利润就存在急剧下降的风险。

10.3.2 轻资产运营的重要条件

轻资产运营必须根据知识管理的内容和要求，以人力资源管理为纽带，通过建立良好的管理系统平台，促进企业的生存和发展。企业想实施轻资产运营需要具备以下几个条件。

1. 核心能力是轻资产运营的基础

明确企业自身的核心竞争力、核心专长所在，方知该专注什么、该放弃什么、依托什么去运营、运用什么去扩张。没有核心能力或不清楚核心能力所在的企业，是不宜实施轻资产运营的。

2. 知识能力是轻资产运营的依托

依托智力资本、知识要素、知识资产，企业才能驾轻就熟、以小博大、游刃有余。其实不论企业的核心能力是诸如研发能力、管理能力、创新能力、营销能力、公关能力、文化能力、整合能力等中的哪些，归根结底都是知识的能力。正是由于知识资产在使用过程中具有边际成本很低甚至为零的特点，才使得轻资产运营可以更有效地实现以小博大、杠杆他人。

3. 品牌是轻资产运营的利器

品牌是企业核心竞争力的集中体现，是最具价值的轻资产。大多数成功进行了低成本扩张的企业，都是品牌引领的轻资产扩张。一般有两种方式：

第一，以品牌等无形资产出资与他人组建合资公司，扩大品牌的市场占有率并驾驭他人资产。如可口可乐在全球的上千家罐装厂都是这样组建起来的，迪士尼在全球的多家主题公园也是采取与此基本相同的投资方式。

第二，贴牌生产、委托加工。品牌商家委托生产厂家为之生产或“代工”，不仅主导权绝对在品牌商家，而且利润大头自然也是品牌商家的。这就是品牌引领型的轻资产运营的魅力之所在。苹果手机、耐克、阿迪达斯等皆是这方面的操盘高手。

4. 客户关系是轻资产运营的要素

戴尔、微软、甲骨文等全球一流企业都是现代客户关系管理的典范。顾客一旦使用了它们的基础产品，就不得不增加使用它们的系列搭配产品和服务；同时，顾客会连续使用它们推出的一代又一代新的产品和服务。所以说，客户关系管理能力是一种基于技术、产品和营销创新的高效轻资产，在轻资产运营中发挥着重要作用。

5. 业务外包是轻资产运营的法宝

业务外包是实现轻资产运营的必要手段。企业的外包程度越高，企业的发展方向就会越专一，核心能力的创造就会越专注，同时企业的经营也会越灵活。不懂得外包或外包程度很低的企业是很难成功实施轻资产运营的。

6. 质量控制是轻资产运营的要务

对于业务外包来说，如何能够保质保量地完成？那就需要建立一套科学的质量保证体系和产品验收机制。那些大量采用外包的全球知名品牌企业大多已经做到了，而且还将不断总结完善。

7. 业务整合是轻资产运营的关键

轻资产运营及其大量复杂的业务外包需要高水平的业务整合，出路就是运用现代信息技术寻求系统解决方案。

8. 价值链定位是轻资产运营的捷径

价值链上的高附加值环节往往是知识密集型和轻资产型的，如 PC 制造业的研发、营销、售后服务。不仅如此，这些知识密集型的高附加值环节还往往是整条产业链的中枢，能对产业链上的其他节点起节制作用。因此做好价值链定位，占据中枢节点，就能有效操控整条供应链，从而能有效实现以小博大的轻资产运营。

10.3.3 轻资产的运营

资源永远是有限的。如何杠杆有限的资产，获得最高的收益？轻资产运营可以说是企业战略的重中之重。企业要利用轻资产运营模式，获得高额利润，就必须把自身的轻资产运营好。那么如何运营好企业自身的轻资产呢？企业可以从以下几方面着手：

1. 品牌

拥有核心竞争力是企业轻资产运营成功的首要条件，而品牌建设又是构建企业核心竞争力的关键。因此，企业要加强品牌建设，构建核心竞争力，全力关注产品设计研发、销售、服务与品牌推广，通过技术与品牌输出管理，获得超额利润。

2. 制度

制定规范的流程管理、治理制度及管理模式是至关重要的。制定何种制度模式，应从企业的实际出发，本着“先进、适用”的原则，但最先进的不一定是最合适的。不考虑企业的规模与需求，盲目做大，很可能会得不偿失，造成成本扩张、主业不突出等后果，这是战略决策时必须考虑的。

3. 关系资源

关系也是生产力。如何利用、整合各种资源为企业服务呢？同样的环境下，为什么有些人能够抓住机遇、充分利用资源，有人却不能？关系资源的培育是为了不把企业束缚在某一个固定的经营活动上，使得企业具有更强的柔韧性。

而外包则使企业可以继续享受相关资源的支持，却不需要承担相关资源发展剩余或缺失带来的风险。

4. 人力资源

科技是第一生产力，科技以人为本。以人为本是企业文化建设的前提。重要的是如何让 70 分综合素质的人发挥 90 分的效益。工作不仅是谋生手段，也是自我价值实现的需要。

激励手段是必不可少的，并且方式需多样化，要适应企业发展的需要。激励方式选择时需要考虑个体差异、人与职务匹配、目标、个别化奖励、绩效挂钩、公平、金钱等因素。

5. 无形资产

无形资产是指特定主体控制的、不具有独立实体，而对生产经营能长期持续发挥作用并带来经济利益的一切经济资源。无形资产的具体形态有专利、专有技术、商标和商誉等，是轻资产的重要组成。

那么，如何有效地运营无形资产，更好地发挥其功能为企业服务呢？这是一个崭新的课题。从成功企业的经验来看，无形资产运营主要采用以下几种策略：

第一，延伸策略。

就是在企业内部使用现有的品牌、商誉生产其他产品，即在一把名牌大伞下聚集系列产品的大家族。实施品牌延伸可以帮助新产品顺利进入市场，减少新产品上市的风险。同时，可以大幅度降低产品介绍期的促销费用。消费者会有意无意地将对原产品的信任感传递到新产品上。而且，品牌延伸可以进一步扩大名牌的影响，增加名牌的价值。

第二，融资策略。

就是运用无形资产的影响力和信誉度，广拓融资渠道，吸引资金。许多企业都成功地运用了这一策略，特别是一些知名的上市公司，更是从资本市场筹集了大量资金。

第三，扩张策略。

企业利用名牌效应、技术优势、管理优势、销售网络等无形资产可以盘活有形资产，通过联合、参股、控股、兼并等形式实现资产扩张。利用无形资产进行资本扩张，其最大优势在于成本低、投资少。目前，企业兼并、收购处于买方市场，优势企业处于有利地位。

为了有效运营无形资产，企业还应注意以下问题：

第一，重视无形资产投入，加强无形资产运营。无形资产需要有形投入，企业应该在以下 5 个方面加大投入，运营无形资产：一是利用知识产权运营无形资产；二是在质量信誉中运营无形资产；三是在广告宣传中运营无形资产；四是在人才科技中运营无形资产；五是在经营管理中运营无形资产。

第二，充分利用和发展现有无形资产。多数轻资产项目受时间的制约，因而企业应当在其有效的时间内，尽量充分加以利用，切不可闲置浪费。企业应充分重视无形资产的作用，并努力将现有的无形资产尽快转化为现实的生产力。抓住现有无形资产的各种优势，主动开展各项业务，充分发挥无形资产的延伸、融资和扩张等功能。

第三，加强无形资产管理。无形资产是企业赖以生存的财富，对企业的发展至关重要，一旦丧失，将给企业以致命打击。因此，无形资产必须从以下几点加强管理，以免流失或损坏：一是要加强对无形资产的成本核算；二是要重视无形资产的价值评估；三是要加强保密工作；四是要及时取得法律保护。